BUR
rizzoli

Louis de Wohl in BUR

L'albero della vita

Un affresco avvincente della vita nell'impero romano del IV secolo. Le lotte per il potere, gli inizi del cristianesimo, restituiti dall'autore con la precisione dello storico e il fascino di una viva narrazione.

I libri dello spirito cristiano - Pagine 368 - ISBN 17004237

◊

La liberazione del gigante

Un nodo cruciale della storia europea, il problema del rapporto tra ragione e fede, attraverso la narrazione delle vicende di Federico II, il più geniale degli imperatori tedeschi, e di san Tommaso d'Aquino, il sommo filosofo che tentò la conciliazione tra i principi della razionalità e quelli della religione. Un grande romanzo storico.

I libri dello spirito cristiano - Pagine 400 - ISBN 1711709

◊

La mia natura è il fuoco

Vita di Caterina da Siena

Caterina assume con libertà la vocazione e la missione a cui è stata chiamata: convincere il papa a riportare a Roma la sede pontificia. "La mia natura è il fuoco": queste le parole che de Wohl mette in bocca alla santa, figura eccezionale in ogni gesto e in ogni circostanza, tanto da rappresentare l'incarnazione della santità della vita.

I libri dello spirito cristiano - Pagine 400 - ISBN 1701870

◊

L'ultimo crociato

Il ragazzo che vinse a Lepanto

Don Giovanni d'Austria, figlio naturale di Carlo V e fratello di Filippo II re di Spagna, è stato il più famoso ammiraglio e generale del suo tempo, eroe della repressione dei Mori e della battaglia di Lepanto. Dalla sua figura il romanzo si estende su tutto l'arco della storia europea del Cinquecento, della quale de Wohl è riuscito a rivelare l'anima.

I libri dello spirito cristiano - Pagine 416 - ISBN 1712721

Louis de Wohl

ATTILA

La tempesta dall'Oriente

BUR
rizzoli

I LIBRI DELLA SPERANZA

Collana a cura di Davide Rondoni

ISBN 978-88-17-04128-7

Titolo originale dell'opera
Attila the Hun

Traduzione di Ervino Pocar

Prima edizione BUR I libri della speranza luglio 2010

ATTILA

PARTE PRIMA

I

«Affumicatelo!» comandò il principe Etel, impaziente.

Gli uomini, muniti di ciocchi, si avvicinarono all'ingresso della caverna; due piccole cataste di legna furono innalzate rapidamente; poi i portatori di fiaccole si misero all'opera. Ma il legno umido non prendeva fuoco con facilità. Tutto in quel bosco trasudava umidità: il terreno, gli alberi, le foglie. Quando alla fine il legno prese fuoco, si innalzò un denso fumo nerastro; ma il vento soffiava in direzione contraria.

«In questa maniera affumichi la mia gente invece dell'orso» disse il principe Bleda, alzando le spalle con scherno. Aveva un anno e quattro mesi più del fratello, e la caccia era sua; ma Etel doveva immischiarsi in ogni cosa.

L'odore mordente del fumo si mescolava col profumo dei funghi e delle foglie che cadevano piano piano. A Bleda si dilatarono le narici.

Gli uomini all'ingresso della caverna erano presi da accessi di tosse. «Cacciate il fumo coi mantelli, idioti!» gridò Etel. «Cacciate il fumo nella caverna!»

Godeva della tensione di quel momento, e più ancora della collera del fratello, e più di tutto della vista dei venti uomini che eseguivano i suoi ordini.

«L'uomo non possiede che due braccia» gli aveva detto una volta suo padre. «Ma un grand'uomo dispone di diecimila braccia.»

Ma suo padre era morto... Ed ecco finalmente l'orso uscire dalla tana a una tale velocità che non tutti quelli che stavano all'ingresso fecero in tempo a scansarsi. Una di quelle figure seminude, vestita di pelli di lupo, cadde di colpo all'indietro, mentre teneva ancora il mantello nelle mani.

La collisione con l'ostacolo umano fu abbastanza violenta da fermare l'orso che, le zampe anteriori appoggiate sul petto del disgraziato, si guardò intorno. Un lungo urlo: e due gambe sottili fecero una grottesca danza in aria.

Il principe Bleda tese fino all'altezza del mento la corda dell'arco di corno e fece partire la freccia. Il colpo andò a segno, perché l'orso era tuttora immobile. Un bel colpo, come si addiceva al figlio di un Gran Kan.

Allora la belva mostrò gli artigli; un tremito improvviso percorse le membra massicce, e l'orso cadde con un tonfo cupo sul corpo dell'uomo. L'urlo ammutolì.

Fu un momento di trionfo, di selvaggio entusiasmo! Gli unni gridano, ruggiscono, urlano nella vittoria. Ma stavolta non si udì un suono; pareva che tutto il bosco tacesse, in un incredibile silenzio senza respiro.

Poi la lenta avanzata: dieci, dodici, venti uomini robusti, bassi di statura, tutti somigliantissimi fra loro, con la pelle bruno-giallicccia, simile al cuoio, i berretti di feltro a punta, le pelli di lupo consunte intorno ai fianchi, le scarpe dalla suola sottile e la punta rivolta in su. Si avvicinarono all'orso, come animali di una specie inferiore, con grande cautela.

Non che avessero paura. Ognuno di essi sapeva che l'orso era morto; né si curavano gran che del loro camerata, le cui gambe avevano finito di ballare. Durante la caccia all'orso c'era quasi sempre qualche morto, e questa volta era toccato a Suglu.

Ma gli occhi dei cacciatori avevano un'espressione di turbamento, quasi di spavento.

Avevano tutti gli occhi acuti, occhi di lince. E tutti avevano veduto l'incredibile: *due* frecce erano state lanciate. Due!

La prima era penetrata profondamente nel collo dell'orso provocandone la morte immediata. Ma la seconda – e i cacciatori si sentivano mancare il respiro – la seconda era stata mirata altrettanto bene; aveva urtato contro la prima ed era penetrata nel collo dell'orso, naturalmente con effetto molto minore. E questa seconda freccia portava le penne nere, le penne del principe primogenito: era la freccia del principe Bleda! La prima aveva le penne rosse – e le penne erano l'unica parte ancora visibile; quasi tutta l'asta era entrata nel collo dell'orso.

Il principe Etel...

Tutti sapevano che i due principi stavano fissando l'orso come essi lo fissavano; ma non osavano alzare gli occhi. Il sacro diritto del primogenito era stato offeso.

Odor di morte impregnava l'aria.

Il principe Bleda guardava fisso il fratello, che restituì duramente lo sguardo. I volti erano del tutto inespressivi. Poi Bleda disse con voce sottile e tranquilla: «Deciderà il kan».

La mano del principe Etel si staccò dal manico di onice del suo pugnale: egli sorrise.

«Preparate l'orso e Suglu per il trasporto» ordinò Bleda calmo. «Kilchal, il mio cavallo! Voi seguitemi appena sarete pronti.»

I cavalli stavano da parte, sopra una piccola spianata. Erano bestie pelose, dalla criniera lunga e dalla lunga coda: quelli del seguito del primogenito erano morelli, quelli del principe Etel sauri.

Bleda montò a cavallo e partì. Un quarto d'ora più tardi seguì Etel con i cacciatori. Per l'orso era pronta una barella greggia; due cavalli senza cavalieri trascinarono il grave peso. Il morto Suglu fu semplicemente legato sulla sua cavalcatura.

Il volto di Etel non esprimeva che indifferenza. Sapeva bene che i cacciatori non approvavano il suo atto, e che l'offeso si sarebbe recato direttamente dal kan. Ma, quale primogenito, Bleda aveva il diritto di essere ascoltato per primo.

Etel si sentiva molto soddisfatto. Bleda era un ottimo arciere, ma privo di fantasia. Mirava sempre al collo, un po' a destra della trachea, sempre che fosse possibile. Era stato un gran divertimento per lui prevenirlo di una frazione di secondo: sovente si era domandato se il colpo gli sarebbe riuscito; ora ne aveva la certezza.

Saltando da cavallo davanti alla sua tenda Etel capì subito che le donne erano a conoscenza dell'incidente: si leggeva loro in faccia. Pilai aveva paura e Kru, naturalmente, era fiera di lui. Pilai aveva sempre paura, dopo l'aborto, un anno dopo la nascita del piccolo Ellac. Era una sciocca: Ellac era un ragazzo robusto ed era il primogenito. Fra due mesi Kru avrebbe partorito un figlio: a Etel non passava nemmeno per la mente che avrebbe potuto essere una bambina.

Prese un pezzo della cruda carne equina che Pilai gli porgeva sopra un piatto d'oro: la «carne del benvenuto» per il cacciatore che ritorna, e incominciò a mangiare.

Il piccolo Ellac, un bambino di quattro anni, lo stava a guardare sogghignando: aveva per occhi due fessure e il nasino appiattito.

«Così ero io alla sua età» pensò Etel, continuando tranquillamente a mangiare, quantunque la carne del benvenuto non rappresentasse un vero pasto. Ma il kan lo avrebbe mandato a chiamare fra poco, e non era sua intenzione andare affamato davanti al giudice; senza contare che la carne era ottima.

Le donne, naturalmente, non pronunciarono una parola mentre egli mangiava; ma appena ebbe finito e si diresse all'entrata della tenda, gli si strinsero intorno, chiedendo, lamentandosi, elogiandolo. Egli le scosse via ed entrò.

Là c'era Budrul, intenta a preparare il pranzo: una donnina minuscola, dai capelli grigi, dalla pelle color del cuoio; era lei che lo aveva nutrito dopo la morte della madre, che lo aveva portato in braccio quando non era più grosso di un gattino.

«Benvenuto, spaccatore di frecce,» gracchiò Budrul «benvenuto, uccisore di orsi.» Le mille rughe, che ella chiamava la sua faccia, si aprirono in un ghigno sdentato. «È stata la prima volta che ti sei appropriato del diritto di tuo fratello. Lo farai ancora, o grande, ancora e ancora. Tre volte gli prenderai ciò che non appartiene a te.» Ghignò. «L'ho sognato la notte scorsa» aggiunse.

«Tu sogni troppo» ribatté ruvidamente Etel sedendosi sopra una bassa panca, coperta di tappeti persiani.

Ma Budrul continuava a ghignare. «I miei sogni sono buoni, o grande e potente, e tu lo sai, lo sai meglio di ogni altro.»

«Sogni troppo» ripeté Etel aspramente, e il ghigno si arrestò.

Egli si pulì sulle scarpe di pelle le dita ingrassate dalla carne, seguendo il costume degli unni da generazioni infinite. Infatti, era importante tener bene ingrassate le scarpe, e quello era il modo più semplice e migliore di farlo.

I discorsi di Budrul gli avevano fatto più impressione di quanto lasciasse vedere. Indubbiamente era una strega, quantunque lui stesso avesse dovuto difenderla un paio d'anni prima proprio da quest'accusa. Dicevano che avesse fatto il malocchio al bestiame di un tale, ed egli aveva ceduto a costui due mucche della propria stalla, per calmarlo. Il bestiame di lui non lo avrebbe certamente stregato. E i sogni di lei erano buoni, e si avveravano. Gli aveva predetto puntualmente la data di nascita di Ellac e, più tardi, l'aborto di Pilai. Ma bisogna saper tenere sempre a posto le donne.

Ora venne Kru col calice d'argento colmo di vino. Era piena di lodi per il cacciatore di tutti i cacciatori, e, parlando, agitava i fianchi come aveva visto fare due anni prima dalle ballerine di Naisso, quando il kan aveva fatto appiccare il fuoco a mezza città, castigandola perché l'imperatore d'Oriente non gli aveva mandato la paga per i mercenari unni al suo servizio. Le ballerine, però, erano bianche e rosee, non giallo-brune come Kru, e non attendevano un bambino fra un paio di mesi.

«Arriva» disse d'un tratto Budrul, e Etel e Kru stettero a guardarla. Che intendeva? Ma ella volse loro le magre spalle e continuò a preparare il cibo.

Ed ecco risuonare da lontano un corno. Etel, Kru e Budrul rimasero immobili, irrigiditi.

Uno, due, tre, quattro, cinque squilli: l'appello del re. Il kan chiamava alla sua presenza tutte le persone di sangue reale. Etel si levò. Vide che il sorriso scompariva dal volto di Kru: le fece un cenno di saluto e uscì dalla tenda. Non guardò Pïlai, ma la sentì sospirar forte.

«Zigur!»

L'uomo venne conducendo il cavallo; Etel salì in sella e si diresse verso la tenda del kan. Folti gruppi di uomini stavano davanti alle tende. Non si stentava a indovinare a che pensassero.

La disciplina, l'obbedienza, la santità del diritto ereditario erano tenuti in grande considerazione presso gli unni. Se Bleda si fosse servito della seconda freccia per trafiggere il fratello, glielo avrebbero perdonato; se ora il kan gli avesse negato il diritto alla vita, non una mano si sarebbe mossa a suo favore. Bisognava essere una strega per approvare una simile infrazione alle leggi, per rallegrarsene addirittura. Le streghe odiano le leggi.

Inoltre Bleda era molto benvoluto. In assenza del kan tutti andavano da lui a confidargli le loro pene e le loro gioie. Egli aveva le mani aperte e conosceva l'arte di farsi benvolere.

Erano là, gli amici di Bleda, e non trovavano nemmeno un saluto per l'uccisore dell'orso, quantunque l'orso avesse fatto grandi stragi tra i loro greggi, e da parecchio tempo.

Che avrebbe deciso il kan? Poteva fare ciò che voleva: era prima sovrano e poi zio, suo e di Bleda. Impossibile prevederlo! Ma ormai che farci? Egli aveva agito a piacer suo: uno può gettare una pietra nello stagno, ma non può impedire che l'acqua formi dei cerchi.

Ecco la tenda con le cinque code di cavallo nere, circondata dalle numerose tende, più piccole, dei servi e degli schiavi.

Qui, sullo spiazzo davanti alla tenda principale, si teneva il giudizio. Nel fondo rimanevano uomini del seguito del kan coi loro berretti neri appuntiti, di pelle d'agnello.

In un angolo Etel vide i cacciatori, e c'era anche l'orso. Accanto a questo riconobbe Bleda, a cavallo al pari di tutti gli altri. Un tribunale unno a piedi non sarebbe stato immaginabile.

Il morello del kan fu condotto all'ingresso della tenda e, quasi nello stesso momento, il kan uscì e salì a cavallo con agilità giovanile.

Il kan Rua aveva settantun anni. Una sottile ciocca di peli bianchi gli usciva dal berretto senza visiera, una seconda gli cresceva sul labbro superiore. Come tutti gli unni aveva gli zigomi appuntiti e obliqui, gli occhi stretti e il naso piuttosto piccolo e appiattito; come tutti gli unni, cavalcava senza sella. Ma la sua espressione e i movimenti erano quelli di un uomo che in tutta la sua vita è stato abituato a veder eseguiti i suoi comandi. Portava, alla cintura di pelle, un lungo pugnale ricurvo, con il manico ornato di pietre preziose.

Etel si leccò le labbra. Se il kan avesse deciso così, sarebbe stato quel pugnale a metter fine alla sua vita. Soltanto sangue regale poteva essere giustiziere di sangue regale. Tale era la legge. Quel pugnale aveva trafitto il cuore di un cugino del kan che aveva commesso adulterio con la moglie di suo fratello.

«Bleda!» ordinò il kan con voce rauca. «Etel!» I due giovani mossero verso di lui, morello e sauro. Il kan li esaminò con gli occhi obliqui semichiusi.

«Ho sentito la querela di Bleda: dice che hai tirato contro un orso, ledendo in tal modo il diritto del primogenito, il diritto al primo colpo. È vero?»

«È vero, kan.»

«Sotto l'orso c'era un uomo, Suglu. Hai tirato per salvargli la vita, Etel?»

Il giovane principe sollevò sorpreso le sopracciglia quasi senza peli.

«Non ci ho nemmeno pensato, kan. Del resto, l'uomo era già morto.»

Il kan annuì. «Di solito sei bravo a mentire, Etel, ma con me non menti. Bene. Perché hai leso il diritto?»

«Volevo vedere se ero capace di farlo.»

Il kan annuì un'altra volta, ma Bleda si lasciò scappare un leggero fischio.

«E ora sai che sei capace di farlo, Etel, è vero?»

«È così.»

«No, non è così. Tu non sei capace di farlo. Il tuo colpo non conta. Bleda ha ucciso l'orso; l'orso è suo. E l'arma con la quale volevi ledere il suo diritto (volevi, perché non lo puoi fare), quell'arma appartiene a Bleda. È lui che ha ammazzato l'orso, dunque l'arma che ha ammazzato l'orso è sua: tu gliela consegnerai.»

Il suo arco migliore, che valeva una dozzina di cavalli!

Etel fece un sorriso forzato: «Obbedisco».

«Avanti» proseguì il kan, spietato. «Hai spezzato la freccia di tuo fratello. Gli darai come indennizzo il peso della freccia in oro.»

«Obbedisco.»

«La mia sentenza è mite» il kan fece schioccare la lingua «perché da uomini piccoli si possono attendere azioni piccole.»

Questa volta Etel ebbe un balzo e un sottile rossore gli salì alle guance. Il vecchio lo guardò con celata soddisfazione.

«Il kan ha giudicato. Ringrazio il kan» disse Etel, arcigno.

«Il kan ha giudicato. Ringrazio il kan» disse Bleda. «Dono l'orso alla vedova di Suglu, e l'oro per la freccia e l'arco, li tengo per me.»

«Puoi fare ciò che vuoi» disse il kan. «Ma questa è la fine della questione. Sia pace tra di voi: così comando.»

«È pace» disse Bleda. Etel ripeté la formula, più lentamente.

«Voi rimanete presso di me, tutti e due» ordinò il kan. «Arrivano ospiti che devono essere ricevuti con onore. Sta venendo un'ambasciata dal nuovo imperatore d'Occidente. Sono persone di alto rango. Butai, dà il segnale!»

Butai, in un angolo del cortile, soffiò nel suo corno, tre volte.

Vi fu un breve silenzio. Poi il risuonare di zoccoli sul duro e solido terreno della steppa, da prima singoli, poi in molti, a rivi, a torrenti. L'orda arrivò a precipizio, lo spiazzo si riempì di cavalli sbuffanti, nitrenti, scalpitanti, fra tintinnio di ferraglia. I cavalli unni sbuffavano con le teste accostate: solo nel mezzo era rimasto libero uno stretto passaggio e all'estremità di questo stavano il kan coi due principi. Dopo un poco si udì un altro suono di corno, da molto lontano, e Butai rispose subito, con un solo squillo. Ancora silenzio, finché si udì il calpestio dei cavalli stranieri.

«Ci siamo!» disse Massurio, quando ricevettero risposta al loro segnale. «Un suono solo. Siamo annunciati e ci danno il benvenuto. Ora sono certamente radunati tutti, l'intera orda sporca, puzzolente, pidocchiosa, col kan nel centro. Lo so: li conosco a memoria, gli unni. Non proprio questa tribù qui, ma una tribù unna è uguale all'altra.»

«Davvero?» chiese secco Ezio.

Sporchi, puzzolenti, pidocchiosi – tutto meglio della compagnia di quell'asino cortigianesco. Quell'uomo – se uomo si poteva chiamare – aveva non soltanto i modi, ma anche il bagaglio di una prostituta. Belletti e polveri e ciprie da formarne un negozio intero, vesti di seta, profumi orientali. Al confronto, il rispettabile puzzo di cavallo degli unni era pura aria di monte. Ma che proprio quel bestione profumato, quella caricatura di funzionario imperiale volesse raccontare a lui come andavano le cose dagli unni, questo, in verità, era un po' troppo...

Massurio si drizzò un poco sulla sella riccamente ornata. Era già per sé un castigo quello di dover accompagnare personaggi militari, perché tutti, proprio tutti, erano babbei grossolani, smanierati, primitivi, che pretendevano di sapere tutto meglio degli altri. Per la maggior parte erano anche cattivi giocatori di dadi, che non sapevano sopportare le perdite. Gli dèi, o forse i santi, potevano sapere perché avessero mandato in questo luogo il legato Ezio, e per quali colpe Tito Massurio era condannato a sopportare per settimane intere la compagnia di sei piedi di carne di toro vestita di pelle e di ferro.

«È un fatto che tutte le tribù unne sono uguali» sostenne. «E anche tutti gli unni. Ne ho visti a migliaia: tutti hanno gli stessi movimenti, tutti puzzano allo stesso modo, tutti mangiano carne di cavallo cruda... e lo dovrai fare quanto prima anche tu, Ezio» concluse maliziosamente.

«Con lo stesso diritto si potrebbe dire che tutti i romani sono uguali, perché tutti mangiano pane» disse il soldato alzando le spalle. «La carne di cavallo non è poi tanto cattiva! L'hai mai assaggiata, Massurio?»

«Dio me ne guardi!»

«È migliore di quella dei topi» assicurò Ezio. «Si vede che non ti sei mai trovato in un assedio... fuorché di belle donne o simili, si capisce.»

Sarebbe stato divertente narrargli che lui, Ezio, aveva passato non meno di tre anni presso gli unni, come ostaggio. Ma prima di tutto si trattava di una cosa passata, e poi ciò gli avrebbe fatto nascere chissà quali idee; forse anche avrebbe indovinato perché un legato romano rispettabile andasse a fare visita agli unni sul Danubio invece di istruire le reclute a Ravenna. Meglio lasciargli credere che si trattasse di acquisti di cavalli. Acquisti di cavalli! Come se un cavaliere romano completamente corazzato potesse farsene qualche cosa dei cavalli unni. Non erano cattive bestie, ma troppo leggere, perfino per le schiere numidiche. Ma per quello scemo imbellettato il pretesto era buono.

Negli ultimi due giorni si erano visti continuamente intorno l'ombra degli unni, di giorno e di notte: segno evidente che il kan Rua era da un pezzo informato del loro arrivo, e non solo da quando il battistrada aveva suonato due volte il corno. Un unno, senza corazza e sopra un ronzino nudo, era tre volte più veloce di un cavaliere romano. Si aggiunga che quei maledetti carri da trasporto avevano reso il viaggio interminabile: ma non si poteva far visita agli unni senza portare doni.

Ora si vedeva il campo: file dietro file di tende di feltro nero, subito dietro le dolci colline sul fiume. La solita leggerezza degli unni. Non possedevano nessuna idea di strategia. Ma non ce n'era bisogno. Nessun nemico avrebbe potuto avvicinarsi all'accampamento senza essere avvistato e annunciato da un pezzo dagli onnipresenti informatori; e, anche ammesso che qualche nemico ci fosse riuscito, nel giro di mezz'ora tutto il campo sarebbe stato schierato in ordine di battaglia.

Apparvero alcuni cavalieri per indicare la via alla carovana; galoppavano avanti e indietro come cani.

Poi comparvero formazioni di uomini a cavallo, sciami, sempre più folti; ed ecco infine la corte del kan. Lo spiazzo era affollato, con un piccolo parco aperto nel mezzo, e fermi là il kan Rua coi figli, naturalmente a cavallo. Si potevano accogliere diversamente ospiti di riguardo?

Aveva un bell'aspetto, il vecchio sire. Vecchio e fine in volto...

Che sciocchezza dire che tutti gli unni erano uguali... Le facce dei due giovani principi, ad esempio (quasi coetanei, ma certamente non gemelli) non avrebbero potuto essere più diverse. Quello sul cavallo sauro: pieno di temperamento, un demonietto, bizzoso, una testa calda! E ambizioso poi! L'altro sul cavallo nero: dignitoso, sereno, quasi benevolo... per essere unno. Il vecchio Rua incominciò a parlare.

Diede il benvenuto agli ospiti, in un latino lento, faticoso, mentre i furbi occhi obliqui erano fissi su Ezio. Parve un po' sorpreso quando Massurio gli rispose in nome dell'imperatore romano d'Occidente e gli presentò «il nobile legato Ezio, fedele ufficiale di Sua Maestà Valentiniano III».

Questa volta Ezio non poté resistere alla tentazione.

«Saluto il grande kan» disse in lingua unna. «Sono sempre stato amico del suo popolo e gioisco dell'occasione di rinnovare gli antichi buoni rapporti fra le nostre nazioni.»

Massurio era rimasto senza parole. Dove mai quello lì aveva imparato la lingua degli unni? Che ci fosse sotto sotto qualche cosa di più di quanto avesse pensato lui? Non aveva mai creduto nella propria missione. Non si manda un uomo col grado di legato a comperare cavalli! E ora costui poteva intrattenersi col kan e Tito Massurio non comprendeva una parola e se ne stava lì come uno stupido.

Il vecchio kan sorrise amichevolmente. Dal modo come li invitò a scendere da cavallo e a entrare nella sua tenda (il gesto era evidente) appariva chiaro che considerava capo della delegazione il soldato e non il funzionario.

Nella tenda era già stato preparato il pranzo, per quaranta persone, tutti uomini, naturalmente. Le donne, nella parte della tenda riservata a loro, ricevevano soltanto gli avanzi. Non era una cattiva usanza, se si voleva mangiare in pace, invece di dover sostenere una conversazione spiritosa, e mandar giù in fretta un paio di bocconi durante le pause del discorso. Ma le dame romane non avrebbero certo gradito l'innovazione, e le dame, in quel periodo, avevano da dire anche più del solito: si poteva quasi parlare di un ritorno del buon vecchio matriarcato. Bastava pensare a Pulcheria nell'Impero d'Oriente o a Galla Placidia in Occidente. Ezio era stato presentato in nome di Valentiniano III; ma Valentiniano nulla sapeva ancora di affari di stato; era ancora bambino, mentre Placidia... Forse Placidia conosceva la vera ragione del viaggio di Ezio; forse era lei stessa che lo aveva mandato... a comperare cavalli.

Ed ecco: il kan gli fece cenno di prender posto alla sua sinistra, mentre Ezio occupava il posto d'onore. I due giovani principi sedevano di fronte.

I cibi non erano cattivi come aveva temuto, benché consistessero quasi esclusivamente di carne. Gli unni mangiavano soltanto carne. Ricordava un proverbio unno: «Le piante sono fatte per gli animali e gli animali per gli uomini».

Il vino – vino di Pannonia – era ottimo. Oh, se quei sudicissimi barbari avessero rinunciato al costume di imboccare i loro ospiti con le dita! Ciò era considerato un grande onore, e gli onori non sono sempre piacevoli; non era davvero un piacere sentirsi sotto il naso una manaccia che puzzava di cavallo e ti riempiva la bocca indifesa con un pezzo di carne semicruda. Ezio pareva non se ne risentisse tanto. Ma cosa ci si poteva aspettare da un individuo la cui professione consisteva nel tagliar la gola agli altri, prima che questi altri trovassero il tempo di procurare a lui il medesimo godimento?

A ogni modo poteva ripulirsi la bocca offesa col vino di Pannonia. E, non si poteva non riconoscerlo, gli unni avevano gran cura di riempire sempre di nuovo i calici. Né il vino si faceva più cattivo a mano a mano che il banchetto procedeva, come avveniva spesso, perfino in qualche casa romana.

Che diceva Ezio? Ora parlava latino, si rallegrava col kan per quei suoi due figli così belli. Il volto del vecchio si irrigidì. Rispose in lingua unna: «I miei tre figli sono caduti in battaglia. Questi sono i miei nipoti!».

Più che non lo vedesse, Ezio sentì il dolore che si celava dietro quella semplice frase. Per un unno qualunque il non avere figli era una cosa terribile: per il capo di una grande tribù significava la sventura in persona. Un unno poteva attendersi voluttà materiali dalle donne che gli erano assegnate dopo la conquista di una città; dalle sue donne unne invece non aspettava che figli maschi.

Disse: «Spero che ciò non sia avvenuto in combattimenti contro i romani».

Il kan: «Due caddero in guerra contro gli acaziri, uno per il tradimento di un gruso».

Ezio scosse il capo: «Non conosco queste due tribù».

Il kan disse: «Non esistono più».

Lungo silenzio. Ezio sapeva bene ciò che significavano quelle parole del kan. Non esisteva nulla al mondo di tanto radicale quanto la rappresaglia unna. Comprendeva tutto: uomini, donne, bambini, bestiame, cavalli, tende o case del nemico, fino giù giù al più piccolo oggetto.

Li conosceva meglio di ogni altro romano, sapeva cioè quanto potesse diventare pericolosa, quella gente, se la si lasciava divenir tale. La migliore, anzi l'unica possibilità di diminuire il pericolo consisteva nel prendere il maggior numero possibile di unni al soldo di Roma e di servirsi delle altre tribù lanciandole l'una contro l'altra. Però, per uno che cercasse alleati personali, una forte guardia del corpo per la lotta contro i numerosi altri fattori di potenza dell'Impero d'Occidente, per un simile uomo c'era ancora un'altra possibilità: stringere amicizia con un certo numero di capitribù e ottenerne l'aiuto in caso di bisogno. Era un'impresa rischiosa e, per di più, costosissima. Gli unni infatti non volevano che oro; bisognava quindi essere molto ricchi per tentarla. Di ricchi ce n'era. Occorreva inoltre conoscere assai bene gli unni, per essere certi che non prendessero l'oro senza un corrispettivo sicuro, o che non intervenissero intempestivamente. Lui, gli unni li conosceva.

Il suo piano era pronto, ma prima bisognava liberarsi di quella bestia di Massurio. Costui pareva già parecchio brillo, e continuava a bere. Il vino bianco di Pannonia era molto leggero... finché si rimaneva seduti. Ma guai a tentare di alzarsi. Ancora un quarto d'ora, e Massurio era liquidato.

«Ho dei doni là fuori sul mio carro, kan, doni degni di un grande sovrano. Sono doni del mio imperatore, ma anche miei personali!» ricominciò a dire in unno. «L'uomo che è venuto con me non conosce la vostra lingua. Non è nemmeno uno che capisca molto: crede che sia venuto da voi per comperare cavalli per l'esercito: si sbaglia.»

«Non credo» rispose tranquillamente il vecchio capo.

Ezio lo guardò sorpreso. «Che intendi dire?»

«Credo che tu sia venuto appunto per comperare cavalli. Cavalli coi cavalieri.»

Ezio gli sorrise con ammirazione. Anche Bleda sorrise e un paio di unni, seduti abbastanza vicino per poter udire le parole del kan, risero forte.

«Gli hai raccontato una barzelletta?» s'informò Massurio. «O lui a te? Di che si tratta?»

Ma nessuno gli diede retta.

Il principe Etel aveva detto con asprezza: «Roma ha sempre bisogno di cavalli con cavalieri sul dorso. Se il cavallo perde il cavaliere, ciò non dispiace a nessun romano».

Un istante di silenzioso turbamento. Ezio scrutò a lungo il giovane, poi disse: «Io sono romano. Ho combattuto contro goti, franchi ripuari, burgundi, vandali, e tanti altri popoli. Alle volte dispiaceva, altre volte no».

Era un rimprovero molto blando. Ma Etel proseguì: «Gli unni dovrebbero combattere le loro proprie battaglie, non quelle degli altri».

"Costui" pensò Ezio. "Costui certissimamente, e non l'altro." Ma non disse nulla.

Anche il kan taceva; ma Bleda notò che la pelle sul dorso delle mani gli si era tesa. Etel era pazzo. Si doveva credere che, dopo l'incidente della mattina, avesse tutte le buone ragioni di andar cauto. Ma erano tiri suoi: non si sentiva mai battuto. Fin da piccolino, quando i due fratelli si mettevano a lottare e lui le pigliava, ricominciava sempre da capo.

Uno dei capi minori cadde dalla seggiola, ubriaco sfatto. Massurio sogghignava. Continuò a sogghignare anche quando il kan si alzò. Il pranzo era finito. Si alzò anche lui, e incespicò. Il kan, gli invitati, la tavola, la tenda, tutto gli girava intorno. Fece ancora due passi incerti, barcollò di nuovo e cadde a terra. I servi lo sollevarono e lo portarono fuori dalla tenda.

«Si rimetterà nella tenda degli ospiti» disse tranquillamente il kan.

Ezio annuì. «Devo parlare a quattr'occhi con te, kan.»

Un semplice gesto del vecchio accomiatò gli invitati. Poi egli sollevò un lembo della tenda bruna (Ezio riconobbe la morbida lana del dromedario) ed entrarono nella stanza da letto.

Tappeti persiani, un giaciglio con alcuni guanciali di pelle nera, l'inevitabile cassone, che serviva tanto da armadio quanto da tavola, due sedie senza schienale. L'ambiente non si distingueva affatto da quello dei sottoposti. I tappeti erano buoni, ma non preziosi.

Sedettero.

«Hai indovinato, kan. Sono venuto per comperare cavalli coi cavalieri sulla groppa.»

Rua non disse nulla: aspettava. Ezio si mise a parlare della sua antica amicizia per le tribù della steppa. Aveva intenzione di fare di questa amicizia una regolare alleanza.

«Il vostro nuovo imperatore» disse il kan «è un bambino, e ha ancor meno esperienza del figlio di mio fratello, Etel. Mi hanno detto che chi comanda da voi è una donna, e io non voglio aver nulla a che fare con donne e bambini.»

«Etel... è quel giovanotto energico che vuole combattere le sue battaglie, vero? Forse un giorno ci arriverà.» Ezio aveva imparato da un pezzo che da un unno non ci si poteva aspettare cortesia bizantina; ma sapeva anche che non si doveva lasciar passare impunemente un'espressa brutalità. Ci sono alcune cose nelle quali tutti i barbari si assomigliano: appena si fa un passo indietro, essi ne fanno due avanti.

«Sei tu che parli di donne e bambini, non io. Ciò che ho da proporre è un'alleanza tra uomini, fra te e me. Quando regnano donne e ragazzi, bisogna rendersi indipendenti. Venticinquemila cavalli coi loro cavalieri per tre anni, che io ne abbia bisogno o no. Trecento libbre d'oro per te ogni anno, pagabili la festa della dea dei cavalli.»

Silenzio. Poi il vecchio disse: «Ci sono anche altre tribù unne».

«Sì: il kan Kuturgu sull'alto Danubio, il kan Gullac a occidente di te. Con Kuturgu non ho ancora parlato, ma Gullac è d'accordo. Ci sono inoltre numerosi piccoli principi, ma quelli seguono l'esempio tuo e di Kuturgu e di Gullac. Come ho detto, forse non avrò bisogno di voi: in tal caso avrete il mio oro per niente.»

Il kan fece un lieve cenno con la testa.

«Ancora una condizione» proseguì Ezio. «Chiedo che il tuo figlio maggiore... scusa, il tuo nipote maggiore sia mandato a Ravenna per la durata del nostro trattato. Sarà mia cura che alloggi nel Palazzo insieme con altri giovani della nobiltà.»

«No!»

Ezio lo guardò, sorpreso.

«No? Perché no? Il kan Gullac ha accettato subito questa condizione. Il giovane imparerà molte cose a Ravenna.»

«No» ripeté il kan.

«Ma, scusa,» insisté Ezio «sarebbe certamente un bene per una giovane testa calda come Etel.»

«Etel...» Il kan s'interruppe: la bocca rugosa ebbe un tremito.

Ezio lo osservava attentamente, come in agguato. Pareva quasi che il kan si sentisse divertito; ma non si sapeva mai che cosa quella gente pensasse e perché lo pensasse.

«D'accordo» disse d'un tratto.

Subentrò una pausa. «Ottimamente» disse Ezio, cercando di nascondere il suo sbalordimento. «Sicché... sicché, tutto è in ordine. Domani a mezzogiorno presteremo il giuramento. Il principe Etel potrà partire subito con Massurio, che va direttamente a Ravenna. Consegnerò loro una lettera per l'imperatrice e ti verserò subito le prime cento libbre d'oro, quantunque la festa della dea cada appena fra tre mesi. Vuoi vedere ora i doni?»

«Li vedrò domani» fu la risposta. «Sta bene.»

Si rizzò, e il romano fece lo stesso.

"Si sente in qualche modo vincitore" pensava Ezio. "Ma perché? Come mai? Furba, la vecchia tartaruga. A ogni modo, io ho ottenuto ciò che volevo, e basta."

Fece un cortese saluto e uscì. Un servitore gli mostrò la strada della tenda degli ospiti, dove lo aspettava una stanzetta chiusa da tende, non dissimile da quella del kan. Due cose però c'erano che non aveva visto nella tenda del capo: due ragazze, di sedici o diciassette anni al massimo, e bellissime tutte e due. Slave, dalle membra rotondette, dalla faccia pienotta con le labbra tumide, il nasetto all'insù, i capelli neri lucidi tutti a ricciolini, ornati di pettini e di fiori. Portavano abiti di stoffa trasparente, come si confezionavano nelle isole greche lungo la costa dell'Asia Minore. L'isola di Coo pagava tutte le imposte con quei vestiti.

«Bene, bene» disse Ezio, quando le due fanciulle si prostrarono dinanzi a lui. «Dite al vostro signore che gli sono molto grato e che non avrebbe potuto fare scelta migliore. Ma ora sono stanco e voglio riposare solo.»

Esse gli augurarono sogni piacevoli e si ritirarono fra ripetuti graziosi inchini, molto impressionate dal fatto che aveva parlato nella loro lingua, il linguaggio dei sarmati.

Il suo aiutante, Burro, venne con un'anfora di vino ghiacciato e un calice di tartaruga.

«Grazie. Hanno dato da mangiare e da bere a te e ai tuoi uomini? E ai cavalli? Sì? Bene! Ora va e tieni gli occhi bene aperti, che non ci siano ruberie. Se qualcuno vi si avvicinasse, dite che preferisco consegnare i miei doni al kan personalmente. Capito? Non c'è altro!»

Burro salutò e uscì.

Fuori echeggiò un suono di corno: tre, quattro, cinque volte. L'appello reale. Il vecchio Rua chiamava i principi: una bella sorpresa per Etel.

Lì accanto, dietro alle grosse tende, risuonò un piccolo grido, una voce di donna, cui rispose una grassa risata di tono basso. Massurio doveva aver ripreso coscienza e dimostrava maggior comprensione di lui per l'ospitalità unna.

Questa volta il kan ricevette i due giovani principi nella tenda. Lo ascoltarono in silenzio, poi Etel domandò con stizza a stento rattenuta: «Perché proprio io? Perché non Bleda? È lui il primogenito!».

Il kan corrugò la fronte. Bleda si mise a ridere: «Di solito vuoi essere sempre il primo. Perché non ora?».

«Zitto, Bleda!» ammonì il kan. «Etel è il primogenito... per Roma.»

Lo fissarono senza capire. Il vecchio fece un sorrisetto. «La colpa è di Etel. Si è comportato in modo tale, che il romano doveva per forza prenderlo per il maggiore. Ha voluto *lui* come ostaggio, e io ho accettato. E io ti comando, Etel, di lasciarglielo credere. Per Puru! Deve continuare nella sua credenza. Tu mantieni il segreto, Etel. E se poi venisse a saperlo da altra parte, bene, sarebbe passato del tempo.»

«Saluto il primogenito!» lo beffò Bleda.

Gli occhi di Etel ebbero un bagliore talmente minaccioso, che Bleda portò istintivamente la mano al pugnale.

«Domani nel pomeriggio partirai col più piccolo dei due romani» disse freddamente il kan. «Ora vai, devo parlare da solo con Bleda.»

Etel uscì, senza degnare il fratello di uno sguardo. Il kan mandò un piccolo sospiro.

«Ora hai tempo, Bleda, figlio di Munzuco» disse piano. «Hai tempo di far grande il tuo nome fra le tribù unne. Profittane, Bleda!»

Il giovane esitò; forse non aveva ben compreso ciò che intendeva dire il kan.

«In avvenire la tua freccia sarà la prima» disse il vecchio in tono significativo. «Fai sì che sia sempre la prima.»

II

«Talvolta l'imperatrice è poco puntuale» disse il vescovo Niceta con un leggero imbarazzo. «Certo, è sopraffatta dal lavoro e il suo compito è tutt'altro che facile. L'Impero si trova in tali difficoltà, che anche un uomo, un monarca energico avrebbe un gran da fare; non parliamo poi di una donna. Perfino la Chiesa deve poter aspettare, sembra.»

«La Chiesa può ben farlo» rispose l'arcidiacono Leone.

Il vecchio vescovo gli lanciò uno sguardo indagatore. Erano molti anni che sentiva parlare di lui (e chi non lo aveva sentito nominare?) ma solo oggi gli era dato di conoscerlo personalmente. Appariva incredibilmente giovane per un posto di tanta importanza. In fin dei conti, l'arcidiacono era la destra del papa, e spesso il suo successore. Appunto in quell'anno, alla morte di Celestino, il suo arcidiacono Sisto era salito al trono di Pietro, e già si diceva da tutti che il nuovo arcidiacono di questo, Leone, avesse grande influenza su di lui. E pensare che aveva poco più di quarant'anni! Era però da un pezzo che faceva parlare di sé, ed era conosciuto in tutto l'Impero, tanto in Oriente che in Occidente. Aveva ricevuto da poco gli ordini inferiori quando fu mandato a Cartagine, a visitare tutti i vescovi dell'Africa settentrionale: fra questi il grande Agostino d'Ippona, del quale si diceva fin d'allora che fosse un santo. Era stato Leone, con la sua ostinata e zelante eloquenza, a indurre Giovanni Cassiano a scrivere il suo celebre trattato sull'incarnazione di Cristo. Dieci anni prima, appena trentenne, Leone aveva esercitato il massimo influsso sul concilio di Efeso. Qual era il segreto di un tale successo, a quell'età giovanile? Era appena venuto da Roma, per discutere di una serie di provvedimenti pontifica li; ma il vescovo Niceta aveva dovuto andare a Palazzo e non aveva avuto tempo di occuparsi subito dei molti e lunghi scritti dell'arcidiacono. Perciò, e per atto di cortesia, l'aveva pregato di accompagnarlo a Palazzo. «Ti presenterò all'imperatrice. È una donna notevole, molto notevole.» L'arcidiacono aveva risposto seccamente: «Buona idea. Devo appunto parlarle». Che significava ciò? Come se si potesse così semplicemente andare a far visita all'imperatrice Placidia, come... come a una qualunque cittadina ammalata, nei sobborghi. Che il giovane arcidiacono fosse preso dal peccato che il grande Agostino d'Ippona chiama la radice di tutti i mali: l'orgoglio? D'altro canto però era non soltanto cortese, ma umile e modesto, e parlava solo se interrogato. Vestiva semplicemente: un buon esempio per certi signori dell'alto clero. Da dove dunque proveniva quella potente impressione che provocava? Forse dal suo modo di parlare, perché non parlava mai di cose futili. No, non si poteva dirlo in forma negativa: perché parlava soltanto quando aveva qualche cosa da dire. Così era meglio, ma non rendeva ancora l'idea. Perché diceva subito le cose essenziali: ecco!

«La Chiesa può farlo.» La Chiesa poteva aspettare, poteva permettersi di aspettare.

Eccoli dunque, due figurine sparute, nell'immensa sala d'udienza del palazzo imperiale d'Aquileia, con le sue possenti colonne di porfido e il pavimento di marmo, scintillante nel suo biancore, che pareva estendersi all'infinito. Nel fondo c'era un grande portale di bronzo: da questo portale sarebbe entrata l'imperatrice, la signora di quell'enorme palazzo e di mille altri palazzi in mille città dell'Impero: una donna, ma una donna che con una sola parola metteva in marcia centinaia di migliaia di soldati; forse la donna più grande che Roma avesse prodotto nei quasi dodici secoli di sua esistenza: Galla Giusta Placidia, la figlia del grande Teodosio. Perfino il *magister utriusque militiae*, Ezio, doveva sottostare a lei, come la storia di quegli ultimi anni aveva insegnato. Ezio era certo un potente: ancora l'anno precedente si era concesso una specie di guerra privata con un altro grande generale, Bonifacio, che aveva annientato. Ma dinanzi all'imperatrice si chinava, come tutti.

«Non lo so bene» disse il vescovo Niceta. «Può la Chiesa permettersi di attendere? Finché si è giovani si può pensarla così. Ma la Chiesa è vecchia, ha quasi quattrocento anni. Chi sa, forse non ci è concesso che poco tempo fino al ritorno di Nostro Signore nella sua potenza regale.» Si guardò involontariamente le mani, con le dita rattrappite dall'età, leggermente tremanti.

«La Chiesa è giovane e lo sarà sempre» rispose Leone. «Soltanto noi invecchiamo, e noi chi siamo?»

«Già, noi chi siamo?» sospirò il vescovo Niceta, guardandosi intorno. «In questa sala mi sento sempre nano.»

«Quando tutta questa pompa sarà distrutta,» disse Leone «quando non resterà pietra su pietra, la Chiesa sarà ancora giovane come una sposa: la sposa del Signore.»

In un primo momento il vescovo Niceta rimase quasi spaventato. Quell'ambizioso giovane prete si considerava come un profeta, poiché osava preannunciare la caduta e la distruzione di Aquileia, come il Signore aveva predetto la distruzione di Gerusalemme?

Questo pensiero non gli era ancora uscito di mente, quando il portale di bronzo all'estremità della sala si aprì lentamente, come spinto da mani invisibili. Il giovane ciambellano Eugenio comparve, batté forte sul pavimento col bastone d'argento, si fece da lato e s'inchinò con la grazia di un ballerino dinanzi all'alta donna vestita con la più grande pompa, che entrava nella sala. Accanto a lei camminava un ragazzo sui quattordici anni dalle mosse agili e graziose di fanciulla.

Ella avanzò come una nave con le vele di porpora spiegate, grande e maestosa. I rubini nei capelli, al collo e alle braccia ardevano come fuoco liquido.

"Lei non si sente qui come un nano" pensò il vescovo Niceta, facendo un inchino. Disse: «Consenta Vostra Maestà che le presenti l'arcidiacono Leone, testé arrivato da Roma».

L'imperatrice fissò l'arcidiacono. Seguì un silenzio imbarazzato: le parole del vescovo, il fruscio delle vesti imperiali sembravano spenti da un'eternità. Leone si era inchinato o no? Gli occhi del vecchio vescovo erravano di qua e di là.

"Una donna di forte volontà" andava pensando Leone. "Da influenzare piuttosto per mezzo delle sue virtù che per i suoi errori. Il suo egoismo, nonostante tutti i contraccolpi, è ancora intatto. Un ottimo strumento, finché le si lascia credere che tenga lei il comando. Si potrà lavorare con lei."

"Che cosa mai mi fa ricordare?" pensava l'imperatrice. "Mio padre forse? Ridicolo: costui potrà avere al massimo quarant'anni, vale a dire che è della mia età. Un uomo di quarant'anni è giovane; soltanto i suoi occhi sono vecchi, vecchi come Troia. Un volto da aquila, ma gli occhi sono quelli di mio padre, di quando sedeva fra noi e tuttavia era solo. Soltanto ora so quanto fosse solo. Che sarà venuto a fare costui?"

«Sono venuto» prese a dire l'arcidiacono Leone «a portare all'imperatrice l'apostolica benedizione del Santo Padre.» E aggiunse, tranquillamente: «Ti prego di inginocchiarti».

Gli occhi del vecchio vescovo si dilatarono quando vide prostrarsi tutta quella pompa di rubini, di pelle nivea, di seta purpurea.

L'arcidiacono Leone fece il segno della croce sopra di lei. Nell'istante seguente cessò di essere il rappresentante del vicario di Cristo per diventare un semplice sacerdote, anzi un cortigiano. Aiutò, con gesto cortese, Placidia a rialzarsi, s'inchinò dinanzi a lei e, più leggermente, dinanzi al giovinetto, che se ne stava a bocca aperta. Mai in vita sua questi aveva veduto la madre inginocchiata davanti a qualcuno: ne fu tutto turbato e vicino alle lacrime. La madre, che non sapeva che comandare, davanti alla quale perfino la sorella Onoria – Onoria che era sgarbata verso tutti – s'inchinava con la massima reverenza, la madre alle ginocchia di quell'uomo!

Era l'uomo più tremendo che avesse mai visto: ammesso che fosse un uomo. Forse era uno spirito, un genio, come quello che era stato rinchiuso nella bottiglia di rame di re Solimano, bottiglia che era poi stata sigillata. Paribanu, la sua nutrice persiana, gli aveva raccontato spesso di simili mostri. Ma no, non poteva essere: quell'uomo era vestito da prete e nemmeno riccamente come il vescovo Niceta. Incredibile! E pareva che anche il vecchio vescovo trovasse la cosa incredibile.

"Dimostra meno della sua età" pensava Leone. "Dieci anni piuttosto di quattordici, e si direbbe una bambina anziché un ragazzo. Perché poi lo acconciano a quel modo, come un cagnolino? Gli ha fatto imbellettare anche le guance. È un costume d'Oriente, ma qui, in Italia? Non va."

Leone non poteva accennare al ragazzo e tanto meno parlargli, anzitutto perché era l'imperatore – Valentiniano III – e secondariamente perché pareva che la madre preferisse non dare alcuna importanza alla sua presenza. Voleva forse insegnare l'umiltà al figliuolo? Non sarebbe stato nel suo carattere. Comunque, era una situazione tutt'altro che ortodossa per una corte, una situazione impossibile.

Placidia aveva ripreso il suo contegno. «Ci rallegriamo di salutarti ad Aquileia, arcidiacono» disse con un cortese sorriso. «Speriamo che resterai qui a lungo.»

«Tre giorni, maestà» rispose Leone. Era proprio il tempo

che gli occorreva per regolare ogni cosa con un vecchio, piuttosto lento, come il vescovo Niceta; non c'era ragione perché rimanesse di più, e molto lavoro lo attendeva a Roma. Papa Sisto era un caro, mite padrone, il quale, salendo al trono, gli aveva detto: «Su questo trono mi sento terribilmente piccolo. *Domine, non sum dignus*. Dio mi assista, e tu, tu devi essere il mio braccio destro. Senza di te mi sento monco. Promettimi che sarai il mio braccio destro». Aveva promesso. Tre giorni di Aquileia e non più!

«Ho pregato l'arcidiacono di tenere una predica alla messa d'oggi» disse il vescovo Niceta.

Placidia intese immediatamente. «Si è fatto più tardi di quanto pensassi» disse, gettando uno sguardo sul bell'orologio ad acqua, collocato sopra un tavolo di legno di cedro. «La messa incomincia fra un quarto d'ora, vero? Se desideri ritirarti per indossare i paramenti sacri, hai naturalmente il nostro permesso, venerabile vescovo. Dopo la messa parleremo della nuova cripta. Anche tu puoi andare, Valentiniano; è l'ora del tuo massaggio. Ma di' a Paribanu di usare prudenza.» Il ragazzo scivolò via. «È tuttora molto delicato» sospirò l'imperatrice. «Non è come sua sorella. Forse avrebbe dovuto essere lei il maschio e lui la ragazza. Non che Onoria abbia l'aspetto di maschio, ma ha un carattere tanto più energico...»

Niceta udì ancora queste parole, mentre usciva lentamente dalla immensa sala. Ora ella parlava come una modesta madre. Che uomo era dunque quell'arcidiacono da ammaliare così la donna più scaltra e più superba di tutto l'Impero? Il vecchio vescovo sentiva istintivamente che, in fondo, Leone non era nemmeno orgoglioso. Sarebbe stato quasi quasi un sollievo poterlo tacciare d'orgoglio. Si segnò in fretta: poco era mancato che accusasse l'anima di un altro di essersi macchiata del peggiore dei mali, del peccato mortale dell'orgoglio; e perché? Per liberarsi dalla sensazione di sentirsi piccino e meschino accanto a lui. Sì, piccolo e meschino: invidia era, e l'invidia è un peccato quasi altrettanto detestabile quanto l'orgoglio; l'invidia che ha portato al primo omicidio della storia umana, e a tanti altri dopo quello. No, il sentimento d'invidia non era penetrato molto profondamente in lui, bisbigliava la voce soave, indulgente, che egli conosceva tanto bene, in se stesso al pari che negli altri. Non avrebbe voluto fare cambio con l'arcidiacono Leone. Oppure sì? Battersi contro tutte le possibili eresie, non in una singola diocesi, ma in tutto il mondo, e, per di più, preparare il materiale teologico con cui confutare queste eresie; preparare e organizzare conferenze ecclesiastiche; tenere continui discorsi in cento occasioni; organizzare delegazioni, pellegrinaggi; ricevere dottori di teologia e abati, risolvere le loro questioni; essere l'ombra del papa, il suo braccio destro, il suo corrugare della fronte, il suo sorriso, e mille cose ancora: in una parola, essere il potere dietro al trono. No, questo non voleva di certo. E perché no? Perché era vecchio, pigro, uno che prendeva volentieri le cose alla leggera. Per questo! Sicché un peccato escludeva l'altro, almeno fino a un certo punto. Lo invidierei, se non fossi troppo pigro per farlo. La situazione non era delle più piacevoli, e non c'era che un rimedio: pensare, durante la messa, all'arcidiacono Leone, pregare che non divenisse mai preda dell'orgoglio, e che un servo di Dio a nome Niceta superasse la propria pigrizia senza con ciò cadere nel peccato d'invidia.

Uscendo dalla gran sala fece un riso sommesso: si sentiva sempre nano, ma era un nano sodisfatto.

«Su che argomento predicherai durante la messa?» domandò l'imperatrice all'arcidiacono. Si sentiva leggermente urtata: quell'uomo non aveva reagito nemmeno con una parola alle sue osservazioni riguardo i figliuoli, e aveva l'impressione che non approvasse qualche cosa, e che questo qualche cosa riguardasse Valentiniano. Forse si aspettava che, alla sua tenera età di quattordici anni, lo allevasse come un soldato, come era avvenuto di Ezio, di Albino e di altri, oppure come il futuro statista, il futuro imperatore.

In fin dei conti anche un prete è un uomo, e tanto più questo prete, e gli uomini credono in modo quasi ridicolo all'assoluta mascolinità del dominare, quasi Cleopatra e Semiramide non fossero mai esistite. Soltanto in Oriente c'erano sovrani capaci di unire la forza virile alla chiarezza intuitiva di una testa di donna. Qui invece nemmeno un prete, nemmeno questo prete, ne era capace! Però avrebbe ben potuto trovare qualche parola amichevole a proposito di Valentiniano; il suo silenzio equivaleva a una critica.

«Parlerò della Città di Dio» dichiarò Leone.

«La Città di Dio, devo averne sentito parlare...»

«È il titolo di un libro del grande Agostino d'Ippona.»

Ella corrugò la fronte, sì che un'unica linea ben segnata apparve tra le forti sopracciglia. «Lo chiami il grande Agostino, mentre da altra parte ho sentito che la sua dottrina è molto pericolosa. Perfino il tuo amico, Giovanni Cassiano, ha avuto parole molto aspre.»

La teologia imperiale evocò l'ombra d'un sorriso sul volto energico del sacerdote. «Esatto, Maestà» ammise. «Non posso sperare se non che nel frattempo l'amico Cassiano abbia mutato parere; non deve essergliene mancata l'occasione, nel suo remoto convento in Gallia. Una dotta discussione, anche se violenta, non può che giovare a un problema teologico; lo porta a maturità e alla soluzione definitiva. Quanto però alla dottrina del vescovo d'Ippona, possiamo dire tranquillamente che è stata esaminata a fondo e approvata. Il suo nome acquisterà sempre maggiore importanza nei secoli e non mi meraviglierei se le generazioni future chiamassero il secolo nostro col nome di Agostino; io lo considero il più grand'uomo del nostro tempo.»

Non riuscì facile all'imperatrice reprimere un'osservazione ironica sulla «predica prematura» dell'arcidiacono. Si doveva perdonare a un prete se considerava un altro prete l'uomo più grande del suo tempo. Disse invece: «A quanto pare, ti sei preso Agostino a modello».

«No.»

L'espressione fu talmente dura, che ella lo guardò stupita. Ma sapeva che era perfettamente inutile far domande. Ancora una volta dovette pensare a suo padre: la medesima decisione nel tono e nell'espressione, lo stesso fare deciso. Mai l'aveva trovato in altri: non in Ataulfo, il suo primo marito, che l'aveva fatta regina dei visigoti; tanto meno in Costanzo, il quale, quando voleva farle comprendere che non sopportava intromissioni, diventava semplicemente grossolano. E in seguito? Qualche amante, cercato con cura; giovani provvisti di doti piuttosto fisiche che spirituali, dei quali si liberava appena si interessavano più all'imperatrice che alla donna Placidia.

Ma a questo punto ella si impose di fermarsi. "Ancora un poco e mi dispiacerà che costui sia un prete" pensò con stizza, e costrinse i pensieri a ritornare alla conversazione interrotta.

«Perché voi preti dovete scoprire sempre nuovi punti teologici? Non ci basta più la dottrina di Cristo?»

«Completamente» fu la grave risposta. «Se scopriamo sempre nuove vedute teologiche, ciò avviene perché queste spuntano dalla dottrina di Cristo come i fiori dallo stelo. Ma la saggezza del Logos è semplicemente inesauribile e occuperà la mente degli uomini fino al giorno del giudizio. Cristo non ci ha lasciato un programma fisso, rigido: non era questa la Sua intenzione; altrimenti ci avrebbe lasciato un libro scritto di Sua mano. Invece ha creato un organismo vivente, la Sua Chiesa, che deve aprirsi la via attraverso i secoli, che deve dividere il grano dal loglio, combattere l'errore e l'eresia, e dalla quale balenano di continuo gli improvvisi lampi dello

Spirito Santo. La Chiesa è infatti il corpo mistico di Cristo che si estende avanti e indietro sul regno del tempo.»

L'imperatrice annuì. «Il regno del cielo ha preso piede sulla terra. Voi siete al sicuro; ma noi, cui è affidato l'impero terreno, noi non abbiamo nessuna garanzia celeste cui affidarci.»

«Tuttavia, Dio può aiutare.»

«Non so,» disse l'imperatrice, mentre s'incamminava verso il portico esterno, precedendo l'arcidiacono di mezzo passo «non so se Iddio partecipa realmente alle nostre azioni, o per lo meno se si cura di noi quanto pensa il caro vecchio Niceta. Lo so, lo so: non cade foglia, eccetera; ma ciò non significa che Dio faccia cadere le foglie. Significa, deve significare, che Dio è conscio di tutte le azioni e di tutte le sofferenze. E poi? E le nostre preghiere? Pensa alla battaglia dell'anno scorso, quando il povero Bonifacio fu battuto da Ezio, quando due dei miei ufficiali, passando oltre me, fecero guerra fra di loro, guerra civile...» Respirava forte: era evidente che il delitto non era ancora perdonato, che Ezio era tuttora in disgrazia, nonostante la sua posizione quasi sovrana nella Gallia meridionale.

«Non credi forse, arcidiacono, che i due eserciti abbiano pregato prima della battaglia, con tutto il fervore dei cuori? Che dunque doveva o poteva fare Iddio? Se Niceta avesse ragione, se Dio avesse un sentimento per noi, non avrebbe lasciato che la battaglia avvenisse, l'avrebbe impedita; avrebbe dovuto mandare in frantumi le armi dei due eserciti, oppure riempire il cuore dei comandanti di un'irresistibile volontà di pace.»

"Quello che Dio avrebbe dovuto fare" pensò Leone "è evidentemente ciò che l'imperatrice Placidia desiderava e per cui probabilmente pregava. Ella amava Bonifacio. Povera donna! Ma la sua domanda merita risposta."

Disse allora: «Tu dunque pretendi che Dio s'immischi costantemente nelle azioni degli uomini, che, con la sua intromissione, renda impossibili le azioni cattive, e che ciò accada senza indugio. Se volessimo essere coerenti nell'esigerlo, Dio dovrebbe paralizzare la lingua del maldicente e del bugiardo prima che potesse proferire la maldicenza o la menzogna; il ladro, che stende la mano verso il bene del vicino, dovrebbe ravvedersi; i sensi dell'adultero dovrebbero mancare al loro ufficio appena i suoi occhi si posassero bramosi sulla donna del prossimo. Sì, in tal modo Iddio potrebbe escludere tutto il male del mondo, ma distruggerebbe insieme anche l'esistenza umana. Poiché noi diventeremmo fantocci, incapaci di decidere; sarebbe la fine della nostra libertà; la nostra volontà rimarrebbe paralizzata e non potremmo più amare Dio. L'amore, infatti, ha per premessa il libero arbitrio; l'amore dev'essere spontaneo, altrimenti non è amore. Ma amare Dio è il senso e lo scopo della nostra esistenza».

L'imperatrice trasse un profondo respiro. «Sembra che io abbia chiesto l'impossibile» ammise con un pallido sorriso. «Ma ciò non fa che confermare quanto ho detto, Dio non si cura delle nostre azioni; la tua risposta mi ha soltanto spiegato *perché* non se ne cura.»

Leone scosse il capo. «Ho spiegato soltanto perché Dio non interviene sempre nei nostri atti. Tanto se ne cura, che Egli stesso si è fatto uomo ed è morto sulla croce per i peccati del mondo, per tutti i peccati del mondo, per i tuoi e i miei, e quelli di ogni singolo soldato caduto in quella disgraziata battaglia e di ogni soldato caduto in ogni battaglia che sia stata o sarà combattuta. E ogni gioia che ha riempito un cuore umano è Suo libero dono, e ogni buona azione che sia stata mai compiuta è stata destata in noi da Lui. Soltanto la decisione dipende da noi.»

«Ma le preghiere dei soldati da ambo le parti...»

«Sono esaudite, tutte; anzi alla fine dei conti sono provocate da Dio. Ma noi mescoliamo le nostre preghiere con la nostra povera ambizione, con la nostra miserabile mancanza di saggezza. Noi non facciamo che pregare, senza saperlo, per la nostra propria rovina. E anche allora Egli ci ode, ma la Sua risposta è un "no"; forse ciò accade perché Cristo ci ha insegnato l'unica preghiera nella quale non possiamo sbagliare.»

«Che vuoi dire?»

«Sia fatta la *tua* volontà.»

Così parlando erano giunti all'estremità del colonnato; il pesante tetto dorato arretrò ed essi si trovarono su di un'ampia terrazza. Allegre grida e risate salivano dal cortile, dove numerosi giovani facevano una finta battaglia: forse un'esercitazione militare.

«Goti, franchi ripuari, sarmati» disse Placidia. «E una dozzina di altre nazioni. Credo che ci sia anche un unno. Tutti al servizio di Roma; tutti difendono Roma contro le proprie nazioni. Il loro aiuto è l'aiuto di Dio?»

Un piccolo esercito di dame di palazzo affluì sulla terrazza, come uno stormo di uccelli variopinti.

«È ora di messa» disse l'imperatrice rapidamente, prima che Leone potesse rispondere. «Ascolteremo la tua predica nella cappella, arcidiacono Leone, e poi ti aspettiamo alla nostra tavola.»

Un benigno cenno di testa, ed ella si avvicinò frusciando alle sue dame. Rapidamente si formò il corteo imperiale che si diresse, ma più lento, verso l'altra estremità della terrazza, di dove una scala di marmo conduceva alla cappella del palazzo.

Leone rimase solo. Non aveva premura: prima della predica veniva la messa dei catecumeni, ed egli non aveva bisogno di mutarsi d'abito. Guardava con calma i giovani guerrieri che, nel cortile, si misuravano in pacifici duelli sotto la sorveglianza di un gigantesco maestro d'armi. Era un goto, uno di quegli uomini enormi, dai capelli rossi e dai muscoli gonfi, i cui movimenti rivelavano la completa padronanza del corpo. Lo spirito, invece...

La larga faccia animalesca era improntata di una certa bonomia, capace di trasformarsi, alla minima provocazione, in ferocia bestiale. Il contrasto fra costui e gli altri (almeno quelli che Leone poteva vedere) saltava agli occhi. I più erano figure robuste e muscolose, ma appartenevano a un'altra classe, e i lineamenti erano di nobile taglio. Questa però era la sola caratteristica comune: la fronte, gli occhi, il naso, il mento, l'attaccatura dei capelli, la voce, la cadenza, tutto era diverso dall'uno all'altro. Era caratteristico che Leone osservasse tutto questo prima ancora di aver notato che anche le vesti e perfino le armature erano diverse. Un biondo, con grossi mustacchi gialli, si batteva contro uno piccolo, robusto, dalla testa rossa e il mento glabro. Il biondo portava calzoni colorati e una tunica cortissima con le maniche larghe; aveva uno scudo rotondo coperto di ornamenti metallici e la spada lunga. Era un celta armoricano, figlio di uno dei più influenti nobili di quella provincia. Il pel di carota doveva essere un franco ripuario; portava una lunga tunica azzurra, una corazza leggera ed era armato di un enorme scudo di legno e di un'ascia (la «Francesca» della sua tribù). Un conte visigoto, sottile e bruno di capelli, agitava una lancia lunga sette piedi, contro il suo avversario, un capo isauro, corazzato dalla testa ai piedi e armato di una spada ricurva. C'erano dieci, dodici, venti di tali strane coppie; un folto gruppo di funzionari di palazzo assisteva alla scherma.

Leone capì: quegli uomini erano ostaggi, nobili di ogni parte del mondo, che Roma aveva portato al servizio dell'Impero con richiami, lusinghe o minacce. In realtà, si trattava di prigionieri semi-ufficiali: uccelli esotici, costretti a vivere in una gabbia dorata, dalle sbarre troppo robuste perfino per i loro becchi e i loro artigli potenti. E presso a loro, come a dimostrare che erano considerati ospiti d'onore e non prigionieri, si trovavano giovani ufficiali della guardia di palazzo, per la maggior parte visigoti, per i quali l'imperatrice aveva una speciale preferenza, dato che il suo primo marito era stato un visigoto.

Due uomini si staccarono dal gruppo degli spettatori. Uno era un romano di mezza età vestito con gusto e ricercatezza; l'altro un tipo completamente sconosciuto a Leonc. Era di statura alquanto inferiore alla media, ma robusto, con larghe spalle e braccia muscolose. Il torace era troppo sviluppato in confronto al resto del corpo: tutto l'insieme aveva qualche cosa di disarmonico, benché non si potesse dire dove risiedeva il difetto. Forse dipendeva dalla pelle, di un giallo-bruno come il cuoio, o dagli zigomi obliqui al pari degli occhi. O forse dai movimenti, lenti e pesanti come quelli di un coleottero che si trovi dinanzi a un ostacolo imprevedu-to? O forse da tutto l'insieme? Quasi impossibile indovinarne l'età: giovane, a ogni modo. Venticinque, trenta, trentacinque anni? Portava un berretto di feltro nero, e non si capiva bene dove finiva il berretto e dove incominciavano i capelli, neri, a ciocche, e una tunica rosso-bruna senza maniche. Non portava corazza, aveva un piccolo scudo di pelle, rotondo; dalla larga cintura di cuoio penzolava una breve spada curva, o forse un lungo pugnale. Da dove proveniva quella strana figura? E perché appariva così imbarazzato, così goffo, come se non si trovasse nel proprio elemento, come fosse un essere di un altro mondo, abituato a vivere nell'acqua, o nel fuoco, o sulla groppa di un cavallo?

Proprio così: quell'individuo non era abituato ad andare a piedi, era come costruito per il cavallo. D'improvviso Leone ricordò ciò che l'imperatrice gli aveva detto pochi momenti prima: quell'uomo era un unno, il primo unno che vedeva. Si trattava di un popolo che viveva sul cavallo, in qualche parte lassù sul Danubio, e ancora più verso oriente; gente dalle gambe corte, dalla pelle brunastra, dagli occhi stretti, un popolo selvaggio, crudele, primitivo, poligamo e politeista, che non aveva mai dissodato un campo, popolo di pastori e guerrieri. Si diceva che il *magister utriusque militiae*, Ezio, li stimasse enormemente come truppe ausiliarie. Forse non erano nulla più di alcune poche tribù selvagge nomadi, che si facevano assoldare con armi e cavalli da altri popoli. O forse erano i precursori di un'ondata giallo-bruna. Nessuno sapeva esattamente come stessero le cose lassù, a nord e a est del Danubio.

Ora il gigantesco maestro d'armi germanico e l'elegante romano si diressero verso di lui.

«Gudarico,» disse Massurio «questo è il principe Etel, figlio o nipote di un capo unno. Vive qui nel palazzo. Abbi cura di lui. Finora è stato a Ravenna.»

«Bene, bene» disse il germano lentamente. «Unno, eh? Non ne ho mai veduti, unni senza cavallo. Dove hai lasciato la tua migliore metà, principe?»

«Là dov'è il tuo posto» fu la pronta risposta. «In stalla.»

Con sollievo di Massurio il germano scoppiò a ridere.

Alcuni giovani nobili che avevano ascoltato quelle frasi si avvicinarono al gruppo. Massurio approfittò dell'occasione per mormorare alcune parole di commiato, non si capiva bene se dirette a Gudarico o al giovane unno, e per svignarsela. Sian rese grazie a tutti gli dèi e i santi: finalmente si era liberato da quel giovane mostro. Quel Gudarico, o come si chiamava, era tipo da cavarsela perfino con Cerbero; forse se la sarebbe cavata anche con quell'unno; bisognava stare a vedere.

«Fagli da avversario» propose Gudarico al conte Gerbod. «Devi sapere che è un grande onore per te. Il ragazzo è un principe!» Rideva: come molti germani, sapeva dar prova di una specie di sarcasmo pesante, per poi scoppiare in un furore selvaggio se la vittima ribatteva al colpo. Non aveva dimenticato l'osservazione di Etel a proposito della stalla. L'idea di accoppiarlo col conte Gerbod corrispondeva al suo senso speciale di umorismo: il burgundio era alto quasi sette piedi.

Lo stesso Gerbod pareva sentisse che non si trattava di un accoppiamento felice, e mormorò la parola «disparità»; ma il maestro d'armi scosse le spalle. «In guerra non si può sempre scegliersi l'avversario adatto, conte Gerbod.»

«E sia!» disse il burgundio in tono pungente. «Ma quello che tu chiami un combattimento sarà come il conflitto fra un cavallo e un moscerino.»

«Un moscerino» disse Etel con tutta calma «può far dissanguare un cavallo, ma io non ho mai sentito che un cavallo possa far del male a un moscerino. E io credo d'intendermi di cavalli.»

Gerbod lo guardò dall'alto della sua statura. «Sembra che imparerò qualche cosa sui moscerini. Dunque, avanti! Tutto si deve provare almeno una volta.»

«Stai attento piuttosto, Gerbod» schernì il franco Clodomiro. «Al suo paese mangiano carne cruda.»

«Via» rise il romano Giuvenzio. «Gerbod è indigeribile. Avanti! Fasciate il coltello da cucina del nostro unno. Caspita, com'è tagliente! Ancora una fascia, è meglio così. La fasciatura della tua lancia tiene bene, Gerbod?»

«Sì, sì, terrà saldo. Non ho ancora lottato, e poi non è una lancia da guerra, è ottusa...»

«Pronti?» chiese Gudarico. «Bene. Sapete di che si tratta. Qui avviene esattamente ciò che tanto spesso accade in realtà: due lottano fra di loro, ciascuno con le sue armi speciali. Bada a loro, Giuvenzio, io devo andar da quei due celti là in fondo che, al solito, prendono la cosa troppo sul serio.»

Se ne andò come una gigantesca trottola.

«Avanti, moscerino» rise Gerbod, levando il pesante scudo di legno e salutando con la lancia.

Ma Etel rimase fermo, immobile; non sollevò nemmeno il piccolo scudo di cuoio. Aveva compreso che quei combattimenti erano soltanto esercitazioni, perciò appunto avevano fasciato di panni la sua spada e la lancia di quel pazzo spilungone; e le esercitazioni lo annoiavano.

«Vedo che debbo venire a prenderti, piccolino» disse Gerbod, incominciando ad avanzare. Quando fu abbastanza vicino spinse la lancia... e colpì l'aria. Il giovane unno appariva perfettamente immobile. Il burgundio fece un rapido balzo indietro e vibrò di nuovo la lancia. Anche questa volta incontrò l'aria, e anche questa volta parve che l'unno non si fosse mosso. Gerbod comprese che il suo assalto massiccio lo aveva messo in posizione pericolosa il lato destro, non difeso dallo scudo, era scoperto. Fece un violento balzo indietro. L'altro continuava nella sua immobilità; la sua faccia era una maschera giallo-bruna; pareva che la cosa non lo riguardasse.

Il burgundio stette un attimo a fissarlo, poi emise una bestemmia e tentò il terzo assalto, con lo scudo proteso, la lancia in resta: era l'attacco di un toro, che avrebbe dovuto annientare l'omuncolo. Ma l'omuncolo non era più al suo posto. All'ultimo momento aveva fatto un passo appena percettibile di lato, e Gerbod lo oltrepassò e per un pelo non si scontrò con Clodomiro.

«Dove vuoi andare?» domandò il franco ridendo.

Gerbod gli lanciò uno sguardo furioso e si rigirò. Anche l'unno si era girato e gli volgeva di nuovo la faccia, nella medesima posa indolente di prima.

«I moscerini sono più svelti dei cavalli, amico» disse Giuvenzio ridendo

«Questo non lo chiamo combattere» osservò l'altro stizzosamente. «Costui non fa che ballare attorno.»

«Balla bene, però. Potresti prendere lezioni da lui. Così va bene, attacca ancora...»

Questa volta vi fu una collisione. Con stupore, Gerbod constatò che l'unno sosteneva il colpo; aveva l'impressione di essere corso contro un blocco ben saldo. Il suo scudo era neutralizzato dallo scudetto di cuoio dell'unno, e la lancia dalla corta spada ricurva. La testa dell'unno superava di poco la regione cardiaca dell'avversario. Questi tentò di ributtare indietro Etel, ma sentì che la cosa era impossibile; i piedi dell'omuncolo parevano profondamente ancorati nel duro terreno del cortile. Gerbod fece un nuovo salto all'indietro.

«È pazzo» pensava Etel con disprezzo. «Grosso come un bue, non sa far uso della propria forza. La prossima volta...»

Ma qui i suoi pensieri si arrestarono. Si trovava a pochi passi dalla bassa terrazza dalla quale Leone osservava la scena, e sulla terrazza passava una dea.

Giovanissima, poteva avere al massimo sedici anni, aveva i capelli del colore della castagna matura, la pelle bianca come il latte. Il profilo finemente tagliato terminava in un piccolo mento volitivo; ma forse ciò dipendeva dal modo di portare la testolina, oppure dal passo, somigliante a quello di un giovane animale superbo, conscio della propria grazia. La lunga veste dorata aleggiava intorno alle sottili caviglie; i minuscoli sandaletti dorati erano ornati di perle; un cortissimo mantello color della porpora imperiale le copriva le spalle. Due giovinette la seguivano: una quasi bambina, l'altra, bella creatura, poteva avere circa l'età della padroncina.

Etel rimase lì come ammaliato. «Pascolo in fiore» mormorò. Era l'antichissima esclamazione degli unni, quando vedevano una cosa bella. Una giovinetta incantevole, un nobile cavallo, un'azione eroica, tutto era un pascolo in fiore.

Le sue prime esperienze con le donne risalivano a molto tempo prima. C'entravano non soltanto Pilai e Kru, le sue mogli, ma anche danzatrici di Gades e Samotracia, dalle membra snelle, schiave scelte da tutte le parti del mondo; c'erano giovani donne e ragazze delle città conquistate, molte di esse esperte nelle arti d'amore. Aveva conosciuto donne vestite di pelli d'animali e odoranti di cavalli e di carne equina, donne capaci di stare alla pari a cavallo coi guerrieri della tribù, donne dalla pelle scura simile al cuoio; ma queste erano anche le madri dei suoi figli. Ce n'erano anche delle altre, vestite con le sete del lontano Catai, tintinnanti di braccialetti, di collane, di anelli alle caviglie, profumate come fiori, tanto delicate che non osavano avvicinarsi a un cavallo: schiave sottomesse e obbedienti e signore dominatrici feroci, cui si doveva insegnare l'obbedienza.

Ma se tutte queste erano donne, quella che gli passava davanti non era una donna: doveva essere una creatura di altra razza.

Le donne provocavano calore, vertigine, brama, come quando si beve vino a digiuno. Questa invece suscitava l'idea che mettesse conto di rovesciare il mondo soltanto per vederla un'altra volta. Soltanto per rivederla. Una volta, da piccolo, aveva preso una grande farfalla, rossa, azzurra, dorata, e quando era corso da Bleda e aveva aperto il pugno per mostrargli la preda, si era trovato in mano un mucchietto di polvere grigiastra, informe. Forse sarebbe avvenuto lo stesso se non si fosse accontentato di guardare quella creatura...

A un tratto gli parve che un albero precipitasse sopra di lui: schizzò in alto, il cortile del palazzo gli girò intorno coi merli a rovescio, vide i propri piedi agitarsi in aria – poi seguì un rumore come di tuono, la terra si sollevò, saldissima, durissima.

La prima cosa che vide ritornando in sé fu lei. Si era fermata, si era voltata e ora lo guardava, ridendo un momento e poi rifacendosi seria.

Lo strepito di tuono continuava, e solo ora egli si accorse che era una risata, uscita dalle gole di molti uomini; e quegli uomini ridevano di lui. Ora sì, sapeva che cosa era accaduto. Quel bue di un burgundio aveva approfittato del momento.

Si guardò intorno cercando, non gli uomini che ridevano del figlio di Munzuco, ma prima di tutto la sua spada. Questa era lì, ritta in terra. Le dita si avvinghiarono intorno all'elsa fredda e liscia. Le fasce si erano sciolte; egli le scosse via e baciò la lama. Un uomo deve avere un'arma: un uomo può vivere senza donna, senza tenda, senza tribù, senza cavallo perfino, ma deve avere un'arma. Ora volse il capo, lentissimamente, e guardò quelli che ridevano.

Era là, il nemico, e si scompisciava dalle risa. Uno solo notò il pericolo: Gudarico, il maestro d'armi, che aveva separato i due furiosi celti e si avvicinava al gruppo. Aveva visto gli occhi di Etel e in quegli occhi l'omicidio.

«Attenzione!» gridò.

Il suo grido e l'attacco di Etel vennero nel medesimo istante.

L'unno non aveva lo scudo, ma non ci pensava: aveva un pensiero solo. Allorché Gerbod, appena in tempo, levò il proprio scudo, Etel lo spaccò nel mezzo e, al secondo colpo, penetrò profondamente nella spalla dell'avversario. Numerosi astanti cercarono di mettersi in mezzo, fra gli altri Gudarico. La spada di Etel si agitava come una fiamma azzurra che dovesse bruciare ogni cosa, formando cerchi e semicerchi magici con la velocità del lampo.

«Andate via,» gridò Gudarico «lasciatemi avvicinarlo, che lo disarmi.»

Un minuto più tardi il gigantesco germano indietreggiò vacillando, guardandosi con occhio incredulo la mano sinistra, alla quale mancavano due dita.

«È impazzito!»

«Ammazzatelo! Finitelo!»

Erano ormai una ventina e altri accorrevano. Clodomiro cercava di sostenere Gerbod che barcollava, quando Etel gli diede un colpo obliquo sull'elmo, sicché cadde trascinando con sé il burgundio. Ma ora molti degli accorrenti avevano strappato le fasce dalle lance e dalle spade, e più di una dozzina di mani afferrarono l'unno.

«Fermi tutti!» comandò una voce metallica.

Quegli uomini erano soldati: avevano il rispetto, profondamente radicato nei combattenti esperti, della disciplina di fronte al nemico. E quelle erano le parole e il tono di un uomo abituato a farsi obbedire.

Le lance, le spade, le mani, i corpi si irrigidirono nell'immobilità. Perfino Etel, improvvisamente libero, volse il capo verso colui che aveva parlato.

Stava ritto in tutta la sua altezza, con le vesti lunghe che gli fluttuavano intorno. Non portava armi. E questo uomo dava brevi, aspri comandi. Da ogni parte furono deposte a terra le armi: i funzionari di palazzo accorsero in fretta; fu chiamato un medico.

Ma l'uomo senz'armi guardava solamente lui. Etel sogghignò. «Non ridono più» disse con voce rauca.

«Non c'è niente da ridere» rispose l'arcidiacono Leone. «Molti di questi uomini sono seriamente feriti. Tu hai violato la pace e hai commesso un grave torto. So che non sei cristiano, tuttavia devi ammettere di aver agito male.»

«È stato mal fatto» ammise Etel. «Perché erano troppi in una volta. Ma non proprio tanto male.» I suoi occhi scrutavano la terrazza; era deserta.

«Avresti potuto facilmente ucciderne qualcuno» disse Leone. «Dio sia lodato che non siamo arrivati a tanto.»

«Sì!» approvò Etel. «Uno non serve a molto. Tutti! Non uno.»

Gli scintillavano gli occhi. Il prete dissimulò un brivido; ma si mantenne calmo e freddo in volto, mentre diceva: «Hai voluto vendicarti perché l'avversario ti ha attaccato mentre avevi sviato l'attenzione. Ma perché era sviata? Tu sei unno, vero? Io credevo che gli unni pensassero alla lotta quando lottano, e non alle donne».

Un rauco grido di rabbia. Etel teneva ancora in mano la spada e gli tremavano le dita.

«Unno o romano,» disse Leone freddamente «un uomo deve saper sopportare la verità.»

Etel lo fissò a lungo, poi disse lentamente: «Quando incendierò questa città, rispetterò la tua vita. Forse».

In quella si avvicinarono le guardie di palazzo, soldati scelti al comando in un alto ufficiale, che ordinò seccamente a Etel di consegnargli la spada. Quasi duecento uomini occuparono il cortile. Etel vide scortar via gli altri ostaggi, si lasciò prendere la spada senza opporsi e lasciò il cortile, circondato da tante guardie che scompariva alla vista.

Leone si volse dall'altra parte e ritornò alla terrazza sulla quale si arrampicò agilmente. Si poteva sperare che selvaggi come costui potessero un giorno comprendere il messaggio di Cristo?

Sì, certo. Non poteva essere diversamente. «Andate e istruite *tutte* le genti.» Il Signore non aveva fatto eccezione per gli unni; ma doveva essere una dura fatica. Salì tranquillo i gradini che conducevano alla cappella. Cinque minuti dopo incominciava la predica davanti a un'adunanza sfolgorante d'oro, nella quale c'erano l'imperatrice, il giovane imperatore e la sua bella sorella, la principessa Onoria.

La predica era preparata accuratamente, secondo il solito, sicché il predicatore non aveva bisogno di appunti. Aveva il dono di tenere a mente i capisaldi del discorso, intorno ai quali i suoi pensieri si aggiravano come farfalle intorno al lume.

Mentre parlava studiava i volti degli ascoltatori, per assicurarsi che lo comprendevano. Quando si accorgeva del contrario, ripeteva la frase o la spiegava meglio. L'incidente del cortile era dimenticato; una cosa però gli era rimasta impressa: che ci si poteva intendere con un unno richiamandosi al suo onore militare. Era un punto importante: infatti la Chiesa deve fare appello alle virtù degli uomini. La cosa riesce più facile ai politicanti; ma alla fine dei conti, ogni uomo possiede qualche virtù; basta prendersi la briga di ricercarla.

Leone continuò con calma a inculcare la verità eterna ai cortigiani coperti di ricami d'oro, ai soldati corazzati di ferro, ai personaggi imperiali, alle dame imbellettate, come il medico fa con le medicine.

Nell'ala orientale del palazzo Clodomiro incontrò Giuvenzio, il comandante della guardia di palazzo.

«Hai portato al sicuro il tuo unno?»

«Naturalmente. Si è lasciato condurre come un agnello.»

«Se quello è un agnello,» disse il franco con solennità «il Cielo mi guardi dall'incontrare un lupo. Tutti gli unni sono così?»

«Speriamo di no» fece l'altro ridendo. «Ma ora è mansueto.»

«Già, mansueto come sette cani arrabbiati. Gli hai visto gli occhi quando si è gettato sul povero Gerbod? Hai un bel sogghignare tu! A te non si è mai scagliato addosso un burgundio di quella fatta. Per Odino, mi pare di avere qualche esperienza di battaglie: una volta sono stato tre ore buone sotto il mio cavallo: fu cinque anni fa, nella guerra contro gli alemanni. Bene, ti giuro che Gerbod pesa di più. Caro il tuo unno mansueto! E adesso, che ne faranno?»

«Non lo so ancora. Sai che è un ostaggio: tocca alla imperatrice decidere, o per lo meno al prefetto di palazzo.»

«Gli avrai almeno messo le catene, spero.»

«Non lo posso fare, Clodomiro, senza un ordine speciale. Ma è chiuso solo, in cella, con una guardia davanti alla porta. Inoltre è pieno di gonfiori e di graffi.»

«Dunque le ha pigliate. Non è un miracolo, quando si ha da fare con un Gerbod. Non capisco però come non abbia visto venire l'attacco, mentre non gli erano sfuggiti gli altri. Con quegli occhi di lince!»

«Eh, guardava dall'altra parte» fece Giuvenzio sogghignando. «Passava appunto di là la nostra cara principessina.»

Clodomiro mandò un fischio: «Onoria! Strano: quel piccolo insetto velenoso e Onoria! Lei che non guarda nemmeno...»

«... il nobile franco Clodomiro, eh?»

«O te, o qualcun altro.»

«Eccetto Eugenio.»

«Via! Quel ridicolo muso di cera...»

«Ecco, non devi fraintendermi» aggiunse in fretta Giuvenzio. «È ovvio che lo veda più spesso di noi, visto che è il suo ciambellano. Ma se una ragazza ha da scegliere fra lui e quella bestia di unno dalla pelle di cavallo...»

«... sceglie Giuvenzio» completò il franco.

«Fosse vero! Purtroppo invece ha una scelta molto più ampia. O, meglio, non ha scelta. Sai l'ultima novità? Sarà promossa Augusta.»

«Che vuol dire?»

«Vuol dire, bestia, che salirà al più alto grado che esista, sicché non potrà sposare che un monarca di primissimo ordine, ad esempio il gran re di Persia. Ma non può sposarlo, perché non è cristiano. Insomma, non può sposarsi con nessuno.»

Il franco si stupiva. «Ma perché? Perché non vogliono che si sposi?»

«Eh... la politica: cose che non puoi comprendere. Ma adesso devo andar a vedere come stanno gli altri, il povero Gudarico e Gerbod, e tutti quelli che le hanno pigliate. Credo che nel prossimo avvenire non si faranno più esercitazioni di lotta, per evitare difficoltà diplomatiche, o almeno ridurle al minimo. Gli ostaggi diminuiscono di valore quando perdono un braccio o una gamba. Per fortuna è intervenuto il prete...»

«Oggi è il giorno delle sorprese» notò Clodomiro. «Chi se lo sarebbe aspettato da un prete?»

«O perché no? Metter pace è compito della Chiesa.»

Ma il franco scosse la lunga criniera bruna: «Salta giù dalla terrazza nel cortile, con quelle sottane lunghe, si getta in mezzo alla mischia e fa fermare tutti. Non dirmi che qualunque prete lo può fare. Li conosco: pregare, digiunare, cantare, predicare, avere un aspetto solenne, sta bene, ma far cessare una zuffa, dove grandinano le randellate, gettandovisi nel mezzo e gridando "Fermi tutti!", ecco, devo dire che costui potrebbe comandare una legione».

«Caro Clodomiro, quest'uomo è l'arcidiacono di Roma, e il precedente arcidiacono di Roma è l'attuale papa.»

«Eppure» ammise Clodomiro «è capace di comandare una legione.»

III

«Aiutatemi a levarmi tutta questa oba» disse Onoria. «No, non tu, Iride. Lascia che lo faccia Ildico: deve imparare. Vieni qua, bimba. Prima il mantello, ecco la fibbia: così va bene, dallo a Iride. Ora il diadema. Bello, no? Gli zaffiri nel centro pare sieno stati un tempo nella corona imperiale egiziana, il che significa che li ha portati Cleopatra. Io non tengo agli zaffiri, ma questi mi dicono qualche cosa.» Alzò le spalle snelle. «Messa con predica, banchetto ufficiale e un'altra predica... di mia madre, perché mi faccio vedere sempre dove non dovrei essere vista... si direbbe quasi che mia madre voglia fare di me una monaca o una santa. Ora presto, giù la veste, Ildico, agnellino mio: uno, due, benissimo. Le Furie dovrebbero portare questi orecchini: si attaccano dappertutto.»

«Una Furia li porta già» mormorò Iride.

Ildico guardò con vero spavento la bella dama di corte. Onoria non poteva aver udito, perché aveva la testa nelle pieghe della veste, ma Iride come poteva dire una cosa simile?

Iride ammiccò e si pose un ditino grazioso sulle labbra ben dipinte. Era stata imprudente, e lo sapeva. Ildico era nuova del posto, ancora bambina, e poteva chiacchierare. E il senso di umorismo di Onoria aveva dei limiti.

«Finalmente» disse la principessa, uscendo dalle auree pieghe come Venere dalla schiuma del mare. «Non c'è bisogno che tu pieghi con tanta cura quella stupida veste: ci pensano le schiave. Esse possono toccare le mie vesti, ma non il mio corpo. È questa una delle nostre strane regole. Ti ci abituerai, ma io no.»

Ora era lì completamente nuda, con l'incurante naturalezza di una dea pagana.

«Come sei bella!» esclamò Ildico battendo le mani nella sconfinata ammirazione della sua età. Iride trovò opportuno acconsentire.

«In così poco tempo hanno già fatto di te una piccola dama di corte?» disse la principessa ridendo, mentre con l'indice sottile sollevava il mento di Ildico. «Anche tu diventerai presto una bellissima figliuola. Aspetta un poco.» Era già una stupenda bambina, con la pelle di latte e i capelli d'oro ondulati. Gli occhi grigi, seri, non parevano adatti a quella faccia infantile: era figlia di qualche conte franco dal nome impronunciabile. Strana idea della madre di averle dato come dama quella piccina. Meglio, ad ogni modo, quella poppante ammiratrice che qualche bestiaccia aristocratica di antica famiglia etrusca o sabina, tutta gentilezza di fuori, che la tradisse dietro le spalle. Naturalmente, in presenza di quella bambina non si poteva lasciarsi andare: questa era forse la ragione della madre, o una delle ragioni. Di solito ne aveva parecchie, di ragioni, per ogni cosa che progettava, invece di seguire semplicemente il proprio desiderio.

«Datemi quell'affare verde che hanno preparato per me: la veste da casa. I sandali li tengo, stanno bene con la veste, e non mi piace cambiarmi settanta volte al giorno da capo a piedi. Che novità, Iride?»

«Grande agitazione fra le guardie di palazzo. Ciò che abbiamo veduto andando alla cappella dev'essere una cosa seria: sei ostaggi feriti, più Gudarico. Il principe unno, che ha la colpa di tutto, è incarcerato nell'ala orientale. Il povero Gerbod è quello che ha sofferto di più.»

«Questo lo abbiamo visto anche noi coi nostri occhi» disse la principessa, stringendosi nelle spalle. «Non è vero, agnellino mio?»

«Io non ho guardato» rispose Ildico, rabbrividendo.

«Avresti però dovuto farlo» l'ammonì Onoria. «Non sta bene vivere senza guardare ciò che avviene intorno a noi. Gli uomini vogliono combattere: è quello che si addice loro. E poi, non è stato che un gioco.»

Ma Ildico scosse la testina con grande energia: «Non fu un gioco, no di certo».

«Come lo sai se non hai guardato?» osservò Iride, beffandola. «Vuol dire che hai mentito, bimba mia.»

Ildico balzò su, come morsa dalla tarantola, con gli occhi che fiammeggiavano.

«Io non mento mai. Ritira quelle parole, Iride. Io non mento!»

«Pace, pace, voi due» le sgridò Onoria, ma carezzando la testa di Ildico.

«Non ho guardato,» persisté a dire la piccola «ma ho sentito. E Iride dice che ci sono sei feriti. Non è un gioco quando la gente si ferisce...»

«Non è ancora detto. Sii contenta che i ludi gladiatori sono aboliti: a quel tempo si ammazzavano a vicenda a dozzine.»

«Ciò accadeva una volta, quando anche i martiri morivano» fu la sorprendente risposta. «Dovetti pensare a loro anche nella cappella, perfino quando il sant'uomo predicava, perché... perché...»

La principessa e Iride scoppiarono a ridere. «Martiri! Straordinario. A chi alluderà? A Gerbod o all'unno? Straordinario...»

Ildico si mise a piangere e corse via. Era a metà strada dall'uscio, quando Onoria la richiamò: «Ferma! Voltati! Ritorna qui!».

La piccola obbedì. «Sono queste le maniere che ti hanno

insegnato?» disse la principessa severamente. «Da quando si lascia la presenza imperiale senza averne chiesto licenza?»

La piccola balbettò una domanda di perdono.

"È bella anche quando piange" pensò Onoria. "Non fa il naso rosso come Iride": «Sta bene, sta bene! Puoi andare. Risparmia le tue lacrime per... per i martiri. Basta, basta! Non sono in collera. Vai, bambina!».

Quando Ildico fu scomparsa: «Povera piccina, le riesce difficile avvezzarsi a tutti questi mutamenti. L'hanno mandata qui troppo presto».

«Un'ochetta sentimentale» osservò Iride alzando le spalle. «Martiri!... è troppo buffa!»

Ma Onoria non pensava più al lato comico dell'incidente. «È una creatura strana, Iride; forse dipende dalla educazione. Prega volentieri; la preghiera le dà soddisfazione. Già due volte, entrando improvvisamente nella sua stanza, la trovai inginocchiata, e ieri, che aveva servizio di notte per la prima volta, e io le insegnai il cerimoniale, mi chiese se avrebbe potuto dire le orazioni della sera insieme con me. Rimase tutta delusa quando mi misi a ridere e la mandai via.»

Iride fece schioccare le dita. «Piccola ipocrita» disse con disprezzo.

«Può darsi. Ma ne dubito. Si vedrà in seguito.» Onoria si morse il labbro inferiore. «Io, si capisce, sono tutta diversa su questo punto: penso che non si deve rivolgersi alla divinità se non si ha qualche desiderio veramente importante. Non è buona politica il farlo.»

«È giusto» confermò Iride. «Nemmeno io ti tormento per ogni mio piccolo desiderio.»

«Come sai adulare!» schernì Onoria. «Sono ansiosa di conoscere il tuo *grande* desiderio, mia saggia Iride. Hai sangue egiziano nelle vene, vero?»

«Da parte materna sì, e proviene dalla stessa fonte dalla quale hanno origine i tuoi zaffiri, principessa.»

Risposta altezzosa; e Onoria corrugò la fronte. «E tuo padre era un Cetego; più romano di così! Sicché il tuo avo materno aveva già commisto sangue egiziano con romano, ma le conseguenze non furono delle più felici ed egli morì piuttosto presto...»

Risero ambedue, ma Iride era impallidita.

«Sono cose lontane, principessa.»

«Già, infatti.» Onoria si guardò criticamente nello specchio d'argento levigato. «Del resto, sono ben contenta che la piccolina si sia ritirata nella sua stanza. Vorrei... vorrei intraprendere qualche cosa.»

«Ora, di pieno giorno?»

«Oh, niente di pericoloso. Non c'è bisogno di travestimenti.»

Iride ridacchiò. «Non dimenticherò mai il giorno che ci acconciammo da ragazze di bassa estrazione e il vecchio Rutiliano ci trovò nel quartiere degli schiavi e ci fece gettar fuori.»

«Sì, e noi profittammo dell'occasione per entrare in una taverna. Come erano brutali quegli uomini; non ho mai sentito tante parolacce.»

«Possiamo essere contente che si sia trattato soltanto di parole. Se non ti avessi spinta fuori prima che quel soldato ubriaco commettesse il crimine di lesa maestà...»

«Non mi sarebbe piaciuto farmi baciare da lui: aveva bevuto troppo vino cattivo e puzzava, e non si era nemmeno rasato. Un uomo orribile... A proposito di uomini orribili, vorrei fare una visita a quel piccolo unno.»

«Magnifica pazzia» esclamò Iride. «A che scopo? Senza contare che è un individuo pericoloso.»

«Storie! Ne ho voglia, ecco. È certamente contuso, e mia madre dice sempre che uno dei miei doveri è quello di visitare gli ammalati e i feriti.»

Iride tornò a sorridere. Poi rifletté: «Cella di rigore nell'ala orientale: vuol dire il conte Radigot, che possiamo certo menar per il naso. Ma se incontriamo l'imperatrice?»

«Mia madre ha almeno una mezza dozzina di conferenze questo pomeriggio. Vieni, andiamo.»

Corridoi e scale e poi ancora corridoi. Lungo il colonnato del cortile principale, attraverso la sala delle udienze, la stanza di guardia, la porta del giardino, davanti al piccolo padiglione e, finalmente, l'ingresso dell'ala orientale.

Erano appena passate davanti alle sentinelle, quando si videro venire incontro il comandante della guardia visigota, il conte Radigot, alto sette piedi, con un gran barbone che gli scendeva sull'ampio petto.

«Oh, chi si vede?» tuonò il vecchio gigante, facendo il saluto imperiale. «La nostra principessina ha smarrito la strada?»

«Mi prendi per un pidocchio nella tua barba, zio» disse Onoria ridendo, e accarezzato il ben tenuto onor del mento passò oltre senza ulteriori spiegazioni.

Iride le ballonzolava accanto in un'ammirazione che le toglieva il fiato.

«...non devono avere buone intenzioni» borbottò il conte Radigot. «Per fortuna quel damerino di Giuvenzio non è qui oggi, altrimenti che chiacchiere nascerebbero. Ma che progetti hanno in mente, quelle matte ragazzine?» Che c'era nell'ala orientale? I quartieri della servitù, qualche miserabile prigioniero, le cucine. Probabilmente miravano alle cucine: le ragazze se la godevano a infiltrarsi in quegli ambienti a tutte le ore possibili e impossibili, per andar a pescare qualche leccornia. Dopo, ai pasti regolari, facevano boccuccia, mangiavano come uccellini, quelle pazzerelle. Con ciò il conte Radigot mise la questione *ad acta*.

La sentinella davanti alla stanza del prigioniero era un numida seminudo con due enormi orecchini d'oro, che espresse la propria sorpresa con un immenso ghigno e il suo rispetto dinanzi alla porpora imperiale toccando la fronte con l'asta della lancia.

«Desidero vedere il prigioniero unno» disse Onoria decisa. «Aprimi la cella!»

Il numida obbedì.

«Tu resta fuori, Iride.»

«Ma...»

«Fa come ti dico!»

La porta si spalancò, ella entrò e la porta si richiuse dietro di lei. Etel sedeva sopra un basso giaciglio; la tunica rossobruna gli pendeva a pezzi e, sotto, appariva un corpo possente, strano, irreale, come se non fosse il corpo di un uomo, ma quello di uno strano animale, di un lucertolone color del miele scuro, e di forza sovrumana.

Sedeva con la faccia rivolta a lei, ed ella lo vide chiudere gli occhi e poi riaprirli. Questo e un lieve suono, come un leggero sospiro, furono i soli segni apparenti di sorpresa. Poi una specie di velo invisibile gli scese sulla faccia; si alzò e chinò il capo: più un cenno che un inchino.

«Sono venuta a vedere come stai» disse Onoria. «Sei ferito seriamente?»

«Chi... chi... sei?» chiese l'unno con voce rauca.

Onoria non aveva nemmeno sognato che colui non sapesse chi era. Era poi contrario a ogni etichetta che facesse un'altra domanda invece di rispondere. Ma, naturalmente, se non sapeva chi era...

«Sono la principessa Onoria.»

Egli sollevò alquanto le sottili sopracciglia. «Una principessa soltanto! Credevo tu fossi una dea.»

Onoria tentò di sorridere e non vi riuscì. Le parole erano da cortigiano, non il tono. Sentì che non c'entrava la minima intenzione adulatoria, e che era una semplice constatazione. Tuttavia si sentì alquanto irritata.

«Non hai risposto alla mia domanda e hai fatto invece

un'altra domanda. Nessuno può farlo; all'infuori di mia madre, si capisce.»

«Io sono, principe nel mio paese» disse Etel con tutta calma «e quindi del tuo medesimo grado. Sono uomo, quindi più di te. Ma alla tua domanda voglio rispondere: non sono ferito.» Ebbe un sorriso inatteso, nel quale mise in vista i denti bianchi e forti. «Ma altri sono feriti, e la colpa è tua.»

«Mia?» ella chiese, rossa d'indignazione. «Come osi dire una cosa simile? Che intendi?»

Sapeva ciò che egli intendeva, e sentiva che anche lui sapeva. Era l'individuo più impudente che avesse mai incontrato. Doveva essere frustato, ammazzato sul momento. Per un istante pensò seriamente di chiamare il numida e ordinargli di trafiggere quell'uomo con la lancia. Era certa che le avrebbe obbedito. La madre, naturalmente, sarebbe stata furente, ma questo non aveva importanza.

Continuava a sorridere, quello sfacciato; poi disse: «Non è nulla; ho scritto il mio nome sulla spalla di un uomo e sulla mano d'un altro. Da noi si usa imprimere il timbro a fuoco sul bestiame, affinché si sappia a chi appartiene».

Ella si sentiva mancare il respiro. Alla fine chiese: «Tutti gli unni sono come te?».

«Nessuno è come me» fu la calma risposta.

Questa volta Onoria dovette ridere. «Modesto non sei, che ti pare?»

«No» fu la risposta leggermente stupita. «Perché dovrei esserlo?»

«Può essere che tu sia un principe,» dichiarò Onoria «ma in questo momento sei un ostaggio, che non è molto più di un prigioniero, e i prigionieri devono essere modesti.»

«Che discorsi!» ribatté Etel. «Sono come sono; nessuno mi ha fatto prigioniero. Il kan Rua mi ha mandato qui; lui è il kan, amico di Roma e suo alleato... adesso.»

Ella si decise a mettersi a sedere e lui ne seguì subito l'esempio.

Non c'era dubbio: quello era un vero selvaggio, e non si poteva immaginare che si facesse un concetto della situazione.

«Raccontami: come vivete dalle vostre parti?»

Un singolare fremito passò sulla grave faccia scura. «Viviamo! Non sprechiamo il nostro tempo in giochi stupidi e discorsi idioti. Andiamo a cavallo e a caccia, e dormiamo con le nostre donne. Viviamo, ecco.»

Onoria inghiottì. Com'era brutto, di una bruttezza affascinante! Le narici larghe, umide, come froge, i muscoli delle spalle e delle braccia che si gonfiavano e si ritiravano: era come un animale e tuttavia uomo. Così dovevano essere i centauri della leggenda. Aveva la dignità di un nobile animale e la superbia di un demone. Cavalcare, e cacciare, e dormire con donne. Il respiro si era fatto più rapido ed ella si sentiva presa da una leggera vertigine.

«Ora devo andarmene» disse, non senza sforzo. «Posso fare qualche cosa per te?»

«Ritorna» egli disse: suonava come un comando.

Ella si rizzò e lui rimase a sedere. «Forse ritornerò.» La voce era incerta. Fece un ultimo sforzo: «Darò ordine che ti trattino come si deve». Con un cenno di saluto uscì dalla cella. Appena l'uscio si fu chiuso dietro di lei, Etel balzò in piedi, fece due passi per seguirla, stendendo le braccia come a trattenere un'immagine fuggente; un profondo gemito, quasi un rantolo, gli uscì dalla gola.

Iride respirò con sollievo, mormorando: «Non è passato nessuno». Poi s'accorse che la principessa non le badava e si era avviata. Che poteva avere?

Per tutta la strada Onoria non disse una parola. Al padiglione incontrarono Eugenio, il giovane ciambellano, che s'inchinò con grazia rispettosa; la bella faccia da cherubino raggiava di un sorriso fatto per incantare le dame della corte. Aspettava che Onoria gli rivolgesse la parola.

Questa lo guardò, e Iride le lesse negli occhi uno scherno crudele, quasi un lampo di disprezzo. E dopo un breve cenno del capo e un piccolo riso, la principessa continuò la sua strada. L'irresistibile giovane rimase lì sconcertato.

Ma anche Iride era costernata. Di tutti i cortigiani Eugenio era il solo per il quale Onoria aveva sempre una parola gentile; in certi momenti si sarebbe perfino potuto immaginare che... Ma che cosa aveva dunque ora? E perché quel silenzio innaturale da quando era uscita dalla cella di quel mostro unno? Per tutti i santi e le ninfe, che colui l'avesse stregata? Veniva da un paese che formicolava di spiriti maligni: lo sapevano tutti. E se avesse incominciato a deperire, a farsi sempre più pallida e alla fine a tossire e sputare sangue, come la povera Demetria, stregata da una rivale? Iride risolse di osservare bene la sua signora e, all'occorrenza, di riferirne all'imperatrice.

Né il sospetto di Iride diminuì quando vide che Onoria non mangiava quasi nulla a cena e non prendeva parte alla conversazione. Una volta la colse a fissare il volto imbellettato del giovane imperatore, e le rivide negli occhi quell'espressione di freddo scherno crudele. L'ambasciatore di Persia, che le sedeva accanto, ingioiellato e profumato squisitamente, tentò invano di interessarla ai suoi discorsi. Ella si ritirò presto e ordinò a Ildico di aiutarla a spogliarsi.

La bimba balbettò una scusa per il suo contegno di quel pomeriggio e ne ricevette in cambio un sorriso di perdono.

«Sei capace di serbare un segreto, Ildico? Davvero? Prometti! Ecco: ho fatto visita al prigioniero unno.»

Ildico la guardò quasi con venerazione. «Come sei buona!» e le baciò l'orlo della veste di seta. «Lo sapevo io che sei buona. Non si può essere belli come te senza essere buoni.»

«Sei una bambinetta sciocca» disse Onoria, brusca. «Ma

ti voglio bene. Vorrei che tu non fossi così... ma sei un buon antidoto a quella... quella Iride.» Una piccola ruga diritta le si formò fra le sopracciglia. «Non sono né migliore né peggiore di tutte le altre» concluse filosoficamente.

«Sei buona» sostenne Ildico. «È una buona azione quella di visitare i prigionieri; sono soli e non hanno nessuno che si curi di loro; sono lontani da tutto quanto amano. Io lo so.»

«Vai a letto,» comandò Onoria «altrimenti mi fai perdere la pazienza, pazzerella. Dolce sei. Buona notte!»

Sbadigliò con la grazia di una gattina e si voltò sull'altro fianco. Ildico uscì in punta di piedi.

Sarebbe ritornata di sicuro, e quando fosse ritornata... Ecco che ci pensava di nuovo, mentre un uomo non deve rimuginare sempre lo stesso pensiero. Aveva ragione la vecchia Budrul quando diceva: «Bada, principe Etel, figlioletto mio, bada, non tener dietro alle donne. Le donne ti mangiano il cuore se glielo permetti; se possono, ti ammazzano. Lascia andare, non curarti delle donne e tanto meno di *una* donna. Ascolta la vecchia Budrul, che sa quel che sa».

Era ancora viva, quella vecchia strega? Aveva ragione, ed era certamente viva. Continuava a vivere sempre, sdentata e saggia, a gracchiare lodi e ammonimenti. Gli uomini di altre tribù venivano da lontano ad ascoltare i suoi consigli: non soltanto le donne. Le donne ascoltano tutti e tutto; sono stupide, credulone, qui come in patria. Quale spirito maligno dà loro il potere di ammaliare un uomo sì che le ossa gli diventino fuoco? Oh, poter almeno prendere un cavallo fra le cosce e cavalcare, cavalcare, fino a farlo cadere esausto! Oh, potersi lanciare un'altra volta contro quel gigante, là, nel cortile del palazzo, con la spada in pugno... E invece era prigioniero, sei passi avanti, dietro front, sei passi indietro, dietro front, sei passi avanti... Così non poteva durare: qualche cosa doveva accadere.

Era stato bello però vedere la risata del gigante mutarsi in timore e spavento. Tutti avevano avuto paura: che bellezza! Era stato il momento più bello da quando aveva seguito a Ravenna quel pazzo profumato di Massurio. Ravenna aveva una sola cosa di buono: le paludi! Acqua stagnante, e canneti, e voli di uccelli: la patria. Si poteva star distesi per ore, a cullare i propri pensieri. Due volte avevano creduto a una fuga, perché non era ritornato a palazzo all'ora di cena; non potevano capacitarsi che uno preferisse il canto degli uccelli alle loro voci avvinazzate, che uno guardasse più volentieri le nuvole migranti sopra a lui che un soffitto dorato con pitture incassate; che preferisse stare in silenzio a osservare gli animali, anziché le abitudini dei romani. Gli animali facevano ciò che volevano, i romani ciò che dovevano.

Avevano fortificato bene Ravenna, e anche Aquileia; e ne andavano molto fieri. Ma baluardi e trincee possono essere alti e grossi e profondi quanto si vuole; non sono una difesa senza soldati, e i soldati di Roma venivano da tutti i paesi fuorché dal loro. Nel suo paese non c'erano né baluardi né trincee. L'unno poteva rizzare il campo in qualunque posto: perfino a Ravenna, perfino ad Aquileia, perfino dentro al palazzo imperiale. Come ora. Prigioniero? Sì, finché lo avrebbe permesso. Ma dalla patria non giungevano notizie: forse il kan Rua era morto e Bleda dominava la tribù e lui era stato dimenticato, volutamente dimenticato. Forse facevano la guerra coi quadi, con i marcomanni o i turingi. Battaglie, onore e prede, ed egli sedeva lì, nel mondo delle ombre, e pochi ormai lo ricordavano. Forse guardavano già con disdegno Pilai e Kru, ormai vedove, ed Ellac, che cresceva senza padre. Sei passi avanti, dietro front, sei passi indietro...

Si diceva che Puru, il dio della guerra, potesse essere in più luoghi nello stesso tempo; che potesse godere contemporaneamente di una battaglia sulla riva del Danubio e di un'altra al confine persiano, volando da una parte all'altra, rapido come il pensiero. Oh, avere il suo potere per un giorno solo, e vedere, vedere ciò che facevano, cavalcare con loro, vedere Ellac e anche il bambino di Kru, e sentire l'odore del legno arso, e udire le canzoni con le quali le donne ammansivano gli spiriti del fiume. E poi tornare indietro in volo, di notte, fin nella stanza di lei, e affondare le labbra nel latte del suo collo!

La porta – c'era qualcuno alla porta, e questa venne spalancata.

Si volse. Ma non era Onoria, era un ufficiale delle guardie di palazzo, quello stesso che lo aveva portato lì. Due altri ufficiali lo seguivano.

«In nome dell'imperatore» prese a dire Giuvenzio con voce nasale. «L'inchiesta sul deplorevole incidente di due giorni fa è chiusa, ed è stato deciso di desistere dal processo legale. I consiglieri di Sua Maestà imperiale sono venuti nel convincimento che le esercitazioni militari non sono negli usi del tuo paese. Di conseguenza, tu non vi prenderai più parte in avvenire. Sarai alloggiato in un altro quartiere del palazzo... più conveniente... al tuo grado.»

"Il kan ha giudicato, ringrazio il kan" pensò Etel, nascondendo un sorriso beffardo.

"Maledetto" pensava Giuvenzio. "Avrei potuto tenere con ugual successo il mio discorso a un pezzo di legno giallo." Il tono si era fatto più aspro quando riprese a dire: «È tuttavia mio dovere avvertirti che ogni futuro atto di violenza entro l'ambito del palazzo annullerebbe la tua situazione di ostaggio intangibile e ti esporrebbe a tutta la severità della legge. Questo è quanto».

Non il minimo effetto.

«Seguimi» ordinò Giuvenzio irosamente, e uscì dalla cella.

Quando più tardi, a cena, incontrò Clodomiro, gli disse brontolando: «Avresti dovuto vedere quel rospo. Ci accompagnò, come fossimo la sua guardia d'onore. Non il minimo effetto».

«Non lo eravate forse?» s'informò il franco ingenuamente.

«Dunque, se ora avessi la bontà di volgere la testa verso la finestra...» disse Stimpalos. «Sì, così va meglio, molto meglio... ecco, se avessi la bontà di rimanere un poco in questa posizione... Non sarà cosa lunga...»

Etel guardava dalla finestra; infatti, era meglio guardare gli alberi del giardino che la faccia del pittore greco, il quale lo fissava come si fissavano quegli animali rari che i romani tenevano in gabbia per la delizia dei curiosi.

Etel si pentiva quasi di aver dato il permesso di fargli il ritratto: quasi, non interamente. Tre giorni prima era venuto da lui l'imbellettato ciambellano Eugenio, profumato come Massurio, facendo ondeggiare il deretano come le danzatrici, accompagnato da quel piccolo greco. Ciò era avvenuto poco dopo il trasloco nel nuovo appartamento, in un'altra ala del palazzo, dove le stanze erano tanto grandi che un cavallo avrebbe potuto farci due salti.

«Questi è Stimpalos, il più grande pittore dei nostri tempi. L'imperatrice desidera che ti faccia il ritratto, principe Etel.»

«Perché?»

Eugenio sorrise, come sorridono le ballerine. Etel si sentì in bocca un sapore di carne stantia. «Perché è desiderio della nostra beneamata imperatrice possedere il ritratto di tutti i grandi dominatori e principi del mondo.» E li enumerò, col grado e il nome: erano tanti, che si sarebbe potuto formare una tribù di sovrani e principi.

Etel scrollò le spalle. «Ne avete già troppi anche senza di me.»

Ma Eugenio non si arrese così facilmente. «Forse vuoi qualche saggio dell'arte del nostro grande amico. Fai vedere al principe i due ritratti che hai mostrato a me, Stimpalos.»

Il piccolo greco obbedì e mostrò due tavolette di legno, che portavano dipinte le teste del kan Rua e di Bleda. La somiglianza era meravigliosa: una vera magia.

«Vedi» disse Eugenio con aria trionfale. «Non abbiamo risparmiato né fatica né spese. Stimpalos ha dovuto andare fino al Danubio per dipingere questi quadri. Tu, come primogenito, non vorrai mica essere escluso, eh?»

Aveva quindi acconsentito, ma era una gran noia quella di star seduto immobile a farsi fissare da un ometto dal muso di topo.

Nel cortile continuavano i giochi militari, ma da quel punto non si vedeva nulla, perché gli alberi impedivano la vista.

Un fruscio, il rumore di una seggiola smossa. Si volse; il pittore era sorto in piedi e s'inchinava profondamente, molto profondamente. Ed ecco: era lei, luccicante, scintillante, tutta argento, oro e gioielli, e con lei due giovani donne, anzi una donna e una bambina. Era ritornata, ma non era ritornata sola.

Egli si rizzò lentamente.

Ciò che avvenne poi non poté mai richiamare chiaramente alla memoria. Ella fece gli elogi dell'ambiente e del quadro: il pittore somigliava più che mai a un topolino spaurito. Ella disse che voleva visitare tutti quelli che erano rimasti feriti nel disgraziato incidente di qualche giorno prima. La giovane venuta con lei lo scrutava come fosse un cavallo in vendita. L'altra, la bimba, si teneva indietro. Un momento solo gli rimase chiaro nella memoria quando ella si affacciò alla finestra, come per osservare la vista. Gli mormorò allora: «Vedi che sono ritornata». E lui si sentì dire: «La prossima volta verrò io da te». Ed ella lo guardò, con uno di quegli sguardi che un uomo non comprende e che penetrano come un ferro di lancia.

Scambio di cortesi parole, fruscio di vesti, e all'improvviso la stanza fu vuota. Rimase soltanto il sorcetto spaventato. Etel gli indicò la porta, dicendo: «Vattene!». E il sorcetto filò via.

Nei quattro giorni che seguirono la vide ancora due volte. La prima fu a un banchetto, al quale erano invitati tutti gli ostaggi. Era presente anche il burgundio, il grosso bue, ma ancora pallido e malandato, con la spalla fasciata. Non s'incontrarono, perché c'era troppa gente; l'enorme sala del banchetto era affollata da centinaia di persone.

Ella sedeva poco lontano dalla madre, e tutte le donne radunate nella sala impallidivano al suo confronto. Una volta i loro sguardi s'incontrarono, ma fu una volta sola: il ciambellano accanto a lei le parlava continuamente. Come una scimmia.

La seconda volta che l'incontrò, egli era di ritorno da una cavalcata fatta in compagnia di alcuni scudieri imperiali. Sei schiavi la portavano in lettiga alle terme, e, quantunque fossero passati vicinissimo, Etel non sapeva se lei lo avesse riconosciuto.

La notte successiva avvenne il fatto.

Aveva studiato a fondo il suo piano, conosceva tutti i pericoli e le difficoltà. Circa mezz'ora dopo il grande silenzio, poco prima della mezzanotte, uscì dalla sua stanza. Dal portale principale non uscivano più i carri, e la guardia alla piccola torre era stata cambiata per l'ultima volta e doveva restare fino all'alba. Il palazzo dormiva di un sonno profondo.

Non c'erano ostacoli fino al corridoio principale, dove una sentinella era appostata, anche di notte. Etel portava una tunica scura e calzava morbidi sandali di pelle. Non c'era luna.

Scivolò nella semioscurità dei corridoi. Ed eccolo nel passaggio principale, ecco la sentinella appoggiata alla lancia.

Prese una pietruzza, che aveva portato con sé, e la gettò nel corridoio laterale che conduceva all'ala orientale.

La sentinella si guardò intorno. Se non si decideva a cercare da dove provenisse il rumore, Etel avrebbe gettato, in capo a qualche minuto, una seconda pietruzza. Ma quello fece il suo dovere e andò a vedere nel corridoio laterale: per tal modo Etel ebbe il tempo di passar via e di nascondersi dietro una tenda, a quindici passi di distanza. Silenzio. La sentinella tornò indietro, borbottò stizzita, si guardò intorno ancora una volta e riprese la posizione di prima.

Etel scivolò innanzi. Il prossimo ostacolo era la ronda di notte, che constava di tre uomini e iniziava il giro appena lo schiavo, addetto all'orologio ad acqua dietro il salone delle udienze, aveva gridato l'ora; il giro durava tre quarti d'ora. La ronda doveva passare fra poco, e dopo non v'erano altri ostacoli fino agli appartamenti imperiali. Etel aveva deciso di attenderne il passaggio nel salone. Di sera gli schiavi accatastavano le seggiole e le tavole per la pulizia della mattina, sicché era facile nascondersi. Fortunatamente la sala non era chiusa; Etel scivolò dentro e si nascose dietro la catasta dei mobili. Di lì a poco comparve la pattuglia: erano tre numidi con lancia e scudo, scalzi, per non disturbare i sonni dei cortigiani e delle dame.

Anche dopo che furono passati Etel attese alquanto prima di ritornare all'impresa. Era proprio un'impresa, e ben pericolosa. Fino a quel momento, se scoperto, avrebbe potuto dire che si era smarrito nell'enorme palazzo: ora non più.

Corridoi: là in fondo, dove erano gli appartamenti delle dame, c'era un posto di guardia che si cambiava a ogni ora. Erano quattro uomini, ma anche quelli camminavano su e giù, sicché poteva offrirsi una buona occasione. Eccoli: prudenza ora...

Una lampada di bronzo piena di olio profumato gettava una delicata luce azzurrina sulle armature. Erano germani.

Ogni sorta di rampolli di tribù straniere doveva difendere il cuore dell'impero mondiale: ma se uno ne studiava a lungo e a fondo le abitudini, poteva trovare la via di quel cuore.

Ora... Con due, tre salti silenziosi attraversò l'andito e raggiunse l'anticamera rotonda dalla quale si partivano tre corridoi. Quello mediano conduceva agli appartamenti dell'imperatrice, quello di sinistra alle stanze del giovane imperatore. Cinquanta guardie del corpo al comando di un legato erano appostate all'estremità di questi corridoi, ma nessuna all'estremità del terzo, quello di destra – altrimenti tutta la caccia sarebbe stata vana.

Morbidi tappeti, tende ondeggianti.

Ed ecco, la vide – la selvaggina era scovata.

Dormiva, il cuore dell'impero, dormiva, ed era una bimba, bianca, sottile, fragile, le mani incrociate sotto il piccolo mento, un'onda di capelli castani sparsi sul guanciale.

La guardò, ansimante: una bimba; non una dea, né una principessa: una bimba. Dieci volte aveva arrischiato la vita per arrivare fin là, e tutto per trovare una bimba.

Se ora si svegliava e gridava, il palazzo diventava un formicaio, brulicante di formiche mordaci, ed egli sarebbe stato atterrato, trascinato via, alla morte! Nessuno aveva il diritto di vedere quella bambina e continuare a vivere.

E lei si destò. Etel non aveva emesso una voce, eppure lei si destò. Aveva aperto gli occhi e vedeva: vide lui...

Non gridò: forse credeva di sognare. Egli non ebbe nemmeno la presenza di spirito di mettere un dito alle labbra per chiedere silenzio; mormorò soltanto: «Ho promesso di venire».

Ella non si mosse. "L'unica cosa che non debbo fare" pensava "è tirarmi su." Finché se ne stava tranquilla nel suo letto, tutto andava bene. Ma se si fosse alzata, il mondo sarebbe finito, finito fra tuoni e fulmini. Tuttavia sapeva che doveva balzar su, che doveva farlo, che era il suo unico, ardente desiderio.

«Pazzo!» mormorò «pazzo!»

"Ora si mette a gridare" pensò lui. Era la prima e unica volta in cui la dignità, l'onore, la vita di Etel, figlio di Munzuco, dipendevano da una donna; ed egli stesso l'aveva fatta arbitra. Fu sopraffatto da un'ondata di furore tremendo, indomabile. Bisognava uccidere quella donna, farla a pezzi, ucciderla prima che emettesse il grido fatale.

Ed ella disse: «Ti vedranno da fuori, scostati dalla porta».

Soltanto allora si avvide che teneva ancora in mano un lembo della grossa tenda morbida; lo lasciò andare e fece un passo avanti.

«Sei tante cose in una» ansimò. «Dea, principessa, bambina e... donna. Che cosa sei veramente?»

«Non lo so» disse la giovane coricata, ora completamente desta. «Come hai fatto a passare davanti a tutte quelle guardie? Non hai mica ucciso qualcuno?»

«No» rispose Etel, ed ebbe un sorriso improvviso. Aveva visto un mutamento sul volto di lei, come un soffio di vento, e compreso per istinto, come avrebbe compreso un cane.

Senza saperlo, ella gli aveva risposto. Pensò ancora "Com'è brutto!" e rabbrividì. "Vieni, tuono", pensò, e si alzò a sedere, di colpo, con la testa all'indietro, ridendo, come tante volte nel sogno, quando le sembrava di trovarsi dinanzi a un pericolo terribile e inevitabile. Il lampo balenò nella stanza, il tuono la assordò, il riso rimase soffocato, quando due labbra ardenti le premettero il collo e due mani ferree la costrinsero a una tremante immobilità.

Era a Creta, no? Già, proprio a Creta dove si sacrificavano le vergini al toro sacro. Il vecchio Telesippo glielo aveva raccontato più volte. Aveva detto che quel fatto celava certo un significato simbolico, e che ciò accadeva sotto il dominio del toro, il quale non era un vero toro, e nemmeno un animale, illustre principessa, ma un segno astrale, e anche i saggi vecchi israeliti lo sapevano, e parlavano di quell'epoca come dell'epoca del vitello d'oro, e anche gli egiziani lo sapevano e veneravano il grande dio Api in forma di toro... e intanto lei non faceva che pensare quale dovesse essere l'animo di una ragazza consegnata alla forza e al potere del Minotauro in tutta la sua spaventosa bruttezza, in tutto il suo furore stritolatore, e come si sarebbe potuto rappacificarlo e calmarlo fino a farlo divenir docile e quasi umano, oppure spingerlo a un furore disumano. Aveva sempre presentito che, in un modo o nell'altro, avrebbe finito col cavarsi d'impaccio.

Ma ora non ne era più tanto sicura: qui c'era qualche cosa di irrevocabile. Tutto era mutato: il mondo conosciuto era lontano lontano e il nuovo mondo che la circondava era strano ed estraneo: non ne sapeva nulla e non ne conosceva le strade.

Forse anche le storie del vecchio Telesippo erano vere, Giove aveva realmente rapito Europa dal palazzo del suo padre regale: toro bianco dalle corna d'oro. Ma se il dio la conosceva e le aveva rapito i più intimi segreti, lei non conosceva il dio e ai suoi segreti non partecipava.

Ella sentiva il calore del corpo di lui e il suo alito che le sfiorava la spalla come il vento rovente del deserto; e tuttavia era lontanissimo, e nessuna via conduceva a lui.

Che voleva, che poteva fare? Se ella continuava a essere mortale, se non c'era un ponte tra lei e il dio, come poteva continuar a vivere?

«Racconta ancora» sussurrò. «Devo saperne di più sul tuo paese; voglio sentire. Racconta!»

«Non c'è molto da raccontare» la voce veniva, profonda e rauca, da molto lontano. «Non siamo come voi; siamo gente semplice. Quando diciamo la verità è verità, e quando mentiamo mentiamo; non dividiamo ogni cosa in mezze verità e mezze menzogne e quarti di menzogna e contorsioni, come fate voi.»

Ella rifletteva su quanto aveva sentito, ma con poco profitto. «Di dove venite? Ne ho domandato a mia madre e non ha saputo rispondermi. L'ho chiesto all'ambasciatore persiano Gulamesh, e mi ha detto che venite dal Tetto del mondo e da ancora più lontano. Che cos'è il Tetto del mondo? E che altro paese è ancora più lontano?»

Un lieve sorriso. «I persiani sanno tutto, o quasi tutto. Quello ha ragione, ha quasi ragione.»

«E tu l'hai visto, il Tetto del mondo?»

«No. E nemmeno il kan Rua, e nemmeno mio padre Munzuco. È passato molto tempo, tutta una tribù di primavere, da quando il mio popolo ha veduto il Tetto del mondo. Allora faceva la guerra coi catai, che vivono dall'altra parte del Tetto del mondo.»

«I catai?»

«È quel popolo che fabbrica le stoffe di seta che i commercianti vendono qui. Dal paese dei catai si attraversano l'India e la Persia per arrivare da voi: questa è la via dolce, la via tenera della seta. Il mio popolo è passato da un'altra strada; abbiamo vinto molte battaglie, ma poi i vili catai hanno costruito una muraglia intorno al loro paese, la più grande muraglia che mai sia stata e mai sarà. Se tutti i popoli del vostro impero fossero costretti a edificare, edificare e non fare altro, non ci arriverebbero in cento primavere. I catai sono anche stati traditori del mio popolo; hanno istigato un kan contro l'altro, li hanno istigati a far guerra ai vicini. Il mio popolo si disfece come la neve al sole, finché non rimase che un'unica tribù, e i catai perseguitarono anche quella, finché si rifugiò in una valle chiusa fra i monti più alti del mondo.»

«Ma i monti più alti del mondo li ho visti anch'io» osservò Onoria tutta seria. «Tra l'Italia, la Rezia e la Gallia: le loro cime sono coperte di neve e di ghiaccio, anche nel pieno dell'estate.»

Egli ebbe un altro piccolo riso. «Quelle sono montagnole di talpe: molti di noi le hanno viste; non sono nulla a confronto del Tetto del mondo. Colà i monti incominciano dove i vostri finiscono; il soffio dei demoni della neve riempie l'aria e nessuno lo può respirare, pena la vita: il sangue gli esce dalla bocca, dal naso e dalle orecchie, gli manca il respiro e muore. Ma il mio popolo scoprì un sentiero nella valle, rimase là, e i catai si ritirarono nel loro paese, dietro la grande muraglia. Poi la tribù si moltiplicò, fino a che la valle non poté più contenerla. Non c'era cibo a sufficienza per tanti uomini e tante bestie, e allora i vecchi dissero che era tempo di ritornare nella fertile pianura.»

«Lo faceste?»

«Non fu possibile. Nessuno sapeva dove fosse il sentiero che i nostri antenati avevano percorso. Migliaia di giovani furono mandati alla ricerca, e il Tetto del mondo li sopraffece tutti: molti non ritornarono neppure. La miseria del popolo cresceva a dismisura. Alla fine decidemmo di forzare il passaggio, anche a costo della vita di tutti. Abbattemmo tutti gli alberi della valle. C'erano sette boschi, e tutti, uomini, donne e bambini, dovettero porre mano al lavoro. Poi accumulammo i tronchi e i rami ai piedi del monte più occidentale.»

«Avanti!» risuonò la voce di Onoria nella semioscurità. «Voglio sentir tutto. Avanti!»

«Non è mai esistita una torre così alta e così larga come quella inalzata dal mio popolo per sfuggire alla valle della fame. E, quando fu terminata fino all'ultimo albero, i vecchi vi appiccarono il fuoco.»

«La bruciarono?»

«Il gran calore ci scottava; ci ritirammo all'estremità

orientale della valle, e ci sentivamo scottare ancora. Ma il monte a occidente si arroventò: era tutto di ferro internamente, e il calore della torre ardente lo fece fondere. Era ciò che i vecchi avevano sperato. Il ferro fuso si aprì la strada attraverso il monte, e uscì a fiotti dall'altra parte, in largo torrente infuocato, giù per il pendio, fino al piano. Aspettammo che il monte si fosse un po' raffreddato, poi salimmo tutti a cavallo e tutti, uomini, donne, bambini, valicammo il monte, seguendo il sentiero tracciato dal ferro rovente. Da quel tempo nulla e nessuno può più trattenere la cavalcata degli unni, e il ferro ci è sacro, e chi lavora il ferro per fabbricare punte di lancia e di freccia e spade occupa un alto grado nel nostro popolo.»

Silenzio. Il vento gelido del Tetto del mondo pareva soffiasse nella stanza e rendesse penoso il respiro.

Ma poi ella sentì ancora le braccia che le si tendevano incontro, la bocca ardente che le bruciava la faccia, e soggiacque ancora, ardendo, come se le viscere le si riempissero di ferro incandescente.

IV

«Il *magister utriusque militiae* Flavio Ezio» annunciò il primo ciambellano.

«Fallo entrare.»

Già nel passare davanti al funzionario che s'inchinava, Ezio scrutò il volto energico dell'imperatrice. Le labbra tumide erano un po' troppo unite, il mento un pochino troppo sollevato.

"Non mi ha ancora perdonato" pensò Ezio. "È comprensibile, del resto: per me Bonifacio era un soldato di secondaria importanza che aveva avuto l'abilità di salire a una posizione elevata; per lei era l'amante. E io l'ho ucciso." È difficile per una donna, anche per un'imperatrice, superare una cosa simile.

Ma quella piccola guerra civile era cosa passata, lontana: era la causa prima, ma non l'unica. Ci doveva essere dell'altro...

Durante lo scambio di vuote parole di cortesia artificiosa richiesto dall'etichetta di corte, Ezio continuò a scrutare il volto, ancor bello, della donna. L'imperatrice non soltanto non gli aveva perdonato, ma era irritata! Forse qualche mala lingua aveva sussurrato: non avrebbe tardato a saperlo. In fin dei conti, l'imperatrice era donna.

«Ci rallegriamo di vederti ad Aquileia» disse Placidia in tono gelido. «Abbiamo pure rilevato con piacere che la popolazione della nostra buona città sembra rallegrarsene ancor più di noi, a giudicare dal chiasso che abbiamo sentito durante tutta la giornata...»

«Il popolo cerca sempre occasioni di fare chiasso» rispose calmo Ezio. «Anche quando si tratta di un fatto insignificante come il ritorno di un vecchio soldato.»

«Verissimo» annuì l'imperatrice. «Farebbero lo stesso baccano se si trattasse della tua impiccagione.»

«La plebe senza dubbio» confermò Ezio. «Ma non credo che i miei vecchi soldati... farebbero eco, Maestà.»

Così, tra minaccia e controminaccia, egli seppe che l'udienza era decisiva. C'era preparato: una guardia del corpo di seimila uomini era difesa sufficiente contro le bizze di una donna incollerita.

«I *tuoi* soldati» ripeté l'imperatrice, battendo sulla parola.

«Linguaggio soldatesco, Maestà» disse Ezio sorridendo. «Spero che sul conto della lealtà mia, come di quella dei miei ufficiali e soldati, non possa esservi dubbio.»

«Lo spero anch'io» disse Placidia, calcando sulle parole «Ma mi pare deplorevole che di un'udienza privata si faccia un affare di Stato. Non ritorni in trionfo, Ezio, quantunque, al vedere le strade di Aquileia, si potrebbe crederlo.»

«Se non ritorno trionfatore,» fu la fredda risposta «dipende unicamente dal fatto che non siamo in guerra. Da uomo che ha visto molte guerre e la cui professione è la difesa del paese, considero ciò una grande fortuna.»

«Vorrei che tu avessi pensato sempre così» disse Placidia con voce atona.

«Disgraziatamente» proseguì egli subito «è difficile che le cose rimangano così.»

Ella alzò il capo. «Di questo volevo parlarti: perciò principalmente ti ho fatto chiamare. Mi informano che i bagaudi hanno ricominciato ad agitarsi e che questa volta è una potenza straniera ad avere grande interesse a che sorgano disordini fra noi.»

«È vero» affermò Ezio. «I bagaudi sono, per natura e anche per nome, fomentatori di disordini. La parola "bagad" significa un'adunanza tumultuosa, e queste storie incominciano sempre con adunanze tumultose. Il contadino gallico dovrebbe essere l'ultimo a dar retta a queste sciocchezze: è troppo intelligente per lasciarsi andare all'isterismo di massa. Ma siccome è una testa calda, ascolta chi gli fa grandi promesse, anche quando dovrebbe sapere che non saranno mantenute: è questa una delle sue cattive abitudini, quasi si direbbe una specie di malattia. Un secolo e mezzo fa aveva ragione di reclamare: i nobili galli erano di un'intolleranza folle, irrigiditi in privilegi anacronistici, e le imposte erano troppo dure. Ora le cose sono completamente cambiate. Le imposte sono alte, ma non eccessive, e i nobili hanno imparato a comportarsi da persone ragionevoli. Ma i contadini fanno troppo commercio con le città, e la vita cittadina li attira. Non vogliono stare tutto il giorno curvi sul vomero; preferiscon andare a zonzo per la città, giocare a dadi, assistere ai giochi e farsi preparar da mangiare dagli altri. Ed esiste una nazione che ha interesse a che il malcontento dei bagaudi degeneri in ribellione aperta: i visigoti soffiano sul fuoco e non passerà molto, temo, che saremo costretti ad affrontarli seriamente.»

L'imperatrice sospirò. «Speravo tanto che almeno questa parte dell'impero avesse pace. Speravo che il tuo nome ne sarebbe stato garanzia.»

Ezio si strinse nelle spalle. «Io non sono che un comandante militare, Maestà, e posso essere deposto in qualunque giorno; come potrei presentarmi da pari al re dei visigoti?»

Aspettava una risposta; ma Placidia era troppo accorta per non tacere. Dopo un poco egli riprese, e nella sua voce vibrava ora la collera: «È chiaro, Maestà, che in simili condizioni è importante avere truppe ausiliarie. In passato la mia politica verso gli unni è stata messa sovente sotto falsa luce...».

«Preferisco» interruppe Placidia «che nell'impero d'Occidente si faccia una politica sola: la mia! Naturalmente, in attesa che l'imperatore sia fuor di tutela.»

«Naturalmente» confermò Ezio con un inchino.

«A chi presteranno giuramento le truppe ausiliarie unne? Ma forse sarà meglio non parlarne... per ora. Convocherò i miei consiglieri militari per il pomeriggio di domani, per discutere l'eventualità di una guerra coi visigoti. Attendo una tua relazione esauriente: devo sapere come vedi la situazione.»

«La situazione come io la vedo, Maestà, è pressoché disperata senza l'aiuto delle truppe unne.»

«Avrai occasione di esporre le tue vedute al consiglio militare.»

«Nel venir qui ho appreso una grande novità» disse Ezio. «Mi sarà concesso di porgere i miei omaggi alla nuova Augusta, principessina Onoria?»

L'imperatrice strinse gli occhi. «Si tratta di cosa strettamente familiare. E l'Augusta Onoria si trova a Ravenna: non l'aspetto di ritorno prima di domani.»

Ezio si raschiò la gola. «È affare di famiglia per una sola ragione, se vostra Maestà mi permette di esprimermi così: il titolo di Augusta eleva la nobile principessa anche al di sopra delle speranze di un pretendente di sangue reale... tanto più...»

«Tanto più sopra quelle di un soldato eccessivamente ambizioso! Sì, lo so, Ezio. Non che abbia potuto credere un solo istante che simili folli speranze potessero essere nutrite da uno che non sia di sangue regale...»

I loro occhi s'incrociarono come spade.

«Ci sono esempi nella storia» disse Ezio molto lentamente «i quali farebbero pensare che il miscuglio di sangue regale, e perfino imperiale, con quello di un semplice suddito, può essere di grande utilità al regno, se questo suddito possiede eminenti doti militari.»

«Le eminenti doti militari si rivelano soltanto in una guerra» ribatté Placidia con la stessa lentezza. «E noi non siamo in guerra: non ancora.»

«Prima o poi,» disse Ezio, in quel ruvido, schietto tono soldatesco col quale aveva intrappolato già tanti avversari politici «prima o poi vostra Maestà si accorgerà che nell'impero ci sono soltanto due veri uomini, e uno di questi è fuori del potere di vostra Maestà...»

«Non intendi mica parlare di te?»

«Intendo parlare dell'arcidiacono Leone. Ritengo altamente verosimile che salga un giorno sul trono di Pietro; ma qualunque sia il trono, è un uomo da tenere in considerazione. Possiede la grandezza: e questa è cosa rara, Maestà. Uomini abili, esperti, buoni organizzatori, buoni condottieri, abili politicanti, e anche persone oneste, incorruttibili, ce n'è un buon numero. Ma la grandezza significa di più, significa la capacità di ammaliare, di concentrarsi su ogni particolare per quanto piccolo, senza perciò perdere nemmeno per un istante di vista l'insieme con tutte le sue esigenze.»

«Una lezione sulla grandezza» disse l'imperatrice seccamente. «Quanto all'arcidiacono, sono pienamente del tuo parere. Ci fece visita tre mesi fa, ed è tutto quanto dici, e forse anche più. Il secondo uomo veramente grande è, beninteso, il *magister utriusque militiae* Flavio Ezio. E ci si fa capire che non lo apprezziamo abbastanza. Forse non sarà sempre così. Ma c'è una cosa alla quale devi abituarti, e cioè che Iddio ha dato lo spirito non soltanto all'uomo, ma anche alla donna. Anche il fatto che le donne siano state tenute per secoli in posizione subordinata non può impedire che l'una o l'altra possegga vera grandezza. So quanto ti sia difficile comprenderlo: ma non ti resta che un'alternativa: comprendere e obbedire, oppure... obbedire ciecamente. Qui comando io, e compenso i miei servi secondo il mio giudizio. Qui non decide il mio capriccio, e nemmeno l'opportunità. La mia bilancia si chiama giustizia. Soltanto un servizio straordinario merita una ricompensa straordinaria.»

Si diresse verso la scrivania – un capolavoro d'intarsio in tartaruga – e prese un rotolo sigillato.

«Questo t'innalza a patrizio, Flavio Ezio.»

Era la massima dignità dell'impero e comprendeva molti privilegi. Ezio si sentì involontariamente molto lusingato. Sognava da anni di diventare patrizio, ed ecco che lo era diventato. Era troppo intelligente per non comprendere che Placidia faceva il proprio gioco, e lo faceva con molta arte. Ella sapeva che con Ezio c'erano due sole possibilità: o appendergli al collo una catena d'oro, o stringergli i polsi in una di ferro. Aveva scelto la prima: segno evidente che lo considerava insostituibile. Si era anche dimostrata veramente lungimirante. Ora gli sarebbe stato, non impossibile, ma nemmeno troppo facile, scatenare una seria rivolta militare. Placidia poteva dimostrare di averlo coperto di onori e la sua apparente ingratitudine avrebbe sfavorevolmente impressionato l'opinione pubblica. Né aveva sperato realmente che Placidia lo considerasse un serio pretendente alla mano di Onoria – non per il momento almeno. Ma il seme era gettato, ed era già qualche cosa. Certo che la nomina ad Augusta poteva avere lo scopo di escludere ogni avvicinamento di pretendenti, ma d'altra parte Placidia non poteva aver intenzione di condannare la povera fanciulla al celibato perpetuo. No: Onoria costituiva un premio in mano di Placidia, e questo premio bisognava meritarlo: l'imperatrice stessa vi aveva accennato. Doveva avere il progetto di lusingare più di uno con quel premio, ma c'era modo di provvedere a che nessun altro diventasse pericoloso a Flavio Ezio: al patrizio Flavio Ezio.

«Sono profondamente grato a vostra Maestà. Ho tentato di tenere una conferenza teorica sulla grandezza ed ecco che ricevo prontamente la risposta pratica. Anche alla mia età uno può sempre imparare qualche cosa.»

Placidia sorrise, gli porse la mano da baciare, poi lo seguì con gli occhi fino all'uscio. Poteva ormai essere sicura di lui. Gli uomini hanno sempre bisogno di qualche cosa per la quale operare: una meta da tenere innanzi agli occhi. Meglio mostrarne loro una che lasciar che se la cerchino da soli. Non era uno sciocco e doveva senz'altro preferire di salire ai fastigi imperiali in modo legittimo e non mediante una rivolta che poteva mettere tutto in forse. Onoria era giovane, non c'era fretta; per il momento non era che una bambina, talvolta indomabile. Né dimostrava di avere ambizioni politiche: aveva accolto la nomina ad Augusta come avrebbe accolto un vestito nuovo o un nuovo cavallo; non aveva un'idea della realtà. Meglio così: si doveva aspettare per vedere come sarebbe diventata. Il darla ora in moglie a un uomo del calibro di Ezio sarebbe stato un errore fatale nei confronti di Valentiniano. Già così i due ragazzi si amavano poco, e lei aveva spesso rimpianto che Onoria non fosse un maschio e Valentiniano una femmina. Praticamente però solo Valentiniano era da prendere in considerazione per la successione al trono. Contro Onoria avrebbe potuto sostenersi, anche se più tardi ella avesse dato prova di ambizioni politiche; ma contro Onoria e Ezio, Valentiniano sarebbe stato perduto, una volta che l'imperatrice Placidia non ci fosse più.

Oppure... oppure, era veramente sincera verso se stessa? C'era – lo sapeva – chi affermava che la debolezza di carattere del figlio non le spiacesse troppo, perché le permetteva di tenere lei stessa le redini. Non era vero, per lo meno non interamente. Le piaceva governare da sola, questo sì; e Valentiniano era realmente un debole; nessuna educazione militare, per quanto severa, avrebbe potuto farci qualche cosa: non sarebbe stata che un'inutile remora nel governo. Per l'impero valeva più un imperatore debole con la madre forte ed energica che un imperatore prepotente, ma incapace, che non le desse ascolto.

Non c'era persona al mondo cui Placidia potesse rivelare questi pensieri. «Ci sono soltanto due veri uomini nell'impero.» Forse aveva ragione Ezio. Ma non c'era che una sola Placidia.

«Che vuoi, Eugenio?»

Il giovane ciambellano fece un profondo inchino. «Sua Maestà ha ordinato di riferirle sui progressi del grande dipinto rappresentante il nostro grazioso imperatore come signore del mondo.»

«Ebbene?»

«Il pittore Stimpalos ha terminato la sua opera.»

«Benissimo. Si porti il quadro nella sala grande delle udienze. Lo vedrò appena avrò tempo: forse stanotte, non lo so ancora.»

Eugenio si ritirò.

Il quadro! Ezio doveva essere presente alla visita: era abbastanza fine per comprendere. Valentiniano era la figura centrale del dipinto, solo, sul trono del mondo: ella stessa stava dietro al trono, e i re e i principi di tutti i popoli piegavano il ginocchio dinanzi alla maestà dell'imperatore d'Occidente. Sì, sì, Ezio doveva vederlo. Come aveva detto? «Anche alla mia età uno può sempre imparare qualche cosa.»

Etel era ritornato dalla cavalcata e se ne stava accoccolato sul giaciglio, aspettando, come un gigantesco uccello sgarbato, silenzioso e impaziente. La passeggiata gli aveva fatto bene, come sempre, da quando avevano rinunciato a farlo accompagnare dalle guardie. Era ritornato tardi, quasi un'ora dopo il tramonto; ma i soldati di sentinella alla "piccola torre" all'ingresso dei giardini avevano continuato a giocare ai dadi senza alzare gli occhi e l'ufficiale di servizio si era accontentato di un sorrisetto. Forse era tutta opera di lei.

Ella era ritornata quella sera stessa da Ravenna, lo sapeva: due ore prima avevano portato nelle stalle i suoi cavalli. Ma la penna rossa non era ancora passata sotto la porta di lui, sicché non sapeva se quella notte lo avrebbe atteso o no. Senza quel segnale non poteva andare da lei: la penna rossa significava via libera. La prima volta... eh, sì, ma non era impresa che si potesse arrischiarsi a ripetere.

La penna rossa era apparsa per l'ultima volta cinque giorni prima; poi Onoria era partita per Ravenna, ed egli aveva saputo in qualche modo che quella sera sarebbe ritornata, anche senza aver visto i cavalli. Era ovvio che non potesse ancora avere notizie dirette: c'era un banchetto quella sera, si sentiva la musica quando il vento soffiava da occidente.

Già durante la cavalcata ne aveva presentito il ritorno, come alle volte accade. L'aria era tutta diversa dal solito; la criniera del cavallo mandava scintille al solo lisciarla.

Balzò su all'improvviso. Qualcuno raschiava all'uscio. Non poteva essere la notizia attesa: di solito ella mandava una schiava, che spingeva la penna rossa sotto la porta e passava via. Ora l'uscio si aprì...

Un uomo piccolo e magro entrò di colpo, poi si fermò, imbarazzato, spostandosi da una gamba all'altra. Aveva gli occhi obliqui; portava una tunica bruna senza maniche e aveva una cintura alta, di pelle, dalla quale pendeva un pugnale ricurvo.

«Chiudi l'uscio, Zigur» disse Etel appena ebbe ripreso fiato.

Il volto di Zigur si aprì a un sorriso raggiante. Obbedì, e poi corse dal suo signore e gli baciò i piedi.

«Saluto il principe» gracchiò, fuori di sé dalla gioia. «Saluto il principe: come fa bene poterlo dire!...»

Etel ringraziò con l'ombra di un sorriso: il massimo che le usanze unne permettessero. Ma anch'egli era felice; la semplice vista di un uomo del suo popolo era una gioia. E Zigur era il suo uomo, il suo servo, la sua guardia del corpo, il suo maestro d'armi. Gli dèi soli sapevano da quanto tempo era lontano dalla patria, eppure sembrava portasse con sé il profumo della steppa, di quella steppa talmente vasta che gli zoccoli del più rapido cavallo ci mettono tre giorni a percorrerla. Le narici di Etel si dilatarono: qualunque fosse il messaggio che portava Zigur, era sempre una gioia vederlo.

«Puoi parlare, Zigur.»

L'ometto trasse un profondo respiro. «La vista del principe è come la vista del miglior cavallo che si credeva perduto. La vista del principe è come quella del miglior arco...»

«Quando hai lasciato la patria, Zigur?»

«C'è stata per due volte luna piena. Il kan mi ha mandato dal romano Ezio.»

Etel annuì. «Lo ricordo. Avanti!» Per mesi, ogni notte, aveva maledetto quel nome. Era stato Ezio a fare di lui un ostaggio. Ma ora non era tempo di maledire.

«Fui mandato con altri a prendere il denaro che il kan doveva ricevere per la festa della dea dei cavalli» continuò Zigur. «Egli pagò il denaro e gli altri ritornarono a casa con esso. Ma io, io pensavo al principe, che ho servito per tutta la vita, cui ho insegnato a usare la spada e l'arco e come si fa a piegare le costole del cavallo sotto le gambe del cavaliere, e ho chiesto al romano se potevo visitare le città e i villaggi dell'imperatore, poiché si diceva che fossero costruiti con mattoni d'oro e che le strade fossero lastricate d'argento. Si mise a ridere e mi diede il permesso di venire con lui, perché egli stesso veniva a trovare l'imperatrice.»

Etel annuì di nuovo. «Dunque è qui; non me l'avevano detto. Continua: il kan sta bene?»

Zigur sollevò ambo le mani in un gesto di dubbio. «Il kan è vecchio, principe, e Budrul dice che non vedrà un altro inverno.»

«Io voglio sentire il tuo messaggio,» disse Etel, brevemente «non le chiacchiere delle vecchie.» Ma sapeva che Budrul non sbagliava. Dunque era viva. E il kan era vicino alla morte.

«Il principe Bleda?»

«Il principe sta bene.»

Una pausa. «La tribù non ti ha dimenticato, signore» sussurrò Zigur. «Ho parlato con molti uomini: dicono che l'allegro riso è spento da quando il principe Etel è andato dai romani, e che le loro braccia prudono dalla voglia di maneggiare le armi, ma prudono inutilmente. Dicono che un cavallo non è cavallo se gli manca la testa. Qualcuno l'ha detto apertamente, in presenza del kan e anche del principe Bleda. Dicono...»

Un breve cenno interruppe quel flutto di eloquenza.

«E Kru, Zigur?»

Il piccolo unno divenne raggiante. «Il tuo secondo figlio monterà per la prima volta sul cavallino avanti che cada la neve. Sua madre attende il tuo comando per imporgli il nome. Anche Pilai e Ellac stanno bene. Ellac ha ucciso il suo primo lupo... con una freccia sola.»

Sorrise anche Etel, mostrando tutti i denti. Ma improvvisamente il sorriso si spense, e Zigur gli vide il volto mutare completamente espressione. Non poteva scorgere quello che Etel vedeva oltre le sue spalle: la piccola penna rossa sul pavimento, accanto all'uscio.

«Sta bene, Zigur» disse Etel con un fondo respiro.

Ma il piccolo unno non aveva ancora terminato. «Gli uomini al servizio di Roma sono malcontenti» sussurrò. «I più vorrebbero far ritorno alla steppa. Ci vorrebbe un uomo di sangue regale per ricondurli, e la tribù attende il giovane principe. I sorasgi hanno rubato molto bestiame e il kan Rua è troppo vecchio per guidare la spedizione punitiva, mentre il principe Bleda esita sempre. Questo è il momento buono, principe!»

Ella lo aspettava. Ma Zigur aveva ragione: era un buon momento, per molti motivi. Fosse stato due mesi prima, si sarebbe deciso subito. Non era quasi più sorvegliato. Poteva fuggire ed essere già lontano sopra un cavallo veloce prima che si avvedessero della fuga; e forse non lo avrebbero neppure inseguito. Si trovava lì per volere di Ezio, non dell'imperatrice, e correva voce che l'imperatrice non vedesse di buon occhio l'esercito privato di Ezio.

Ma ella lo aspettava.

Zigur continuava a esprimere i propri pensieri: «È una notte buona, principe, e qui dove sono, ci sono dei cavalli, cavallini buoni, e io conosco le strade. Fra dieci giorni gli uomini possono lasciare il campo per venire incontro al principe che ritorna».

Ella lo aspettava.

Zigur aveva ragione: ma lei lo aspettava. Etel balzò in piedi.

«Non questa notte» disse decisamente.

Anche Zigur si rizzò. «Non so quanto si tratterrà qui il romano» disse, preoccupato. «Forse ripartirà subito domattina per la Gallia e io dovrò accompagnarlo. È una buona notte, principe, e domani potrebbe essere tardi.»

Etel batté un piede e ripeté bruscamente: «Non questa notte. Stanotte non posso partire. Ora va, Zigur!».

Il piccolo unno mandò un profondo sospiro. «Io sono il cane del principe» disse. «Non può il cane rimanere presso il suo padrone?»

Etel esitava. «Resta dunque» disse dopo un istante. «E dormi.»

Prese la penna rossa e uscì. Era buio, ma dalla sala del banchetto si sentiva ancora la musica. Lei doveva essersi ritirata con un pretesto.

Scivolò fuori. Non aveva bisogno di pensare troppo alle guardie o alla ronda, quando teneva la penna rossa: o le guardie non c'erano addirittura, oppure non gli badavano; ma la strada era quella della prima volta.

Si trovò ben presto davanti al salone delle udienze e vi entrò. Si accorse subito che c'erano dei cambiamenti. L'intavolatura luccicante d'oro all'opposta estremità era scomparsa – per lo meno in buona parte, e c'era invece una cosa quadrata, enorme. Che cosa? Era troppo buio per distinguerla.

Improvvisamente incespicò, fu per cadere: una grossa corda era testa trasversalmente. A che serviva?

Poi vide figure sorgere innanzi a lui, nel centro di quella strana cosa quadrata. E ora... no, non poteva essere: era un inganno della debole luce lunare. Ma in quello stesso momento la luna uscì da una nuvola, ed egli scorse... la propria immagine.

Arretrò. Sapeva – lo sapevano tutti gli unni – che non esiste peggior segno premonitore che incontrare la forma del proprio spirito: ciò significa la morte certa prima che sorga la luna nuova.

Luce, luce occorreva. Si ricordò che in uno stanzino attiguo si riponevano delle fiaccole, che gli schiavi adoperavano qualche volta la mattina presto, quando facevano la pulizia della sala. Trovò una dozzina di fiaccole in un recipiente di bronzo, ne prese una, l'accese alla piccola lampada che pendeva dal soffitto, e ritornò in sala.

Vide ora che quell'enorme coso quadrato era un quadro – tanto grande da occupare quasi metà dell'altezza della sala. Nel centro, in grandezza naturale, il giovane imperatore Valentiniano, in tutta la pompa imperiale, avvolto nel pesante manto purpureo. Dietro a lui la superba figura di Placidia e, accanto a questa, lei, la principessa Onoria, raggiante di bellezza e talmente viva che pareva stesse per uscire dal quadro e parlare.

Ma lui? S'era pur visto... dove? Abbassò un poco la fiaccola. Tutto un esercito d'uomini incominciò a passare davanti alla luce; erano tutti vestiti diversamente l'uno dall'altro; portavano il costume dei burgundii, dei visigoti, dei franchi ripuari, altri erano africani, altri ancora in costumi che non conosceva; ma tutti portavano corone o diademi e tutti erano inginocchiati davanti al giovane imperatore seduto sul trono dorato. Ed ecco: ecco lui stesso e, vicino, il kan Rua, e dall'altro lato Bleda, anch'essi inginocchiati, con le braccia levate in atto supplichevole.

Fu un lampo di comprensione: ecco la ragione per cui quel topo di un pittore gli aveva fatto il ritratto, ed ecco perché era stato mandato dal kan Rua a fare il ritratto a lui e a Bleda: per poterli riprodurre su quell'enorme dipinto, per presentare l'imperatore quale signore del mondo intero...

Roma sola dominava, tutte le altre nazioni erano schiave: questo diceva il quadro. Infatti, Roma aveva rese schiave molte nazioni, ma non gli unni. Nessun imperatore romano aveva mai battuto gli unni in battaglia aperta, e tanto meno li aveva soggiogati.

Quel quadro era una menzogna, una volgare, sudicia, vile menzogna. L'avevano esposta in modo che tutti potessero vederla: un grande kan e i suoi successori nella polvere dinanzi alla potenza romana!

Mandò una voce rauca, la fiaccola gli tremò nelle mani, le figure sul quadro gigantesco incominciarono a oscillare e a ballare. Tutto il sangue gli salì al cervello, la vista gli si oscurò, gli mancò il respiro. Fuori di sé dal furore, fece per lanciare la fiaccola contro quell'oltraggioso dipinto, sì che il quadro e la sala e tutto il palazzo bruciassero.

Ma si arrestò di colpo, come se una volontà, dietro la sua, lo trattenesse. Il selvaggio scroscio nel suo cervello si rilassò a poco a poco. Sollevò un'altra volta la fiaccola, fissò il quadro, come per imprimerselo nella mente una volta per sempre, per non dimenticarlo mai. Poi si voltò, tornò nel ripostiglio, spense la fiaccola. Le mani non gli tremavano più.

Ritornò tranquillamente in sala, ripercorse il corridoio dal quale era venuto.

Pochi momenti più tardi Zigur balzava in piedi.

«Hai ragione, Zigur» disse Etel con calma spaventosa. «È una buona notte, e il momento è buono. Dove sono i tuoi cavalli?»

«Ohe, Giuvenzio...»

«Che vuoi, Clodomiro?»

«C'è qualche novità? Riguardo l'unno, intendo.»

Il giovane romano corrugò la fronte. «Nulla di nulla. Perché?»

Clodomiro gli lanciò uno sguardo malizioso. «In fin dei conti, sono cinque giorni che è scomparso, vero?»

«Non li ho contati. Forse l'hanno già preso. Uno non può mica polverizzarsi nell'aria; prima o dopo lo acciufferemo.»

Il franco fece un risolino. «Forse, e forse anche no. Naturalmente avrete avvisato le guardie di frontiera, no? Però... un unno cavalca... come un unno. Non è tanto facile raggiungerlo. È vero che ha rubato un cavallo? Una buona bestia?»

«Uno? Sei ne ha rubati» grugnì Giuvenzio. «Ma non dalle nostre stalle. Appartengono al *magister utriusque militiae*... scusa, al patrizio Ezio. Sì, sei cavalli! E ha preso con sé anche un altro unno. Due dei cavalli sono stati trovati morti per la strada, dalla gran fatica.»

«Per la famosa barba di Odino» il franco scoppiava dal gran ridere. «E io che credevo non ci fossero novità! Una storia meravigliosa; ne sono entusiasmato. Io non potevo soffrire quell'unno, ma quando ne fa una di queste, bisogna ammirarlo. Forse non è l'ultima volta che si sente parlare di lui, anche se non lo pigliate: non me ne meraviglierei.»

«Spero che non avrai intenzione di seguire il suo esempio» disse Giuvenzio, fattosi molto serio.

«Non aver paura» rispose il franco, sempre ridendo. «Mio padre è contento di essersi liberato di me, e così la maggior parte dei miei fratelli, lassù, nella nostra vecchia terra. Senza contare che si mangia bene alla vostra corte, e si beve meglio, per non parlare delle altre... piacevolezze.»

«E perché vuoi conoscere tutti i particolari della fuga dell'unno?»

«Così, per amore del pettegolezzo. Mi piacerebbe sapere...»

«Che cosa?»

«Ah, niente. Ma non credi anche tu che ci sia qualche retroscena? L'unno è stato mandato qui da Ezio, vero? E ora è scomparso con sei cavalli, di Ezio anche quelli. La cosa è un po' strana, non ti pare? Non me ne intendo molto di alta politica, ma mi sembra...»

«Nemmeno io me n'intendo di alta politica,» lo interruppe Giuvenzio «ma a me sembra che l'ignoranza sia talvolta un grande vantaggio. Si è più... sicuri. Persisti nella tua ignoranza, amico Clodomiro.»

Avvicinandosi alle stanze della principessa per incominciare il servizio di notte, Iride trovò Ildico e tre schiave davanti all'uscio.

Era una cosa insolita. Poi vide che le ragazze avevano il volto pallidissimo, e subito comprese: il gioco era finito.

Non si fece scorgere e chiese con impeto: «Che fate qui? Che è accaduto?».

«Non si è potuto fare diversamente, Iride» sussurrò Ildico. «È svenuta di nuovo e il medico ci ha mandate fuori tutte.»

Iride stentava a mandar giù la saliva. Dunque, era finita! Tremando di collera e, insieme, di paura, si mise quasi a gridare: «Non vi ho detto che dovevate chiamare me, se capitava qualche cosa alla principessa? Me e nessun altro? Chi è responsabile qui?».

«Io» dichiarò Ildico con fermezza sorprendente. «È malata, Iride, molto malata, anche se non vuoi ammetterlo. Ha bisogno di cure e di un medico, e soltanto il medico migliore può fare per lei. Perciò ho mandato Simmache a chiamarlo.»

«O bestia!» gridò Iride. «Ora siamo perdute tutte quante...»

Si precipitò nella stanza. Il medico era chino sul letto ed ella non poté capire se nel frattempo Onoria avesse ripreso i sensi. Ma riconobbe il mantello nero, orlato d'oro, del medico: era Timao.

Così era perduta l'ultima speranza... quella di corrompere il medico. Poiché Timao era, da quindici anni, primo medico di corte, notevolmente più ricco della maggior parte dei cortigiani, e non aveva che un'ambizione, quella di conservare la carica, che gli assicurava l'alloggio nel palazzo, terreni, ville e case in almeno una dozzina di città, e un enorme onorario.

Timao aveva terminato l'esame. Riordinò le coperte e i guanciali e si voltò per uscire.

Iride aprì la bocca, ma le parole non venivano.

"Evidentemente lo sa" pensò il vecchio esperto. S'inchinò davanti a lei, un inchino molto breve, e uscì.

Iride vide con la coda dell'occhio Ildico la quale, preoccupata, voleva fare delle domande, e Timao che le tagliava la parola con un breve gesto reciso. Poi l'uscio si richiuse dietro al medico, e Iride mandò un lungo sospiro, che pareva un singhiozzo

D'un tratto vide Onoria seduta nel letto, a guardarla con un pallido sorriso innaturale.

«Oh, domina,» balbettò Iride «Timao è stato qui. La colpa non è mia. Io non c'ero, altrimenti l'avrei impedito. La colpa è di Ildico, quella idiota. Che sarà ora di tutte noi?» singhiozzava disperatamente.

«Calmati» disse Onoria. «Non voglio sentir piangere alla mia presenza. Chiama Ildico, voglio parlarle.»

«Ma... che facciamo adesso? Che...»

«Fa quel che ti dico!»

Iride obbedì. Un momento dopo entrava Ildico.

La principessa la scrutò. «Ha paura, ma è convinta di avere agito bene», pensò. Disse: «Iride ti ha avvertita che non voglio avere il dottore se mi prende uno svenimento, è vero? E che questo è il mio ordine espresso? Sì? Dunque hai agito contro il mio ordine espresso. So che credevi di fare il mio bene; ma non pensi che io sappia meglio di te quello che è bene e quello che non è bene per me?».

Ildico teneva la testolina abbassata.

«Non mi caccerai via?» mormorò.

Onoria ebbe un sorriso triste: voleva veramente bene a quella bambina. «No, agnellino mio. Se qualcuna sarà cacciata, quella non sarai tu. Ascolta: la gente ti dirà forse fra breve brutte cose sul conto mio. Promettimi che non darai ascolto e che, se vorrai sapere qualche cosa, verrai da me a chiedere.»

«Prometto» disse Ildico solennemente. «Mi dispiace tanto, signora, ma mi sono spaventata, e...»

«Sta bene, piccola, ora va!»

Quando l'uscio si fu chiuso dietro di lei: «Ora il nido delle vespe è stato stuzzicato, Iride. Non serve a nulla lamentarsi per l'errore di Ildico. Prima o poi si sarebbe scoperto. Tanti stenti per guadagnare qualche giorno, al massimo qualche settimana! Quasi quasi sono contenta che abbia chiamato Timao. Più che uccidermi non potranno, e non credo che lo faranno. Ora vattene anche tu e lasciami sola. Non sarà per molto...».

L'uscio si chiuse un'altra volta. No, non per molto. Ebbene! aveva commesso un fallo e doveva scontarlo. Poteva dire ciò che voleva, il vescovo Niceta: a questo mondo nulla si riceve senza pagare. Per la millesima volta pensava: "Che direbbe lui, se sapesse?". Si era già data tante risposte. Lei stessa lo sapeva, o almeno lo sospettava, molto prima della sua scomparsa. Aveva persino accarezzato l'idea di dirglielo, ma non aveva trovato il modo di farlo. Perché? Paura forse? Non si sapeva mai bene come trattare con lui. E poi era scomparso, scomparso senza lasciar tracce e senza una parola. Si trovava ancora lì quando lei era tornata da Ravenna, ed era scomparso proprio in quella notte. Perché? Tante volte se l'era chiesto. Se fosse stato per ragioni politiche, perché non le avrebbe lasciato una parola? Forse, anzi, probabilmente, non lo avrebbe mai saputo.

L'uscio si spalancò e Iride si precipitò nella stanza.

«Sua Maestà l'imperatrice» disse ansimando.

Placidia entrava già. Un breve cenno imperativo, e Iride scappò come un cane bastonato.

«Sì, mamma» disse Onoria, di nuovo con un sorriso innaturale. «È vero!»

L'imperatrice era mortalmente pallida, e taceva.

«Sgridami dunque, mamma! Grida! Pesta! Bestemmia! Finalmente è avvenuta una cosa che non puoi mutare. Finalmente sei impotente. È difficile da sopportare, vero?»

Placidia si costringeva alla calma. «Chi è stato?»

Onoria rise. «Non lo saprai mai, madre mia; non in questa vita, nemmeno se mi farai torturare. Anche a questo ho pensato, come vedi. Dicono che la gente sotto tortura finisce col parlare: e allora parlerò. Ma mentirò. E se ti accorgerai che ho mentito e mi metterai di nuovo alla tortura, io mentirò di nuovo, sempre, sempre...»

«Finiscila di far la commedia» ordinò Placidia. «Nessuno ti metterà alla tortura. Ma se non potrò scoprire altrimenti la verità, farò torturare le tue donne. Quelle parleranno.»

«Provaci.» Onoria strinse i denti. «Mentiranno anch'esse; non possono che mentire, perché non sanno la verità.»

«Devi vergognarti molto del tuo amante, pare» disse Placidia in tono tagliente.

Ma Onoria sorrise. «Nemmeno così lo saprai.»

Placidia si volse bruscamente. "Non posso" pensava "non posso guardarla. La mia creatura!" Aveva la voce di donna vecchia quando disse: «Ma perché, perché ti sei buttata via in tal modo?».

Onoria balzò su di colpo. «Perché? Perché, madre mia? Io sono l'Augusta Onoria, non è così? Sei tu che mi hai fatta tale, quantunque il documento ufficiale sia firmato nel nome del mio cosidetto imperatore, del mio caro fratellino che passa il suo tempo a trastullarsi con gli amici e le amiche e a imbellettarsi la graziosa faccina. Tu mi hai fatta Augusta, il che significa che non posso sposare nessun uomo nel tuo tre volte maledetto impero. Non era questo che volevi? Non sono sposabile: ossia non potrò mai avere un marito che possa diventar pericoloso a te e al tuo dominio. Ma, per una strana combinazione, sono una donna di carne e di sangue. Voglio vivere, non voglio diventare una monaca in vesti imperiali. Voglio vivere. Se ti fa piacere pensare che il mio amante è di bassa condizione, pensalo pure: ti lascio il piacere. Con la mia nomina ad Augusta hai provveduto affinché sia di grado inferiore al mio.»

Placidia mandò un gemito. «Povera bimba mia, come potevo immaginare che avresti interpretato così male il mio atto? Tu non vedi che un lato del problema. Perché non sei venuta da me a cercare una spiegazione? Infine, sono tua madre.»

«Sei troppo occupata a essere imperatrice» disse Onoria con amarezza «e non mi hai mai voluto bene.»

«Oh, bambina, e chi avrei dovuto amare, se non te e Valentiniano?»

«Il potere, mamma. Di Valentiniano hai fatto una ragazzina piagnucolosa. È abituato a venire da te per qualunque questione: tu sei il suo idolo. E io, io ero soltanto una femminetta, e tu hai fatto di me un'Augusta, sicché non potessi diventar pericolosa né per te né per quella bambolina di mio fratello. Tutto ciò è semplicissimo: perché ti meraviglia tanto che io l'abbia compreso?»

«Tu mi hai odiata» disse Placidia con voce smorta.

«No, mamma, non ti odio, non odio nemmeno te» fu la stanca risposta. «Siamo estranee l'una all'altra, ecco tutto.»

«Avresti per lo meno potuto parlare col vescovo Niceta.»

«Mi avrebbe accarezzato le guance, mi avrebbe raccomandato di essere una buona bambina, di avere molta pazienza e di aspettar a vedere quali fossero i disegni di Dio a mio riguardo. È vecchio e può permettersi di pazientare. Io sono giovane e voglio vivere. Inutile andare da lui, inutile venire da te.» Fece una breve risata. «Nemmeno adesso, che sai, nemmeno adesso mi hai fatto la domanda più importante, l'unica che importi: se amo il padre della mia creatura. Fin dal primo momento hai ritenuto ovvio che io mi sia "buttata via".»

Ma ora Placidia aveva ripreso intero il dominio di se stessa. «Non credo al tuo amore. Se fosse vero amore, saresti orgogliosa del tuo amante invece di vergognarti di pronunciare il suo nome. E non credo nemmeno al suo amore per te: se ti amasse, avrebbe dimostrato maggior rispetto di te. Hai semplicemente avuto un'avventura, come qualsiasi ragazza leggera. A sentir te, si direbbe che, assegnandoti il più alto titolo dell'impero, ti abbia disonorata. Siamo estranee l'una all'altra, dici. Ma perché? Perché non hai il minimo riguardo ai doveri della tua posizione. Tali doveri sono diversi da quelli di una ragazza comune, e, per quanto tu possa desiderare di agire e di vivere come una ragazza comune, non ti è lecito di farlo. Io procuro con tutte le forze che Iddio mi ha date di tenere insieme un impero mondiale. Come posso pretendere dai miei ufficiali e dai miei funzionari, e addirittura dai semplici soldati e dai borghesi che facciano sacrifici per l'Impero, se non li fa la mia famiglia? Noi siamo qui per guidare gli altri e per dare l'esempio. Che esempio hai dato tu, Onoria?

Un silenzio imbronciato fu la risposta.

L'imperatrice sospirò e si mosse per andarsene. Onoria sedeva diritta nel letto e la guardava con occhi freddi, irreconciliabili.

«Per l'ultima volta, Onoria: chi è il tuo amante?»

Nessuna risposta.

«È stato Eugenio?»

La principessa diede in una gran risata. «È stato un *uomo*; e questo è tutto quanto saprai da me.»

«Benissimo» disse Placidia; ogni traccia di commozione era scomparsa dai suoi bei lineamenti regolari e la voce era come marmo: «Fra un'ora avrai lasciato Aquileia. Andrai ad Ariminum. Le tue donne ti accompagneranno. Fino a quel momento non ti è permesso di comunicare con chicchessia. Viaggerai nella mia lettiga, sotto sorveglianza. Abiterai nel castello di Barioli, dove avverrà il parto. Timao sarà incaricato di assisterti: tutte le altre visite sono proibite».

Onoria aveva pensato di intercedere per Ildico. Era poco più di una bambina e non sapeva che cosa fosse avvenuto, a meno che Iride non glielo avesse detto nel frattempo. Ma non se la sentì di chiedere qualche cosa. Ildico era l'unica creatura cui volesse bene, ma tacque.

Placidia proseguì spietata: «Appena sarà nata la creatura, tu lascerai il castello di Barioli e l'impero. Ti farò portare per via di mare a Bisanzio, dove le sorelle del mio imperiale fratello Teodosio avranno cura di te. Hai rifiutato di vivere da monaca in vesti imperiali; per conseguenza in avvenire non ci saranno più per te vesti imperiali: non ne sei degna».

«Ti ringrazio... *mamma*» disse Onoria, gelidamente. L'imperatrice uscì frusciando, senza una parola di più.

PARTE SECONDA

I

La tribù era accampata da molti giorni intorno alla tenda del kan morente, e tutti i giorni arrivavano nuove masse di guerrieri. Il nome del kan godeva infatti di grande considerazione presso le altre tribù e innumerevoli delegazioni accorrevano a cavallo da ogni parte. Così facendo, intorno alla tenda dalle cinque nere code di cavallo, si formò un immenso cerchio. La parte interna, più vicina alla tenda, era irrigidita in una completa immobilità; ogni cavaliere era accovacciato accanto al suo destriero, con le armi piantate in terra davanti a sé in segno di lutto. Di tanto in tanto uno dei capi inferiori intonava un canto, e gli altri gli facevano coro, prima a dozzine, poi a centinaia, alla fine a migliaia. I musicanti soffiavano nei loro lunghi strumenti a foggia di flauti e battevano su piccoli timpani di rame. Era sempre la stessa lunga canzone, la canzone delle gesta del kan negli oltre settant'anni della sua vita. L'anima del kan poteva uscirgli di bocca in qualsiasi momento: gli spiriti si sarebbero gettati sull'anima e l'avrebbero portata via, ed era importante che gli spiriti sapessero con che anima possente avevano a che fare, sicché la trattassero secondo i suoi meriti.

All'orlo estremo del circolo c'era invece un grande andirivieni; messi a cavallo partivano, sempre nuove delegazioni arrivavano. E tanto ampio era il circolo, che dalla tenda non se ne vedeva la circonferenza, confusa in una nube di polvere.

La tenda stessa era nascosta dietro alte cataste di legna, innalzate già da parecchi giorni. Soltanto poche strette aperture le davano aria.

Il principe Bleda sedeva ai piedi del letto del morente, tenendo gli occhi fissi sul volto scheletrito, che aveva assunto il colore di antichissima pergamena. Gli occhi senza sguardo del moribondo erano rivolti al tetto della tenda, la bocca, ridotta a un taglio, era chiusa tanto strettamente che le rughe intorno formavano quasi una corona. Da molte ore non diceva una parola.

Da fuori veniva il monotono canto della tribù e il cupo suono dei tamburi di rame.

«Non muore» pensava Bleda. «Non vuol morire: si difende dalla morte con la volontà.» Lì aspettava; e fuori migliaia di uomini aspettavano, e la stessa morte aspettava con loro: ma il kan rifiutava di morire.

Uno squillo di corno annunciava di tanto in tanto l'arrivo di nuovi ospiti.

Le tende erano già tutte piegate e caricate su carri e le donne e i bambini avevano trascorso le ultime due notti a cielo aperto. Su tutto il campo si stendevano le migliaia di guerrieri con gli occhi rivolti da ogni direzione verso il centro, verso la tenda, dove giaceva un vecchio che non voleva morire.

A ogni modo, non poteva durare più molto: quella era l'ultima battaglia del kan, una battaglia che nessuno può vincere. E poi, finalmente, Bleda sarebbe diventato kan. «Ho la metà dei suoi anni» pensava Bleda. Non era facile essere kan. Tutti correvano dal kan, per dissidi, liti, risse, e il kan era la voce della giustizia. C'erano le innumerevoli, interminabili questioni con le altre tribù e le altre nazioni. C'era da risolvere il problema dei sorasgi e, se non si procedeva con molta cautela, si poteva venire alla guerra; i sorasgi erano numerosi, e il loro paese, circondato da cento paludi, quasi inattaccabile. Poi l'affare dei mercenari per gli imperatori d'Oriente e d'Occidente, talvolta persino per privati, come il romano Ezio. Il kan Gullac aveva proposto di unire la sua tribù con quella del kan Rua, ma il vecchio principe aveva sempre tirato le cose in lungo. Tutto ciò e una quantità di altri affari ricadevano ora sulle sue spalle, e non si sentiva troppo a suo agio. Gli piaceva, sì, molto, di essere benvoluto da tutti; ma quando si deve decidere tra due parti è ben difficile accontentare tutti e due. Da qualche tempo, poi, la tribù si era fatta molto irrequieta.

Altri suoni di corno: tre, quattro, cinque. Dunque, era arrivato al campo un uomo di sangue reale: che fosse Gullac? In tal caso gli toccava prendere una decisione d'importanza vitale, subito dopo la morte del vecchio principe, senza aver tempo di riflettere. La tribù di Gullac era forte, anche se non quanto la sua; Gullac la governava da parecchi anni, sicché non gli sarebbe riuscito facile sottomettersi all'altro, tanto più giovane; probabilmente anzi non se la sarebbe sentita di fondere le due tribù, se non avesse avuto la speranza di assumerne il comando.

Passi, passi che si avvicinavano... Bleda balzò in piedi.

Nessuno, nemmeno il kan di un'altra tribù aveva il diritto di entrare nella tenda in quel momento. O che le guardie avessero perduto la ragione?

Solo allora si accorse che il canto, là fuori, era degenerato in un urlo selvaggio, disordinato. Un secondo più tardi la tenda fu sollevata ed Etel entrò. I due fratelli rimasero lì a fissarsi. Il volto di Etel era serio e solenne; Bleda sorrideva, contro voglia. Si sentiva imbarazzato, e tuttavia singolarmente sollevato, e si rammaricava di questo sentimento, senza sapere perché.

In quella venne dal letto una voce, come dalla tomba: «Finalmente!».

Si volsero: il kan Rua sedeva sul letto, lui che da giorni

non poteva muovere un dito. Aveva gli occhi spalancati, circondati dal cerchio purpureo della morte.

Si precipitarono verso di lui: Etel ne sostenne le spalle col braccio destro, Bleda tentò goffamente di drizzare i guanciali.

«Ho aspettato» disse Rua con voce rauca. «Era troppo tardi per mandarti a chiamare... ma sapevo che saresti venuto. Ascoltate: kan Gullac, accettarlo... Bleda Gran Kan... Etel e Gullac, tutti e due kan sotto di lui.»

I fratelli annuirono, ma Bleda domandò, preoccupato: «Gullac accetterà?».

«Lo deve» disse Etel.

Un'ombra di sorriso passò sul volto di Rua. «Accetterà... Bleda è la testa... Etel e Gullac... le braccia... Annunciatelo alla tribù...»

Bleda obbedì.

La sottile mano bruna del kan strinse il braccio di Etel con forza insospettata. «Ora hai visto i romani... nel loro paese. È vero... che sono marci... moribondi?»

«Sì, kan» rispose Etel con calma.

«Eppure, una volta... hanno conquistato il mondo...»

Fuori risuonò la voce di Bleda che annunciava il nuovo ordine, come il kan aveva comandato. Il morente ascoltò per un istante – o forse voleva raccogliere le forze? Riprese a parlare, con la voce indebolita: «Uno non può mangiare più di quanto possa sopportare... I romani hanno mangiato troppo... si sono ammalati...».

«Li vedrò morire» affermò Etel irosamente.

Il kan gli lanciò uno sguardo enigmatico. «Forse, ma non potrai sostituirli. Non puoi governare il mondo stando a cavallo... e l'unno non è nulla senza il suo cavallo. Non dimenticarlo mai... figlio mio.»

Etel diede un balzo. Il kan non lo aveva mai chiamato così... Che fosse già sulla via del regno delle ombre e confondesse gli uomini e le cose della terra?

Bleda ritornò, pallido dall'agitazione, s'inginocchiò accanto al letto e disse rispettosamente: «Ecco fatta la volontà del kan».

Parve che il vecchio non udisse le sue parole. Mormorò qualche cosa di incomprensibile, poi la voce gli si schiarì ancora e lo sentirono dire: «... Forse sei tu, figlio... chi sa...».

Il corpo scheletrito fu percorso da acute contrazioni, le mani curvate ad artiglio si aprirono, si chiusero, si riaprirono. Etel sentì aumentare la stretta al braccio destro. Ancora una contrazione: i due fratelli sapevano che la fine era imminente...

Ma Rua parlò ancora una volta, chiaro e comprensibile: «Ma... soltanto la spada... di Puru... conduce a...».

La voce si ruppe, gli occhi si spensero: come se non gli fosse concesso di pronunciare la parola che ancora mancava, come se una gigantesca mano invisibile gli avesse stretto la gola. Sulla bocca quasi senza labbra apparve una leggera schiuma.

Etel lasciò andar giù delicatamente il cadavere.

«Saluto il Gran Kan Bleda» disse.

Bleda gli rivolse uno sguardo malcerto. Sarcasmo? Già qui, accanto alla salma di Rua?

«Ti ringrazio» rispose lentamente, rialzandosi. «Devo annunciare alla tribù la morte del kan.»

«Aspetta ancora, fratello, devo chiederti una cosa, una preghiera...»

Bleda scosse il capo: «Prima deve saperlo la tribù, affinché lo apprendano gli spiriti della morte e...».

«Gli spiriti della morte l'hanno già appreso: non senti la tribù cantare là fuori? L'eroe che ha annientato i grusi, il kan che ha distrutto gli acaziri... stai pur certo che gli spiriti sanno di chi sia l'anima che portano via. E la mia preghiera è urgente.»

«Parla dunque» disse Bleda, corrugando la fronte.

«I sorasgi» disse Etel, e la parola gli uscì di bocca sibilando, come una serpe viva. «Ne ho sentito parlare venendo qui. Non soltanto ci rubano il bestiame, ma precludono la via ad altre tribù unne che vorrebbero congiungersi a noi da Oriente. Occorre eliminare questo pericolo, e io lo eliminerò.»

«In che modo?» chiese Bleda, con la fonte sempre corrugata.

«Sessantamila uomini sono accampati intorno a questa tenda. Dammene la metà e quattro settimane di tempo.»

Bleda fece una breve risata. «Quattro settimane? Ma non sai che i sorasgi vivono tra le paludi? Ci vuole un assedio di mesi, e io non voglio indebolire il mio potere, in questo momento.»

«Nemmeno io» fu la pronta risposta. «Appunto per questo te ne parlo. Sono i sorasgi che indeboliscono il nostro potere e, appunto perché vivono tra le paludi, non c'è che un mezzo: coglierli di sorpresa. Apprenderanno la morte del kan Rua e sanno che è costume degli unni fare almeno due settimane di feste funerarie. Questo è dunque l'unico momento in cui non ci aspettano, e di conseguenza occorre agire appunto ora.»

"Ha ragione" pensò Bleda "ha pienamente ragione. È agile di mente." Poi pensò che il kan Gullac sarebbe arrivato fra pochi giorni. In assenza di Etel si poteva farsene un alleato e metterlo sull'attenti.

«Il tuo desiderio è esaudito» disse.

Etel sogghignò. «Ringrazio il Gran Kan» e sollevò la tenda per lasciar passare prima il fratello. All'apparire dei due principi il canto si interruppe. Bleda si diresse in silenzio verso il vessillifero che, immobile come una statua, se ne stava ritto sul cavallo, tenendo nel pugno la lancia con le cinque nere code di cavallo. Bleda gliela tolse di mano lentamente, con solennità.

A quella vista tutte quelle migliaia di uomini si rizzarono in piedi e s'udì un unico grido prolungato. Le armi furono estratte dal terreno e ogni guerriero si inferse una vasta ferita alla guancia, al mento o alla fronte, in segno di lutto, o quale sacrificio cruento allo spirito del morto sovrano.

Il sangue scorse da migliaia e migliaia di volti, e l'odore del sangue salì al cielo. Innumerevoli avvoltoi, falchi e poiane incominciarono a tracciare i loro cerchi al di sopra dell'immenso campo brulicante d'uomini, che era come un sole scuro. Ma ora, al centro di quel sole apparve una fiammella: la tenda del morto kan ardeva e, con lui, bruciavano i suoi cavalli – più di quaranta – e quasi cento suoi schiavi. Perché un grande kan deve avere a disposizione cavalli e schiavi anche nel regno delle ombre.

Un paio d'ore più tardi, un possente raggio emerse dalla cerchia del sole scuro, si estese sempre maggiormente in direzione nord-est.

Quando fu notte, il cerchio intorno alla tenda arsa si trovò ridotto quasi a metà.

«Maschio o femmina?» domandò ansiosamente Iride.

Siface, comandante delle guardie del corpo, mostrò i denti che avrebbero fatto onore a una pantera. Era alto di statura per essere un numida, e la pelle bruna pareva di bronzo sotto il sole meridiano.

«Vorresti saperlo, eh, carina?»

«Naturalmente» ribatté Iride, liberando il braccio da quelle dita scure. «E fa il piacere di lasciarmi in pace; potrebbero vederci dal pergolato. In questo maledetto castello anche i muri hanno occhi e orecchie...»

«Nessuno lo sa meglio di me» ghignò Siface. «Sono io che comando qui.»

«O ti figuri di comandare. Ma Lisia?»

«Lisia è un eunuco» disse Siface, e sputò.

«Va bene, va bene... ma anche un eunuco è capace di scrivere rapporti segreti. E poi c'è anche Timao...»

«Lisia» dichiarò Siface con grande soddisfazione «non è capace di fare ciò che posso fare io.»

«Giù le mani, balordo, e dimmi finalmente se è un maschio o una femmina. Tu hai parlato con Timao, so che hai parlato con lui.»

«Forse te lo dirò, ma ritornerai stanotte?»

«Sì, sì, bene, verrò. Che cosa è?»

«Bada che hai promesso. È un maschio.»

«Già, lo sapevo» sfuggì detto a Iride. «Lo hai visto? Com'è?»

Il numida scosse le spalle coperte dalla corazza. «Come tutti i neonati: è piccolo e strilla.»

«Caro leone del deserto, tu mi farai disperare. Lo hai visto da vicino? Come ha gli occhi? Rotondi, azzurri, oppure obliqui? Di che colore ha la pelle?»

«Gli occhi? Non so. Come se non li avesse; solo una fessura. E una pelle strana, a pieghe.»

«Ah, lo immaginavo. Sei straordinario, Siface mio. Timao ha detto qualche cosa?»

«Non credo, non ricordo.»

«Lei, la principessa, potrà vederlo? E quando?»

Il numida fece un risolino. «Può vederlo quando vuole. Io faccio il soldato, non la bambinaia. Dorme?»

«Prima dormiva. Ildico è da lei.»

«Troppo giovane» dichiarò il numida con semplicità, e Iride lo guardò ironicamente. Ma stavolta sopportò la pressione dell'agile corpo scuro che la stringeva forte.

Ildico, seduta a piedi del letto della sua padrona, vide; non poteva non vedere: la camera dava sull'ampia terrazza dove si trovavano Iride e Siface. Si voltò dall'altra parte.

«Iride, non è vero? Con chi?... Siface?» La voce di Onoria era stanca, smorta.

«Non sapevo che tu fossi sveglia» balbettò Ildico. «Devo chiamare Timao? Devo...»

«No, non chiamare nessuno, rimani dove sei, e guardami, agnellino mio.»

Una povera faccina cerea, quasi irriconoscibile. Durante tutti quei mesi Onoria era stata prigioniera, prigioniera di Castel Barioli e prigioniera del proprio corpo che si faceva sempre più pesante. E tuttavia non aveva mai, nemmeno per un istante, perduto l'espressione di gioiosa attesa. Ma ora pareva che tutta la gioia della vita le fosse sfuggita, come se, con la nascita del figlio, la vita di lei avesse trovato la sua fine naturale.

Come poteva sapere ciò che accadeva sulla terrazza senza volgere il capo, anzi senza aprire gli occhi? Era una cosa opprimente: ma tutto era opprimente in quella spaventosa vecchia fortezza. Vivevano là da quasi sei mesi, tagliate fuori dal mondo esterno, in un mondo a parte, un piccolo mondo, tranquillo in apparenza, sonnolento, in realtà pieno di angosce e di presentimenti segreti, di strane ombre e di strane risa. Di notte ringhiavano i molossi appartenenti al comandante della guardia, e pareva l'urlo dei lupi nelle selve. Ma il peggio era quel sentirsi sorvegliati, guardati, spiati, di giorno e di notte.

Nei primi tempi la forte personalità della principessa aveva reagito; ma ora anche lei era soggiaciuta all'incanto.

Ildico sentiva tutto ciò istintivamente: era una sensazione, non un pensiero. In quei mesi era cresciuta di anni: aveva veduto una fanciulla diventar donna e madre, aveva preso parte alle sue sofferenze, come se ella stessa portasse il nascituro nel proprio seno innocente. Gli innumerevoli fatterelli che fanno parte del misterioso divenire della creatura umana non avevano destato in lei la minima ripugnanza; le apparivano perfettamente naturali, come il crescere dell'erba, degli alberi, degli animali, che conosceva e amava.

A dieci anni aveva veduto nascere un vitello nelle stalle di suo padre, a Gergovia. Al primo momento aveva avuto un po' di paura, ma era stato un solo momento; poi si era rammentata che sua madre le aveva detto una volta: «Quando nasce un figlio, sia di bestie che di uomini, c'è sempre un certo dolore; ma è un dolore breve e da poco, cui segue una grande gioia, e il dolore, anche se non sembra tanto leggero, si dimentica subito nella grande gioia. Così è perché così dev'essere, perché Iddio è buono». E quando era nata la sua sorellina, morta subito, la madre la chiamò. Era bianca, la faccia appuntita, con profonde ombre scure intorno gli occhi. Ma la bocca sorrideva: «Ildico, tesoro mio» le aveva detto «voglio dirti addio. Ora sei una fanciulla grande, ti ho insegnato molte cose, e farai una buona vita. Ma la tua sorellina è stata richiamata da Dio, che ne farà uno dei suoi angioletti, e nella sua immensa bontà Egli mi ha concesso di andare con lei per averne cura, perché è ancora tanto piccina. Vedi come Iddio è buono». Poi l'aveva baciata e l'aveva mandata fuori dalla stanza, e l'ultima cosa che aveva visto era la faccia di suo padre presso l'uscio. Suo padre fissava la mamma, e aveva gli occhi rossi e gocce di sangue sul labbro, e tremava.

Di lì a poco echeggiarono i lamenti dei servi...

Più tardi il padre venne da lei, se la fece sedere vicino, in profondo silenzio. Gli era vicino, ma tanto lontano che ella non osava toccargli la mano e dirgli ciò che sapeva: che era un egoismo il piangere, perché la mamma e la sorellina potevano entrare in Cielo fin da quel momento. Non era chiaro? com'era possibile che non comprendesse? Ma il padre dove va conoscere tante altre cose: falchi e cavalli, e armi e guerra, e una cosa che si chiamava politica e della quale si parlava soltanto a bassa voce, guardandosi in giro se nessuno ascoltasse. E quella cosa, la politica, l'aveva fatta andare prima a Roma e poi ad Aquileia, al servizio della principessa Onoria. C'entrava, sì, quella politica, quantunque lei non capisse bene il rapporto tra le parole proferite a bassa voce da una dozzina di nobili franchi a Gergovia e il suo trasferimento in Italia per ordine dell'imperatrice.

Il nascere era un breve dolore e poi una grande gioia ma pareva che la principessina non provasse questa gioia. Forse perché non c'era nessuno a dividerla con lei? Ildico si era sempre figurata di vedere il padre ritornare in tempo, per la nascita della sua creatura. Non ne conosceva il nome, ma sapeva che era un gran principe e capo del suo popolo: glielo aveva detto la principessa, una sera che non c'era Iride, ed essa aveva dovuto promettere di non rivelarlo a questa né a nessun altro: doveva rimanere un segreto fra loro due. Era un principe e si erano sposati segretamente; ma il nome non doveva rivelarlo a nessuno, nemmeno a Ildico, sempre a causa di quella cosa misteriosa che si chiamava politica. Forse un giorno avrebbe scoperto che cosa fosse quella cosa per la quale lei era stata mandata da Gergovia in Italia e la principessa da Aquileia a Castel Barioli. Iride, naturalmente, aveva cercato di farla parlare, non apertamente (Iride non faceva mai nulla apertamente) ma per vie traverse. Non essendovi riuscita, aveva riso sprezzantemente ed era uscita col nasino all'insù.

La principessa non poteva soffrire Iride. Al momento del parto l'aveva mandata via. Soltanto quel rabbioso vecchio medico di Timao e due schiave greche poterono rimanere presso di lei. Passato il momento, fece chiamare Ildico, ma non volle vedere Iride.

«Ildico... vorrei vedere il bambino.»

Ildico balzò in piedi, s'inchinò davanti alla maschera di cera che aveva pronunciato le parole e andò in cerca di Timao. Lo trovò nella sua stanza, in compagnia di quell'odioso ometto grassoccio di Lisia, che si muoveva e parlava come una vecchia donna. Era sempre gentilissimo con lei, di una gentilezza melliflua, e certo lei faceva male a non poterlo soffrire, ma non poteva fare altrimenti. Aveva la faccia liscia e oleosa, e le mani lisce e oleose, e non la guardava mai quando le parlava. Il che, fortunatamente, avveniva di rado.

Al suo entrare i due uomini interruppero di colpo la loro conversazione e Lisia domandò: «Che cosa conduce da noi il nostro angioletto?».

Ildico si rivolse a Timao: «La principessa vorrebbe vedere il suo bambino».

«Dunque si è svegliata?» Il vecchio diede un segno di soddisfazione. «Benissimo. Portalo tu alla principessa. Dalle il bambino, Elpis; insegnale come deve tenerlo. Così va bene. E non lasciarlo cadere, Ildico.»

La rozza schiava tracia si mise a ridacchiare, e Ildico uscì senza dire una parola.

«Eppure sarebbe meglio così» mormorò Lisia. Ma la fisonomia del medico non assunse alcuna espressione e l'eunuco si strinse nelle spalle grasse. Era un uomo eccellente, quel medico di corte, un modello di onestà e di lealtà. Nulla da fare con quel vecchio pazzo. Ma la risposta dell'imperatrice alla sua comunicazione urgente poteva arrivare da un momento all'altro, e non restava che aspettare. Forse nel frattempo si sarebbe consigliata diversamente; non già che si fosse espressa chiaramente, no di certo; ma un buon servo deve *sentire* ciò che vuole la padrona. Ed egli aveva sentito – forse si era sbagliato, ma non era probabile – che una disgrazia sarebbe stata la benvenuta, ammesso che fosse una disgrazia, ossia che nessuno potesse sospettare che si trattasse d'altro. L'imperatrice era troppo «buona cristiana» per ammetterlo anche di fronte a se stessa; ma, se fosse avvenuto, l'avrebbe considerato un bel sollievo. Né il fatto di aver affidato il bambino alle cure del vecchio Timao contraddiceva a tale teoria. La personalità del vecchio medico avrebbe costituito la migliore garanzia per l'ipotesi della disgrazia: Timao era una necessità.

Un'ombra di sorriso apparve sulla faccia smagrita di Onoria quando Ildico le pose il piccolo fardello sulle braccia. Ne usciva una testolina giallastra con alcune sottili ciocche di capelli neri.

«Brutto,» mormorò «bruttissimo e potentissimo.» Poi, chiaro e forte: «Viene... dal Tetto del mondo».

Poco dopo si addormentò di nuovo.

Trascorsa una settimana, già Onoria poteva sedere al suo posto prediletto, una graziosa panca di marmo all'ombra di un gruppo di palme sulla terrazza. Pareva si fosse rimessa molto presto; Ildico soltanto sapeva che non tutto procedeva come avrebbe dovuto. Iride chiacchierava senza posa e irritava i nervi della principessa.

«Iride...»

«Principessa?»

«Vorrei che tu scoprissi una cosa per conto mio. È tutta mattina che sono qui a spiare nel golfo, ma da qui non si vede abbastanza, e devo sapere se c'è una nave in vista, probabilmente una bireme. Non potrà approdare ad Ariminum, ma dovrebbe gettar l'ancora non lontano dal porto. Cercala, Iride, tu scopri sempre tutto.»

Iride obbedì con un sorriso congelato: la veste verde chiaro ondeggiava dolcemente alla brezza delle ore pomeridiane, che rinfrescava l'aria.

«Anche oggi devi aiutarmi a spogliarmi, Ildico» disse Onoria. «Non posso sentirmi toccare dalle sue dita.»

«Ma perché?»

«Il perché lo sai benissimo.»

Rimasero silenziose per un po' di tempo; alla fine Ildico trovò il coraggio di domandare: «Come hai fatto a sapere che avevo visto Iride, allora, quando ti svegliasti per la prima volta?».

«Non potevi aver visto altra cosa. Conosco il tuo dolce visetto, agnellino mio. E, ti prego, non credermi ipocrita; ho mentito tante volte, ma non sono ipocrita. Anche con te ho mentito...»

«Con me? Non vale la pena di parlarne...»

«Tu sei una cara sciocca agnellina bianca. Ti ho mentito, perché esistono cose che non devi sapere, almeno per ora...»

Aspettò, ma Ildico non chiese altro. Forse per questo Onoria proseguì: «Non ci siamo mai sposati. In questo ho mentito, ma non voglio che esistano menzogne tra di noi. Non ci siamo sposati perché non ne abbiamo avuto il tempo, e mia madre non avrebbe mai dato il suo consenso. Lui scomparve da un giorno all'altro; non sa nemmeno che aspettavo un suo figlio; forse non lo saprà mai».

«Allora, dov'è?»

«Credo che sia andato a casa sua, tra il suo popolo, fuori dalla cerchia della potenza romana. È una parola superba questa, piccola mia; non molti popoli possono dire lo stesso. Ora voglio confidarti un profondo segreto, una cosa che nessuno sa, all'infuori di lui e di me. Te lo dico, perché tu meriti tutta la mia fiducia. È un principe fra gli unni, sì, il principe Etel. È molto brutto, ma se ho mai visto un uomo di sangue regale, è lui. E lo amo, lo amo.» Si appoggiò indietro, spossata. «Ora lo sai, piccola mia: sai quello che non sa nemmeno l'imperatrice, che nemmeno sospetta. Serba il segreto se ti è cara la vita.»

«Lo serberò, perché è il tuo segreto» rispose Ildico, tutta bianca in viso e con le labbra tremanti.

«Tu mi vuoi bene, agnellino mio. Lo so: non so il perché, ma mi vuoi bene. Non si sa mai il perché... E sai perché odio Iride? Sì, la odio, il solo vederla mi è odioso. Perché *non* ama Siface, non può amarlo; egli non è altro che un bell'animale, un toro nero. Essa è ripugnante.»

Nel cervello di Ildico i pensieri si rincorrevano, ballavano, si scontravano. Onoria era sollevata da un'immensa ondata, precipitata in un abisso, risollevata. La mamma le aveva detto essere il matrimonio una cosa sacra, un sacramento di Dio e i figli la benedizione del Signore; ma Onoria non aveva sposato il suo principe; come dunque poteva avere un figlio? Eppure lo aveva: era quella la benedizione del Signore? Amore – ecco la grande differenza, lo comprendeva, sì... ma era come Onoria lo intendeva? E tuttavia la differenza esisteva, una differenza tremenda, e lei poteva continuare a voler bene a Onoria e non poteva soffrire Iride. Era troppo: non capiva più; sentiva che Iride rendeva ridicola Onoria, col suo essere Iride...

E il principe, quel povero principe, che aveva dovuto rifugiarsi presso il suo popolo e non sapeva nemmeno di avere un figlio...

«Ritornerà» disse all'improvviso. «Ritornerà un giorno, col suo esercito, per venirti a prendere, e vi sposerete e il bambino sarà la vostra benedizione.»

Onoria la fissò, sorpresa, poi si mise a ridere.

«Bello, magnifico, una stupenda fiaba! Povero tesoruccio, non esiste potenza sulla terra che possa opporsi all'impero romano.»

«Ma tu stessa hai detto che il suo popolo...»

«Sì, vive all'infuori della cerchia romana. Ma non vuol dire che possa arrischiarsi a entrarvi. No, Ildico, non sei profetessa. Gli unni sono liberi, è vero, ma soltanto perché sono poveri. Sono tribù selvagge che vivono sulle rive del Danubio, i migliori cavalieri del mondo, ma...»

S'interruppe. Un piccolo gruppo d'uomini le veniva incontro, e dietro a essi veniva Iride.

«Come? Tutti i miei alti potentati riuniti: Lisia, Timao, Siface? Ci sono dunque novità...»

«Devoti ossequi, principessa» incominciò l'eunuco col suo sorriso sempre pronto. «Ti farà piacere di apprendere che il tuo soggiorno a Castel Barioli è alla fine. So che qui non ti sei sentita felice, per quanto noi ci siamo dati premura di alleviare le tue... pene. La bireme "Attica" al comando del navarca Rufino è giunta ad Ariminum. È desiderio di Sua Maestà la graziosa imperatrice che tu salga subito a bordo con le tue dame.»

«Andiamo a Costantinopoli?» chiese Onoria, con sorpresa di Iride e di Ildico, alle quali non aveva mai parlato di quel progetto.

«Sì, principessa.»

«Ma... il viaggio è molto lungo per il mio bambino. Non ha che una settimana, e...»

«Forse è per questo» interruppe Lisia tutto dolce «che il bambino non ha il permesso di partire.»

«Come?» Onoria balzò su. Ildico le fu subito al fianco, per sostenerla. «Timao, tu sei un uomo, comprenderai. È impossibile che mia madre esiga che io abbandoni la mia creatura. Non me ne ha mai fatto cenno. Di' che non è vero, di' che è soltanto la bassezza personale di questo miserabile, né uomo né donna...»

Il volto di Lisia era privo di espressione. Il vecchio medico si raschiò la gola. «A me è stata affidata unicamente la sorveglianza medica del bambino. Sua Maestà l'imperatrice decide di ogni altra cosa.»

«Lasciate che il mio bambino venga con me!» Era un grido, più che una preghiera. Ildico tremava dall'agitazione. Qualcosa in lei comprendeva ciò che il suo cervello non aveva potuto concepire. Iride proruppe in un pianto isterico.

«È impossibile, principessa» disse bruscamente Timao.

Onoria si rizzò, con gli occhi fiammeggianti. «Mi chiamano Augusta, ma mi portano via il bambino, come a una schiava. Ascolta, Timao, e tu, Lisia, e tu, cane nero: un giorno comanderò io, e quel giorno sarete impiccati tutti quanti!»

Lisia ridacchiava nervosamente, come una vecchia alla cui presenza si sia fatto uno scherzo osceno; la faccia scura di Siface divenne color grigio sporco. Ma Timao disse semplicemente e con dignità benevola: «Quando l'Augusta salirà al governo, sarà lieta di avere per servitori uomini che eseguiscano i suoi ordini anche soffrendone».

Onoria lasciò cadere le braccia, mormorando: «Voglio vederlo, voglio dire addio al mio bambino».

«Il bambino si trova già sulla via di Aquileia» rispose Timao, non senza imbarazzo. «Ordine dell'imperatrice» aggiunse, stringendosi nelle spalle.

Onoria emise un gemito; ma non svenne, anzi si sciolse dal braccio di Ildico. «L'imperatrice ha dei servi molto zelanti» disse con voce atona. «Desidero salire subito a bordo. Timao, mostrami la strada.»

Il vecchio s'inchinò profondamente e obbedì. Seguendolo, Onoria sussurrò a Ildico: «Oh, se tu avessi ragione, se avessi ragione...».

«Che intendi dire, cara principessa?»

«Se venisse... con un esercito...»

«Questa ragazza appartiene a me» disse il kan Etel.

I due unni che la trascinavano la lasciarono immediatamente, sia pure malvolentieri, ed ella si mise a strofinarsi i polsi indolenziti e a riordinare alla meglio le vesti, il che non le impedì di gettare, di sotto le lunghe ciglia, un rapido sguardo esplorativo al suo conquistatore. Aveva le orecchie sanguinanti – le avevano strappato gli orecchini d'oro; tuttavia riuscì a sorridere, mentre Vendrul, il capo dei sorasgi, faceva sforzi disperati per liberarsi dai quattro unni che lo tenevano stretto. Era robustissimo, e stava per riuscirci, ma uno degli unni gli fece un abile sgambetto; egli incespicò e cadde, e quelli gli posero i piedi sulle braccia e sulle gambe, e gli avvicinarono al collo le spade.

Egli mandò un lungo sospiro, che era un singhiozzo, e si afflosciò. Melissa, una giovinetta greca di Nassa, era il suo tesoro più prezioso; l'aveva comperata ad altissimo prezzo, e quella doveva essere la notte gioiosa. Invece erano divampati fuochi ovunque, e un momento dopo egli, insieme con un pugno dei suoi uomini, era stato accerchiato da uno sciame di unni che pareva venissero da ogni parte e da nessun luogo. Non aveva avuto il tempo di organizzare una regolare resistenza; il nemico era in ogni dove, e un colpo di clava sul capo lo aveva stordito: ritornato in sé, si era trovato prigioniero.

Etel l'osservò tranquillamente, poi si volse alla ragazza: «Come ti chiami?».

«Melissa.»

«A chi appartieni?»

Ella fece un timido, incerto movimento del capo verso Vendrul, Etel fece schioccare le dita per chiamare quattro guardie, e proseguì: «Nessuno appartiene a un morto... Zigur, voglio che si provveda a questa ragazza; falle dare un cavallo. È la mia parte di bottino».

Vendrul era già morto, la testa quasi spiccata dal busto. La ragazza fu condotta via, piangente di spavento.

«Kilchal!»

«Il kan comanda?»

«Cinquecento uomini di là, verso le due collinette. Ci mettono troppo a sbrigarsi.»

Era l'unico posto dove il nemico resisteva ancora. Ma Kilchal trovò che i cinquecento da lui scelti non volevano lasciare la preda conquistata e mormoravano.

Etel accorse, con in mano la spada nuda.

«Che aspettate?»

Kilchal incominciò a dargli spiegazioni, ma non riuscì a

parlare a lungo: la spada di Etel lampeggiò, e l'uomo cadde, gravemente ferito.

«Un comandante che non sa farsi obbedire non è un comandante. Voi tutti, seguitemi.»

Lo seguirono, impauriti, ammirati.

Pochi minuti dopo fu infranta l'ultima resistenza, e altri duecento sorasgi furono fatti prigionieri: un mucchietto di uomini dallo sguardo feroce, dai capelli lunghi, seminudi, sudici, quasi tutti feriti.

Zigur attraversava di galoppo il campo di battaglia; Etel gli fece cenno di avvicinarsi. «I prigionieri sono stati contati?»

«Sì, grande kan: sono quattordicimila, metà di essi feriti.»

Etel annuì. «Vedi, per questo ho dato ordine a Pilzal di incominciare subito a contarli, mentre ancora durava la battaglia; altrimenti ci sarebbe voluto un giorno intero, e io non voglio aspettare più oltre. Sono arrivato qua più presto di quanto si aspettassero, e così dev'essere al ritorno in patria. Dove sono gli inviati delle tribù orientali?»

«Ti attendono all'ingresso del campo.»

«Dà ordine di circondare i prigionieri. Nell'interno del circolo stiano gli arcieri. E fa venire gli inviati: voglio mostrar loro una cosa.»

Zigur, raggiante d'entusiasmo, levò la spada in atto di saluto, diede di volta al cavallo e galoppò via.

«Banzuk!»

«Il kan comanda?»

«Questi prigionieri vanno uniti agli altri. Manda un messo a Giandrulk: entro mezzogiorno tutto il bestiame dev'essere trasportabile. Se non ha uomini in numero sufficiente, ne chieda degli altri.»

Banzuk corse via. Già apparivano le prime file dei prigionieri, scortati da unni a cavallo.

Melissa... aveva la graziosa snellezza e quel modo incantevole di sollevare il mento, che gli ricordavano... Doveva dargli un figlio... Pensava a Ellac, che aveva tanto pregato di poter andare contro i sorasgi, finché lo aveva cacciato dalla tenda a scapaccioni. La prossima volta! Prima doveva imparare a obbedire. Ma la buona volontà c'era, ed era robusto, il piccolino. Anche il figlio di Kru era di buona razza. Lo aveva chiamato Genghis, dal nome di un grande eroe dell'antichità, quando gli unni si chiamavano ancora hiungnu e si battevano contro i catai. Ellac e Genghis non avevano fatto cattiva riuscita, ma Melissa doveva dargli un figlio. Aveva braccia fra le quali uno poteva sognare, sognare di... O, che diceva quell'uomo? Era latino, qualcuno parlava latino...

Uno dei prigionieri, un ometto che l'unno che gli stava di fianco spingeva con l'asta. Che diceva?

«Battimi pure, perché non sono un cavallo. Non sai nemmeno che cosa sia un essere umano, tu, ronzino a due gambe!»

Etel nascose un sorriso; senza volgere il capo, domandò del pari in latino: «Che cosa ti fa credere di essere un uomo?».

Il prigioniero gli gettò uno sguardo scrutatore, poi s'inchinò con tutta la grazia che gli era concessa dalle corregge di pelle ai polsi, dicendo in tono umile, ma con occhi allegri: «La coscienza delle mie capacità, nobile signore. Conosco sei lingue; so leggere e parlare unno, greco, latino, goto, franco e perfino persiano. E farò di tutto per dimenticarne una settima: il sorasgico, ammesso che si possa chiamarla lingua. Ho il presentimento che in avvenire non si userà molto».

«Hai ragione, essere umano» disse Etel. Vide con la coda dell'occhio un volto dalle labbra sottili, dal naso lungo, un volto che raggiava intelligenza. «Come ti chiami e donde vieni?»

«Mi chiamo Onegesio, potente signore, e sono nato ad

Atene, dove gli esseri umani sono piuttosto frequenti, tanto che se ne può incontrare quasi tutti i giorni. Ero segretario privato di un greco di nobile prosapia e di scarsa intelligenza: questi due fatti l'hanno condotto alla sua morte prematura.»

«Come mai?»

«La nobile prosapia indusse l'imperatore della Roma d'Occidente a metterlo a capo di una delegazione inviata ai sorasgi; la sua scarsa intelligenza lo indusse ad accettare. I sorasgi lo arrestarono, pretendendo duecento libbre d'oro per il riscatto. L'oro arrivò, ma, purtroppo, in ritardo. Nemmeno duecento libbre d'oro hanno il potere di riattaccare la testa a un corpo.»

Il kan si divertiva. «Sicché anche la tua intelligenza dev'essere scarsa, visto che l'hai accompagnato.»

«Logica degna di Aristotele» esclamò Onegesio. «Ma la mia situazione di segretario privato mi assicura le attenuanti. Se avessi rifiutato di seguire il mio padrone, sarei morto subito, senza complimenti. Così gli sopravvivrò giusto quel tanto che piacerà al mio nuovo signore.» S'inchinò un'altra volta, con tutta la grazia possibile.

«Come hai fatto a sopravvivere al tuo vecchio padrone?» s'informò Etel, sempre più divertito dall'improntitudine di quell'individuo.

Onegesio alzò leggermente le spalle. «Perfino una gente priva di ogni saggezza, come i sorasgi, comprese che potevo servire a qualche cosa, illustre signore. Mi incaricarono di sorvegliare il loro bestiame, il che prova che avevano comprensione per i miei meriti, poiché il bestiame dei sorasgi è di razza molto migliore dei sorasgi stessi, del che non c'è da meravigliarsi: a quanto ho appreso, la maggior parte è stata rubata agli unni.»

L'inaudita frase lusingatrice fece scoppiare Etel in una risata.

«Dimmi, o segretario privato del bestiame sorasgico, qual era la missione del tuo antico padrone?»

Onegesio esitò, guardandosi attorno. «Alta politica, grande signore» mormorò. «Forse un altro luogo sarebbe più...»

«Parla greco» disse Etel in quella lingua. Si compiaceva tanto del senso diplomatico di quell'individuo quanto dell'occasione a lui offerta di far pompa di ciò che aveva imparato a Ravenna e ad Aquileia, dove si parlava più greco che latino.

Onegesio lo guardò, entusiasmato. «L'Ellade sa apprezzare tanto onore! Chi si sarebbe aspettato di sentire la lingua di Platone dalle labbra di un sovrano unno? Ma che dico? Non è forse l'inaspettato una delle doti più alte del popolo unno? L'imperatore della Roma d'Oriente lo sa benissimo, e i sorasgi l'hanno imparato ora.»

«La missione!» insisté Etel.

«Appunto ora volevo parlarne, o maestro di sorprese. Sì, la missione è intimamente connessa al principio della sorpresa. L'imperatore tentava di persuadere i sorasgi a opporsi con ogni loro potere a qualunque ulteriore tentativo di tribù unne per unirsi coi loro camerati nel bacino del Danubio. Temo che abbia sopravvalutato la loro comprensione per i problemi di alta politica: essi hanno scelto la via più spiccia per entrare in possesso dell'oro dell'imperatore, arrestando il suo inviato e chiedendo il prezzo del riscatto.»

Etel chiuse per un istante gli occhi, a nasconderne l'espressione. La notizia era di alta importanza. «La... la proposta dell'imperatore era scritta?»

«Sì, sire. Ma, purtroppo, il capo dei sorasgi non sapeva leggere.»

«Sta bene» disse il kan. «Da questo momento sei il *mio* segretario privato. Slegagli le mani, tu» ordinò in lingua unna.

«O più grande di tutti i potenti,» esclamò Onegesio, stropicciandosi i polsi «per tutti gli dèi dell'Olimpo, ti servirò come nessuno mai ti ha servito.»

«Restami al fianco. E per quante cose tu abbia imparato, ne imparerai ancora delle altre, prima che sia passato un giorno.»

Onegesio vide la colonna dei prigionieri, della quale aveva fatto parte fino a un momento prima, scomparire in un vero oceano umano. «Destino, fato, caso, o il grembo degli dèi, se esistono» andava pensando. «Sarebbe un piacere pensare che esistano, ché, in tal caso, sarei il loro beniamino. Benché ci siano dei pericoli anche in ciò: talvolta gli dèi chiamano a sé i loro preferiti in tenera età! Segretario di un capo unno: meglio che guardiano di bestiame, e, se non mi sbaglio, molto meglio che far parte di quel bestiame umano laggiù...»

La pianura paludosa brulicava di gente. La maggior parte dei prigionieri sorasgi era già stretta in una massa compatta, circondata da un'ampia cerchia di unni: solo qua e là affluivano ancora piccoli gruppi. Il kan vide con soddisfazione che Pilzal aveva separato i capi dal resto dei prigionieri: Pilzal non era uno sciocco. Ed ecco Zigur con gli inviati delle otto tribù orientali, tutte persone di alto rango.

Diede ordine di macellare un cavallo. Grossi pezzi di carne ancora fumante furono accatastati sopra un piatto d'argento, trovato nella tenda del capo dei sorasgi. Gli inviati mangiarono emettendo i primitivi suoni di soddisfazione prescritti dal rituale. Ma stentavano a nascondere la sorpresa. Una settimana prima avevano ricevuto il messaggio di Etel, che li invitava a un'adunanza «nell'ex campo dei sorasgi», per discutere di cose di alta importanza per tutti gli uomini di sangue unno. Non senza logica avevano dedotto che il kan Etel avesse già battuto o addirittura annientato i sorasgi, impresa non da poco, come ben sapevano. Dunque Etel era diventato un vicino del quale si doveva tener conto: e adesso, al loro arrivo, trovavano che la battaglia era appena terminata, sicché, quando avevano ricevuto l'invito di Etel, non poteva essere neppure incominciata.

Uno di essi, Cercerl degli ulziagiri, osò un'osservazione in proposito. Etel fece un risolino.

«Allorché spedii i miei messi ero risoluto ad annientare i sorasgi: dunque erano annientati. Ma mi premeva che i miei amici assistessero alla festa, sicché, tornando a casa, potessero raccontare di averla vista coi propri occhi.»

"Ben pensata," si disse Onegesio che si teneva dietro al suo nuovo padrone. Qualcuno gli aveva dato un mantello nuovo e le insegne del suo grado: pergamene, inchiostro e parecchie canne appuntite all'estremità. "Ben pensata, ma una tremenda impudenza. E, come tutte le grandi impudenze, di grandissimo effetto!"

«I sorasgi» proseguì il kan Etel «erano nemici vostri, come erano nemici miei. Qui sono tutti i loro capi, meno Vendrul, che è già morto. Portateli ai vostri kan, quale dono del kan Etel, figlio di Munzuco. Sono cinquantatré! Cento uomini dei miei vi accompagneranno sulla via del ritorno, quale scorta ai prigionieri. Consegno loro anche la testa di Vendrul. Zigur, riferisci l'ordine! E ora vedrete ciò che avviene di una tribù che tenta di trattenere l'avanzata degli unni. Pilzal! Fra un'ora vieni ad avvertirmi che non vi sono più sorasgi.»

La larga faccia gialla di Pilzal portava i segni di un rispetto quasi religioso. Alzò la spada in segno di saluto e uscì.

"Vomiterò" pensava Onegesio. "Oh, dèi, vomiterò certamente, e lui farà ammazzare anche me. O cari dèi, fate che non rigetti..."

In capo a pochi minuti la prima salve di frecce sibilò nella massa dei prigionieri ammassati – uomini, donne, bambini – e il primo, spaventoso urlo di mille voci salì al cielo.

L'ora non era ancora trascorsa, quando Pilzal ritornò, annunciando, col tono di chi ha visto avverarsi il più grande sogno della sua vita: «Il comando del kan è stato eseguito. Salute al kan!».

Il grido raccapricciante si era trasformato in un gemito rado.

«Sta bene» disse Etel. «Ora mangeremo e poi parleremo delle cose a venire. Ah, Onegesio, non ti avevo detto che avresti imparato dell'altro prima che fosse passato un giorno?»

«Sì, l'avevi detto, o signore della vita e della morte» balbettò l'ateniese.

«Questo non è stato che il principio. Ho risparmiato te, e forse ho fatto bene. Se sarai un buon servitore, diventerai ricco, oltre tutti i tuoi sogni più audaci. Se no... i sorasgi sono morti di una morte facile. Non altrettanto facile è la morte del servo infedele.»

«M-mai un p-principe ha avuto un s-servo più f-fedele di quello che sarò io per te, grande dominatore.»

Etel annuì. «La paura è un gran dio, per molti.» Poi, rivolto agli inviati: «Sapevate che l'imperatore d'Oriente vi teme? Voleva concludere una alleanza coi sorasgi contro di voi. Deve andar male all'Impero d'Oriente, se ha bisogno dell'aiuto di defunti ladri di bestiame!».

Gli inviati ghignarono come lupi. Due ore dopo l'alleanza d'armi era firmata.

II

Il giorno 29 settembre dell'anno 440 la basilica di San Pietro era piena fino all'ultimo cantuccio, nonostante la sua lunghezza di trecentonovantacinque piedi e la larghezza di duecentododici.

Perfino sulla piazza prospiciente la chiesa, sulla via Cornelia, si accalcavano migliaia di fedeli, e la folla, che occupava i cinque gradini e l'ampia terrazza sovrastante, impediva quasi il passaggio della processione.

La processione aveva fatto un lungo giro: partita dal palazzo Laterano, era passata davanti alla famosa basilica di San Giovanni, alla chiesa dei Santi Quattro Coronati, alla basilica di San Clemente, il terzo successore dell'apostolo Pietro, ed era giunta al Colosseo, dove aveva fatto una breve sosta, e tutti avevano chinato la testa e pregato in onore dei martiri morti in quell'immenso terribile circo. Poi, attraversando gli archi di Costantino e di Tito, era passata dal Foro romano alla via Flaminia, sempre fiancheggiata da due ali di popolo giubilante e osannante, e alla fine aveva piegato a sinistra e passato il Tevere sul gigantesco ponte neroniano.

Allora l'uomo solitario in paludamenti ricamati d'oro, che otto giovani robusti chierici portavano su una lettiga dorata, ebbe un sorriso, il primo sorriso! Il ponte neroniano! Chi avrebbe predetto a Nerone che tutte le sue crudeltà, tutti i suoi nefandi delitti contro i seguaci del Crocifisso non avrebbero potuto impedire che il successore dell'apostolo Pietro, sua vittima, venisse portato in trionfo sul suo ponte, ora, nel giorno della sua ordinazione a vescovo di Roma?

Ma ben presto il sorriso scomparve ed egli piegò il capo possente ornato della pesante mitra, e pregò per l'anima dell'uomo che amava e ammirava più di chiunque altro all'infuori del Redentore, e che ora riposava nelle grotte della basilica che portava il suo nome.

Eccola infine, la basilica di San Pietro! La processione entrò e cento voci argentine salutarono l'ingresso del papa, voci di fanciulli, chiare e pure come acqua montana. Tutta l'assemblea luccicante d'oro cadde in ginocchio, per rialzarsi soltanto quando fu passata la lettiga ondeggiante.

Quattro arcate, una selva di snelle colonne. I vescovi d'innumerevoli diocesi, i prelati e i diaconi s'inchinarono profondamente davanti all'uomo che avevano eletto all'unanimità, e, per di più, mentre era assente. Lo aveva chiamato l'imperatrice, perché egli solo poteva appianare la lite fra due dei suoi uomini più potenti, Albino ed Ezio.

In capo a un quarto d'ora la sonora voce profonda del papa risuonò per la prima volta dalla Cattedra, al lato dell'altar maggiore.*

«La mia bocca lodi il Signore, e la mia anima, il mio spirito, la mia carne e le mie labbra benedicano il Suo santo nome. Il non riconoscere le grazie ricevute da Dio è piuttosto segno d'ingratitudine che di modestia. E nulla è più opportuno che assumere l'ufficio di vescovo consacrato con una esaltazione del Signore. Perciò voglio ringraziare il Signore e tornar sempre a ringraziarlo per tutti i benefici che mi ha largito. E io mi unisco a voi, in verace riconoscenza, nel festeggiare la vostra scelta, poiché io, che ho bramato la vostra beatitudine con tutte le ansie del pastore, riconosco quanta

* Il discorso del papa è storico; è il celebre *sermo primus* di Leone I (*NdA*).

stima, amore e fiducia mi testimonia la vostra devozione, poiché, nonostante i miei scarsi meriti nel passato, vi siete pronunciati per me senza esitazione. Ora vi prego, per la misericordia divina, assistete con le vostre preghiere l'uomo della vostra scelta, sicché la grazia di Dio mi sia conservata e la vostra fiducia in me non venga mai meno... sicché io possa ogni giorno pregare, sempre pronto a servire Dio e voi: Padre Nostro che sei nei Cieli, assisti in nome Tuo coloro che mi hai affidato. La mia anima esalti il Signore...»

Terminò con le parole di San Paolo: «... affinché, mercé le vostre buone opere, siate la mia gioia e il mio onore, voi che mi avete dato una così sincera testimonianza della vostra buona volontà in questa vita. Per Cristo, nostro Signore».

Le voci argentee si elevarono un'altra volta, le spire dell'incenso salivano su per le snelle colonne.

Due ore più tardi il papa si trovava di nuovo nel suo studio, nel palazzo del Laterano, a oriente della città. Un secolo prima l'imperatore Costantino aveva assegnato l'edificio alla Santa Sede. Attigua era la Basilica Costantiniana, la vera cattedrale dell'urbe, ma il papa sentiva che una chiesa soltanto poteva accogliere la cerimonia odierna; egli bramava di essere vicino a Pietro, perché sempre aveva amato quell'uomo semplice, impulsivo, vecchio e incredibilmente giovane, sempre battagliero, eletto fra gli eletti, colui che per primo aveva riconosciuto la vera dignità di Cristo. «Mi ami più di loro?» Basterebbe questa semplice domanda e l'umile risposta affermativa come prova che Pietro era destinato a cose più alte di tutti gli altri apostoli. Che cosa infatti poteva valere davanti a Dio, che è amore, più che l'«amore»? E Pietro lo aveva amato più degli altri. Quasi tutti gli altri erano morti per il Signore, ma il solo Pietro era morto sulla croce come lui; con la differenza che aveva pregato i suoi carnefici di crocifiggerlo con la testa all'ingiù, perché non si sentiva degno di morire come il Signore. «Mi ami più di loro?» Lo aveva dimostrato.

La pietra! Cefa! Petros! L'incrollabile – ecco ciò che più attraeva il papa. E l'aveva attirato già quando, bambino, aveva letto per la prima volta quelle parole, nella casa di suo padre, a Volterra. Lì era sicurezza, ampia, dura come la roccia; era qualche cosa di cui ci si poteva fidare.

Quante volte ci aveva pensato, quando studiava filosofia, e aveva conosciuto un mondo dove nulla, nulla affatto era saldo e sicuro, dove un abile argomento vinceva l'altro, finché in bocca non restava che un sapore arido, un sapore di polvere.

E in seguito, quando era stato ordinato prete ed era uscito nel mondo, e aveva imparato a conoscere gli uomini, con le loro astuzie, i loro piccoli tradimenti, la loro vigliaccheria, la loro prontezza a seguire il male, a patteggiare con la colpa, allora si era accorto che l'idea della roccia aveva per lui un potere quasi magico.

Anni prima, quando si era incontrato per la prima volta con l'imperatrice Placidia e questa gli aveva chiesto se Agostino fosse il suo grande modello, aveva esclamato: «No!». La parola gli era uscita di bocca così spontaneamente, che egli stesso ne era rimasto sorpreso, né mai più l'aveva dimenticato. Il vescovo d'Ippona era stato un grandissimo uomo, non c'era dubbio, forse uno dei più savi fra tutti i savi della Chiesa. La notizia della sua morte era giunta in Italia dieci anni prima; era morto all'ora precisa in cui i vandali, sotto il terribile capo Genserico, erano entrati nella sua città, uccidendo, saccheggiando, incendiando, alla guisa dei barbari. Lo spirito di furore insano, di sangue, di stupro era entrato; lo spirito di santità doveva scomparire. Era una morte naturale in tutti i sensi. Ora conosceva tutti gli innumerevoli problemi che il suo spirito gigantesco aveva tentato per decenni di risolvere. Un grand'uomo e un santo; pace all'anima sua!

Ma non un grande modello: modello era e rimaneva Pietro.

Ora finalmente gli avevano tolto di dosso i pesanti paramenti e lo avevano aiutato a indossare le semplici vesti; unici ornamenti l'anello del Pescatore e l'aurea croce pettorale. Adesso poteva mettersi al lavoro.

Che diceva l'arcidiacono? Un istante mistico? Perché mistico? Che istante? L'arcidiacono Cerezio si spiegò, cortese, quasi sottomesso. Il primo istante del suo lavoro quale successore di San Pietro. Il papa non aveva la sensazione che lo spirito di Pietro avesse preso possesso del suo?

"La sensazione?" Il papa gli lanciò uno sguardo quasi divertito.

«Sensazione? Che c'entra la sensazione con la mistica? Evidentemente tu vedi nella tanto discussa questione "vita contemplativa o attiva" un contrasto insolubile. Eppure un cristiano deve sapere che una cosa non può esistere senza l'altra.»

«Temo di essermi espresso male, Santo Padre.»

Ma venne di peggio. «So quel che intendi. Ma tienilo ben presente: tacere e ascoltare è il primo dovere delle creature. Umiltà dinanzi a Dio! Dobbiamo imparare a tacere per poter parlare. Le mere azioni non hanno senso: il riposo non equivale a inazione e sterilità. A chi tace con umiltà Dio donerà ciò che in seguito si potrà donare ad altri mediante l'azione. Dove non c'è pienezza di pensiero non può essere attività sensata. La mera attività esteriore sarebbe la peggior cosa. Ciò vale per ogni fedele e soprattutto per i sacerdoti, non ultimo il papa. Io sono un semplice servo di Dio. Non ho mai avuto visioni; ma l'unico sentimento da cui sono dominato è che devo lavorare molto e che faremo bene a incominciare subito.»

«Sì, Santo Padre» mormorò l'infelice arcidiacono.

Il papa sorrise. «Bene,» disse energicamente «incominciamo subito. Prendi nota, ti prego: il diacono Settimio deve venir da me nel pomeriggio. C'è una quantità di questioni di diritto canonico che richiedono spiegazione. Domattina: il console Mariniano mi presenterà un progetto che mi sta molto a cuore: l'ingresso principale di San Pietro non può restare così com'è, e Mariniano ha un'ottima idea. Terzo: nel secondo armadio a sinistra della biblioteca ci sono i miei appunti sulla setta dei Manichei; è un grosso fascicolo. Devo lavorare su questo argomento dopo il pranzo. Si tratta di una setta pericolosa le cui dottrine vanno diffondendosi in Italia e specialmente a Roma.»

«La maggior parte dei suoi seguaci viene dall'Africa.»

«Lo so. Abbiamo concesso loro asilo in Italia e abbiamo fatto bene, ma essi hanno abusato dell'occasione per diffondere una dottrina che sta in aperto contrasto con gli insegnamenti della Chiesa. Il bene e il male potenze equivalenti! Ciò presuppone l'esistenza di due principi divini, di due divinità: un'altra di quelle credenze pestilenziali che vengono dall'Oriente. Hai preso nota? Sta bene. Prepara lettere per i vescovi dell'impero d'Oriente; le note le trovi nel primo armadio a destra, quello di ebano. La minuta delle lettere per l'imperatore, l'imperatrice madre e la casa imperiale dell'impero d'Oriente le preparerò io stesso. Domani parte una nave: provvedi affinché un corriere sia pronto per prenderle in consegna. Proponi tre persone: sceglierò fra quelle.»

«Sì, Santo Padre.»

«Il corriere dev'essere una persona intelligente, incorruttibile e piena di zelo per la causa di Cristo; deve possedere talento diplomatico ed essere tuttavia uomo di carattere: la scelta non è facile. Gli darò io stesso le istruzioni. La corte di Costantinopoli è un terreno difficile. È deplorevole che l'impero sia diviso; ciò induce certa gente a pensare che anche l'autorità della Chiesa si possa dividere, il che non è ammissibile. La Chiesa dev'essere un tutto, e di conseguenza la concordia deve regnare fra i suoi sacerdoti. Di ciò sono responsabile io: la concordia, l'unità della Chiesa mi sono sempre state molto a cuore.»

"Dunque è vero" pensava l'arcidiacono Cerezio. "Ha sempre pensato che un giorno sarebbe divenuto papa." Al pari di tanti altri, era stato tentato di coltivare pensieri di orgoglio e di ambizione, ma li aveva subito cacciati. Quando un grand'uomo ammette di essere grande non fa che ammettere la verità, e la verità non può mai essere peccato. Del resto, non spettava a lui giudicare. Il confessore del Santo Padre era Comenio, non Cerezio.

«È di grande importanza per quest'unità» proseguiva il papa «che cessino le mene delle varie sette eretiche. I Manichei non sono gli unici: vi sono i priscilliani in Spagna e i pelagiani quasi dappertutto. Devo riordinare la casa del Signore e la riordinerò. Le lettere ai vescovi di Spagna e di Britannia partono fin da stanotte, con la posta di Stato. Prima o poi dovremmo organizzare il nostro servizio postale. Parlane col protonotario imperiale: preliminari, non trattative, ti raccomando. Prendine nota, e nota pure che il *magister utriusque militiae*, il patrizio Ezio, viene domani in udienza. Si trova a Roma, per conferire con l'imperatore... cioè con l'imperatrice madre. Naturalmente, verrà in udienza privata. Nel pomeriggio deve venire il vescovo Eulogio con un rapporto sulla situazione politica generale. Siccome riceverò prima Ezio, avrò occasione di mettere alla prova il giudizio politico del buon vescovo; Ezio è un uomo politico bene informato.»

«Tutto ciò in così poco tempo!» osò osservare l'arcidiacono. Aveva osservato con la coda dell'occhio che il papa aveva continuato a scrivere: una lettera era già terminata e una seconda incominciata.

«C'è dell'altro! Abbiamo qui delle deputazioni di monaci egiziani, gente molto pia, senza dubbio, ma impetuosa e rumorosa. Le loro suppliche riguardano tutti i rapporti tra il monachismo e l'episcopato. Tu studierai a fondo la cosa e mi riferirai alla fine della settimana, venerdì, diciamo.»

«Tante cose, Santo Padre» balbettò l'arcidiacono. «Temo, temo molto che non riuscirò a sbrigar tutto in così poco tempo. E la tua salute, Santo Padre?»

«A quella provvederà il medico, se ce ne sarà bisogno: vale a dire se io gliene offrirò l'occasione» disse il papa allegramente. «Non darti pensiero. Lavora! Colui che dà la volontà, dona anche la forza.» E firmò un'altra lettera: Leo, Pont. Max.

"L'ha già donata" pensò l'arcidiacono, sopraffatto.

«Il punto cruciale si trova da un'altra parte» disse Ezio.

L'imperatrice madre ascoltava, al solito, con attenzione, e l'imperatore, al solito, era molto annoiato. Odiava le conferenze ufficiali quasi quanto sua madre le amava.

Non che ella commettesse qualche errore di forma, questo mai. Non lei, bensì «Sua Maestà, l'imperatore Valentiniano III, signore del mondo occidentale, invitto, Augusto» convocava le conferenze e le presiedeva; ma era lei che ve lo spingeva e che provvedeva affinché si svolgessero secondo i suoi desideri. Erano fondate sulle idee politiche sue, non su quelle del figlio. Lui sedeva sul trono e lei stava modestamente dietro il trono; ma aveva una deplorevole maniera di urtargli il gomito e di suggerirgli le risposte quando queste non venivano abbastanza pronte o erano imbarazzate. Aveva spesso notato come persone importanti osservassero il viso di lei e non il suo, per farsi un'idea dell'effetto dei loro discorsi. E come le piaceva far da padrona, come si credeva abile e intelligente! Forse lo era realmente e gli risparmiava molto tempo ch'egli impiegava in cose che interessavano lui. L'imperatrice, naturalmente, non poteva soffrire la suocera e – naturalmente anche questo – ne aveva la massima ammirazione. E chi non l'ammirava? Era sciocca, ma non abbastanza, per immischiarsi negli affari, quella buona Eudossia; e neanche nei suoi piccoli divertimenti s'immischiava.

Sicché il punto cruciale dell'impero era da un'altra parte? O qua o là c'era sempre qualche temporale.

«Nel corso di questi ultimi anni sono riuscito a ristabilire la tranquillità tanto in Gallia quanto in Spagna, come risulta dalle mie relazioni precedenti.»

«Risultato importante» disse Placidia con calore.

"Ora non può più urtarmi col gomito" pensò l'imperatore. "Lui se ne accorgerebbe. Come gli piace incensarsi! E la madre lo elogia, mattina e sera. Ha perduto ogni senso critico, per lo meno di fronte a lui. E credono davvero di fare la storia, poverini!"

Che ne sapevano delle potenze che formano veramente la storia dell'umanità, di quelle potenze terribili, demoniache, che reggono il mondo? Seroe gli aveva promesso per quella sera un nuovo esperimento magico. Saturno e la Luna erano in posizione favorevole. Gli aveva giurato che non sussisteva alcun pericolo, finché si rimaneva nel cerchio. Forse sarebbe riuscito addirittura a render visibile uno dei demoni, e allora vi sarebbero stati meravigliosi segni premonitori e manifestazioni.

Ezio continuava a chiacchierare di tutti i fatti grandiosi che pretendeva di aver compiuto, pur continuando a segnalare altri punti d'incontro dei venti, sintomi di temporali, pericoli. Questa volta però pareva si trattasse dell'impero d'Oriente. Che gliene importava? Quelli di Costantinopoli facessero il favore di occuparsi dei problemi loro.

«... è stata un'idea pazza da parte del governo dell'impero

d'Oriente di compromettersi, e di farlo per ottenere l'aiuto di un popolo piccolo e insignificante come i sorasgi. Se anche si vuol fare una cosa simile, bisogna farla in forma non ufficiale. Invece hanno mandato un uomo altolocato con una lettera ufficiale, firmata da Crisafio, personalità di una certa influenza...»

Placidia nascose un sorriso. Crisafio era il vero dominatore dell'impero d'Oriente, quantunque esteriormente avesse soltanto le funzioni di «consigliere» dell'imperatore.

«Il documento cadde nelle mani del kan Etel quando questi vinse e annientò la tribù, ed egli ebbe sufficiente comprensione diplomatica per trarne profitto, cosa che gli riuscì tanto più facile in quanto Crisafio si era servito del sigillo imperiale. Il kan Etel seppe convincere prima due, poi non meno di undici tribù unne come l'impero d'Oriente fosse vicino a morte: altrimenti, perché si sarebbe rivolto ad alleati di così poco conto? Ed egli stesso, a capo di quelle tribù, aggredì parecchie province imperiali. Il successo superò le sue più audaci speranze. Le truppe dell'impero furono battute più e più volte, e i ripetuti successi provocarono un cambiamento nella politica, fino allora molto cauta, del Gran Kan Bleda. Soltanto una campagna regolare in grande stile avrebbe potuto ristabilire la situazione, e Costantinopoli non vi era preparata.»

«Il governo di un eunuco non spinge alla guerra, finché è in gioco soltanto l'onore e non l'esistenza del paese» osservò Placidia con disprezzo.

«Sono pienamente del parere di Vostra Maestà,» rispose Ezio «ma temo molto che gli attacchi unni minaccino non soltanto l'onore, ma anche l'esistenza dell'impero.»

«Dell'impero d'Oriente, intendi» disse Valentiniano.

«Ciò che concerne l'impero d'Oriente concerne anche noi, Valentiniano» disse severamente Placidia. «Questa è la legge più elementare in politica.»

«Già, già, naturalmente» fece l'imperatore immusonito.

Ezio continuò, senza curarsi del piccolo battibecco: «Finora il governo d'Occidente è riuscito a scansare gli attacchi unni con armi auree, ossia, in altre parole: pagando tributi tanto al Gran Kan quanto agli altri capi-tribù. Ma le somme pretese dagli unni aumentano di anno in anno e presto verrà il momento in cui non si sarà più in grado di pagarle. Le disgraziate province orientali sono spremute al massimo per soddisfare l'avidità degli unni, e se i tributi non sono pagati puntualmente, costoro attaccano città e villaggi con furia selvaggia, li bruciano o li saccheggiano».

«Tu però ci hai descritto finora gli unni come popolo nomade, gente che vive a cavallo, senza un governo regolare, privo d'importanza politica. Ora sembra invece che li consideri un pericolo reale...»

«Sì, domina Placidia, lo sono davvero. Sono cambiati del tutto, dopo la morte del vecchio kan Rua, che io ho conosciuto da vicino. Uno spirito nuovo domina ora, e credo anche di conoscere la persona dal quale deriva. E tu pure la conosci.»

«Io?»

«Il kan Etel fu per qualche tempo alla tua corte di Aquileia, come ostaggio: io stesso te lo avevo mandato. Un giorno scomparve, e quella fu una giornata nera per l'impero.»

«Il kan Etel...» L'imperatrice rifletteva. «Non riesco a ricordarlo. Abbiamo avuto ad Aquileia centinaia di principi e di capi barbari: anche adesso... E costui avrebbe provocato tali mutamenti, dici? Aspetta: adesso mi viene in mente: fuggì, portando seco numerosi cavalli. Non si capì mai perché all'improvviso non potesse più resistere.»

«Credo di potertelo chiarire, domina. Ricevette la visita di un uomo del suo popolo, che gli portò notizie di casa. Il vecchio Rua stava per morire, se ben ricordo, ed Etel allora si affrettò a correre a casa affinché non lo dimenticassero nella spartizione dell'eredità. Sapevo che quel giovane aveva della stoffa, e fu una delle ragioni che mi indusse a persuadere Rua a mandarlo in Italia. È un gran peccato che lo si sia lasciato scappare: è diventato molto pericoloso.»

Il giovane imperatore perdette la pazienza. «Eri tu, Ezio, che avevi sempre tanta simpatia per i cari unni. Ne hai presi a migliaia al tuo servizio... al servizio di Roma, volevo dire. Anzi, diciamo pure servizio tuo, no?»

Parlava col tono di una donnetta litigiosa, come sempre quando era in collera.

Placidia era leggermente impallidita, ma il vecchio soldato conservò tutta la calma e la freddezza. «Era il meglio che potessi fare, in quelle circostanze» proseguì, con gli occhi rivolti a Placidia. «Più ne entravano al servizio imperiale e minore diventava il pericolo di concentrazione delle forze unne. Conosco gli unni, sono vissuto fra loro: il peggiore errore è stato quello di Crisafio, di aprir loro le porte dell'Oriente. Ora ricevono sempre nuove forze; la Scizia e l'Illiria settentrionale sono piene di unni, e sembra che Etel goda, anche fra le tribù che vanno affluendo, di maggior prestigio che lo stesso Gran Kan. Forse ciò deriva dalla sua vittoria sui soragsi, ma non è la sola ragione. La loro improntitudine aumenta ogni giorno. Un intero esercito unno comparve sei mesi fa improvvisamente in Cilicia, anzi perfino in Cappadocia, nel cuore dell'impero d'Oriente, senza quasi incontrar resistenza. Erano venuti a cavallo attraverso i passi montani del Caucaso, che si consideravano invalicabili anche per la fanteria. E a che scopo? Perché qualcuno aveva raccontato che i cavalli di Cappadocia sono ottimi. Volevano rubare cavalli! E ci sono riusciti perfettamente, oltre a commettere i soliti saccheggi e incendi. Quando finalmente le truppe imperiali furono raccolte in forze sufficienti, essi erano già scomparsi, portando via migliaia di cavalli e metà dei redditi delle due province. Naturalmente a Costantinopoli si cercò di mettere a tacere questi fatti, ma troppi viaggiatori ne parlavano, e troppi bimbi dagli occhi obliqui e dalla pelle gialla erano nati in Cilicia e in Cappadocia.»

Valentiniano proruppe in una risata stridula e Placidia si morse le labbra. Ezio era un vecchio soldato e si doveva compatirlo per certe parole poco auliche. Per fortuna, nessuno assisteva all'udienza.

«Gli unni sono asiatici» proseguì Ezio imperterrito «e gli asiatici avanzano sempre quando credono che l'avversario sia debole. L'impero d'Oriente ha lasciato scorgere la propria debolezza. Ma Crisafio lo sa e cercherà il rimedio.»

«Hai ragione» disse Placidia pensierosa. «E sarà un rimedio crisafiano. Ma quale? Qual è la cosa più vile, più scaltra, più bassa che sia capace d'immaginare?»

«Non mi è possibile entrare nel cervello di un eunuco,» dichiarò Ezio altezzosamente «ma spero di potermi fidare del mio. Qualunque sia il suo disegno, occorre prevenirlo.»

«Guerra agli unni?» chiese Placidia, brusca. Non voleva la guerra, ma, se era necessario, si facesse pure. Si sentì molto sollevata quando Ezio scosse il capo.

«No, domina, per ora no. Prima devo cercarmi alleati. Sarebbe una fatalità se dovessimo batterci contemporaneamente con gli unni al nord e i visigoti a ovest, e Genserico nell'Africa settentrionale non è uomo da lasciarsi sfuggire una buona occasione. Una guerra su due fronti è cosa abbastanza grave: su tre sarebbe un suicidio. Vediamo prima se non possiamo liberarci in altro modo da questo nuovo nemico. Il nostro pericolo sta nell'unità degli unni; non credo però che Bleda, il Gran Kan, e suo fratello Etel si amino svisceratamente. Ho il tuo consenso a tentar di sviare il pericolo guadagnando per noi Bleda?»

«Ma certo, patrizio Ezio» disse Placidia, troppo contenta per accorgersi della collera del figlio. Soltanto quando ne vide il volto acceso d'ira proseguì: «Sono convinta che l'imperatore la pensa come me, non è vero, Valentiniano?».

«Sembra che importi assai poco ciò che penso o non penso» gridò il giovinetto. «Ma, se lo volete sapere penso che abbiamo perduto molto tempo per cose di poca importanza! Gli unni! Alcuni squadroni di cavalleria, senza fanteria, senza idea di tecnica dell'assedio: tutto molto bello per qualche piccola impresa, ma, per tutti i santi, questo qui, in fin dei conti, è l'impero romano, l'impero del mondo! Che possono farci i vostri unni? In tutto il corso della storia non sono stati capaci di fabbricarsi una città. Non posseggono nemmeno una capitale!»

«Vostra Maestà imperiale ha piena ragione» assentì freddamente Ezio. «Gli unni non valgono niente come costruttori di città; per contro, sono veri maestri nel distruggerle. Se posso impedir loro di farlo, seminando discordia invece di intraprendere, in un momento inopportuno, una guerra pericolosissima e costosissima, credo di rendere un buon servigio all'impero.»

«Come ti pare» disse Valentiniano, alzandosi e uscendo dalla sala.

Ezio e Placidia si guardarono in faccia.

«Spero che riuscirai, patrizio Ezio» disse l'imperatrice madre con una gentilezza che tentava di scusare il contegno del figlio. «E se non riuscirai in questo modo, troverai un'altra via di uscita. Anni fa, ad Aquileia, mi dicesti che ci sono soltanto due uomini grandi nel mio... nell'impero. Uno di essi è salito sul trono di San Pietro. Avevi ragione...»

«Non possiamo però sperare che il papa freni l'assalto degli unni» disse sorridendo Ezio.

«No, questo è affare del soldato. Alle volte penso...» Esitò.

«Che pensi, domina?»

«Che tu, Ezio, sia l'ultimo romano.»

«E io so» disse Ezio «che il tuo posto nella storia è accanto a quelli di Semiramide, Cleopatra e Zenobia.»

«Hanno fatto quasi tutte una brutta fine» Placidia sorrise tristemente. «Mi piacerebbe invece che tu potessi paragonarmi all'imperatrice Elena, la santa madre di Costantino, ma temo assai di essere molto lontana dalla santità, e... Valentiniano non è Costantino.»

«L'imperatore è ancora molto giovane.»

«Non ho fortuna coi figli» disse Placidia con voce stanca.

L'ombra di Onoria aleggiava nella sala dal trono imperiale vuoto. Tutti e due pensavano a lei, ma nessuno osava pronunciarne il nome.

"A Costantinopoli ne hanno fatto una specie di monaca" pensava Ezio. "Forse l'imperatrice desidera che io faccia qualche domanda? No, è troppo presto. Verrà la mia ora, forse per opera del kan Bleda, o di Etel, o di Teodorico dei visigoti o di Genserico. Ognuna di queste tigri può fornire la prova che sono indispensabile."

"Che cosa sa?" si chiedeva Placidia. Quella storia dei figli di unni in Cilicia poteva essere un'allusione? Impossibile! Le guardie «interrogate severamente» erano scomparse. Nemmeno Valentiniano conosceva il nome dell'uomo, né lo conoscevano Lisia o Timao. Il segreto era ben custodito; certo, erano corse voci, ma si erano subito fatte tacere: era bastato alludere, in tutta segretezza, che l'Augusta Onoria aveva dato prova di troppo grande ambizione politica. A un motivo decoroso, come profonda religiosità, non avrebbero mai creduto: ma a una cattiveria, un vizio, una debolezza credevano subito. E le «persone adatte» avevano sparso la voce che si voleva diffondere, sicché tutti ormai credevano all'ambizione politica di Onoria.

Placidia le scriveva regolarmente una volta al mese, e Onoria rispondeva altrettanto regolarmente. Eran lettere molto gentili, assolutamente senz'anima, tanto le sue che quelle di Onoria: in verità, le due donne non avevano nulla da dirsi.

Valentiniano non scriveva mai. Aveva sempre odiato la sorella. Del resto, amava una persona sola: Valentiniano. Povera Eudossia! Inutile mandare in esilio Seroe e i suoi amici maghi; persone di questa specie si raccoglievano sempre intorno all'imperatore, attratti come le mosche dal miele. Maghi, indovini, commercianti di droghe e d'erbe orientali, donne di un tipo particolarmente ributtante: questa era l'usata compagnia del sovrano del mondo occidentale. No, davvero, Placidia non aveva fortuna coi figliuoli.

Ezio avevo ragione: egli e il papa erano i due soli veri uomini in tutto l'impero. L'aveva spaventata più che non volesse ammettere coi suoi racconti dell'attacco degli unni all'impero d'Occidente, e più di tutto con l'idea di una guerra su tre fronti: unni, ostrogoti e vandali, l'impero era circuito.

D'un tratto si mise a parlare del papa, in fretta e con nervosità insolita. Era stata a visitarlo: un uomo veramente grande e buono. Poteva certo contribuire molto a mantenere l'impero più strettamente unito. Alla fine, le forze spirituali sono più potenti di tutte le altre. Senza contare che era anche nel suo interesse.

«Gliel'hai detto, domina?»

«Press'a poco.»

Una pausa. Ricordava bene la risposta del papa, ma non c'era scopo di ripeterla a Ezio: «L'eterno non deve assoggettarsi al perituro; il più alto non deve servire l'inferiore; i miei interessi sono unicamente quelli del mio Signore, il quale ha detto: "Pascola le mie pecore". Una cosa però è chiara: quanto più buon cristiano uno si sente di essere, tanto più forte è il suo sentimento del dovere verso Dio e anche verso Cesare. Questo deve bastare!»

«Anch'io sono stato a visitarlo» disse Ezio, quando vide che Placidia non aveva intenzione di continuare. «Non ho mai visto uno che lavori più di lui. I suoi diaconi, suddiaconi e che so io gli si aggiravano intorno come lepri spaventate. Per Ercole e San Pietro! Non vorrei essere nei suoi panni. È già abbastanza difficile salvare la propria anima; figurarsi poi quella di tanti milioni. Se faccio la guerra, devo procurar di vincere l'esercito nemico col mio. Se il nemico è più forte, eviterò la battaglia, se più debole o di forza uguale, cercherò di provocarla, e si verrà a un duello fra il cervello mio e quello del condottiero nemico. Dunque, è un fatto palese. Il papa invece deve tentar di mutare usurai, contadini, mendicanti, eunuchi e ufficiali della guardia di palazzo in tanti piccoli Cristi: e questa non è una lotta palese. Che ne dici, domina? Se a Costantinopoli Crisafio esegue un capolavoro politico particolarmente sporco e il papa scrive in proposito una lettera all'imperatore Teodosio, tutti laggiù gridano alla vergogna dell'intromissione del potere spirituale e invitano il papa a celebrare la messa e a non immischiarsi in faccende che non lo riguardano. Ma se invece noi pensiamo che può esserci utile esercitando una pressione spirituale sui contadini per avere più imposte, quando già ne pagano più di quanto possono, ed egli si limita a celebrare la messa, allora protestiamo gridando e asserendo che non compie il suo dovere verso lo Stato. Chi vorrebbe essere papa?»

«Almeno» osservò Placidia «sa sempre ciò che deve fare. Ha un'autorità superiore a lui, alla quale può affidarsi. Ma io, chi ho?»

Dunque, le imposte erano troppo alte. Polibio non le aveva forse assicurato e giurato che non lo erano? Come fare altrimenti a pagare l'esercito? Già così era abbastanza difficile racimolare quelle somme enormi.

Sapeva che c'era fermento fra i contadini di quasi tutte le province, sapeva che i suoi funzionari erano spesso corruttibili; correva voce che Polibio si facesse costruire una nuova villa presso Napoli. I bagaudi in Gallia e in Spagna erano stati vinti, ma nuove rivolte potevano scoppiare a ogni momento, e quasi ovunque. Un'idea folle si agitava nella testa di certi sempliciotti: che tutta la ricchezza, tutto il possesso dovesse venir distribuito equamente fra gli uomini. Ammesso che fosse possibile, quanto durerebbe? Non vi erano forse avari e prodighi di natura? Costoro volevano forse espellere la natura? Oh, che imbecilli...

«Ezio, dimmi: credi che l'impero abbia da crollare?»

"Diventa vecchia" pensò il soldato. E, ad alta voce: «No, finché tu e io saremo in vita, domina».

III

«Ventisette figli» disse Onegesio pieno di rispetto, deponendo la lista e prendendone un'altra. «Le figlie non le ho ancora contate: due, quattro, sei, otto, dodici, venti, trenta, trentuno. Il suo volto esprimeva aperta ammirazione quando volse il capo verso il kan, che stava rigido, con gli occhi semichiusi, sull'alto seggio.

«Puoi gettar via la lista delle femmine» disse Etel con un piccolo sbadiglio. «Non so che farne, e poi hai già troppe scartoffie. Le femmine non servono a niente, ma non sono nemmeno sicuro che i maschi mi servano a molto.»

«Il principe Irnac è bellissimo, kan.»

«Ha ereditato i lineamenti di sua madre: Melissa era bella, forse lo è ancora. È bella ancora, Onegesio?»

«Non lo so, kan» rispose il greco, non senza apprensione.

«No davvero? Mi dicono che quando la vedi passare, il tuo collo diventa lungo come quello dello struzzo che l'imperatore Teodosio mi ha mandato col tributo dell'anno scorso. È il più grande uccello del mondo, ma non è capace di volare, proprio come l'impero romano... Quanto al tuo collo, caro Onegesio...»

«Il mio collo è lungo o corto come desidera il mio signore» disse in fretta il greco, ed Etel si mise a ridere.

«Ti regalo Melissa. Puoi registrare tu stesso il dono.»

Era un grande onore e Onegesio proruppe in un vero peana di riconoscenza. Il kan non lo ascoltava. Irnac era un bel ragazzo, ma non un dominatore. Ellac cresceva bene, e anche Genghis, ma nessuno dei due era fatto per governare. Era troppo presto per giudicare degli altri, ma le madri... No, nessuno poteva diventare suo erede, nessuno era un vero principe di sangue. Tanto Pilai che Kru venivano da antiche famiglie unne di grado principesco, ma non bastava. Il sangue non viene soltanto dalla famiglia, ma anche dal carattere. Oh, se...

Cacciava Onoria dai propri pensieri: era uno sforzo di volontà diventato quasi abitudine.

«I rapporti segreti, Onegesio.»

«Il Gran Kan ha ricevuto notizia dell'imminente visita di due re germani: Valimiro degli ostrogoti e Ardarico dei gepidi. Sono già in cammino, ognuno con cinquanta persone di seguito.»

Etel fece un sorrisino. «E l'effetto su Bleda?»

«Non sa che cosa vogliono da lui.»

«Naturale. Basta che lo sappia io.»

«Crede però che vogliano un'alleanza armata contro l'impero d'Oriente.»

«Già. E poi?»

«Ha incaricato il kan Gullac di riceverli. Arriveranno domani nel pomeriggio. Questo è tutto quanto ha potuto sapere il mio uomo di fiducia. La gente di Gullac è molto laconica.»

«Anche il silenzio ha un linguaggio. Bleda non vuole l'alleanza, altrimenti non avrebbe incaricato Gullac di ricevere i re in vece sua. Bleda non è molto furbo, ma Gullac è un pazzo, e Bleda lo sa.»

Onegesio sogghignò. Incominciava a capire di che si trattasse. Il suo padrone aveva indotto i due germani a fare una visita al campo unno, perché desiderava che rimanessero delusi da Bleda e Gullac, le cui idee a proposito di una eventuale alleanza con i gepidi e gli ostrogoti egli aveva saputo intuire. Dopo di che avrebbe saputo convincere i germani che lui personalmente era favorevolissimo a tale alleanza, ma che non aveva potuto far valere le proprie idee presso il Gran Kan. Numerosissimi re e capi di tutte le nazioni e tribù lo consideravano già loro amico: possedeva un talento incredibile di rendersi personalmente grato.

«Avanti, Onegesio!»

«Iersera è giunto il tributo semestrale dell'impero d'Occidente.»

«C'era una lettera di Ezio?»

«Non è certo. Il Gran Kan è stato insolitamente cauto.»

Etel borbottò una frase incomprensibile. Sapeva che molte notizie importanti dall'Occidente gli erano tenute nascoste. Già l'anno prima c'erano state liti violente in proposito fra Bleda e lui, a un certo punto si era trattenuto a fatica dal picchiare Bleda, il che avrebbe causato la sua morte immediata. A tutte le sue ragioni, per le quali lui e nessun altro avrebbe dovuto controllare lo scambio di corrispondenze e le trattative con l'Occidente: che lui conosceva l'impero d'Occidente per esperienza personale, che vi aveva passato degli anni, ecc., Bleda rispondeva sempre: «Il Gran Kan sono io». Certo, Etel aveva i suoi agenti in Occidente, ma ciò poco giovava, finché Bleda era in rapporto diretto con Ezio e con l'imperatrice. I due, unica fonte fidata d'informazioni su cose di vera importanza, erano per lui irraggiungibili.

Onegesio continuava a riferire. C'erano novità da ogni parte, fra altro dall'Egitto e dall'Africa settentrionale, dove Genserico incominciava a rafforzare la flotta. Ma il kan non ascoltava più con attenzione; sedeva in silenzio, a occhi chiusi; pareva tagliato nel legno giallo.

Il greco sapeva esser quello un cattivo segno, ma sapeva anche di essere in grazia, e aveva visto morire troppa gente per essere ancora sentimentale. Certo era che Etel pensava alla morte di qualcuno. Di chi, non importava molto, ed era impossibile sapere con esattezza ciò che passava per quella dura testa asiatica.

Etel si alzò. «A cavallo, Onegesio. Zigur!»

Il piccolo aiutante dalle gambe curve era sempre a portata d'orecchio.

«Tre cavalli, Zigur!»

«Chiunque possa aver inventato la natura umana,» pensava Onegesio «una cosa è certa: che l'ha organizzata grandiosamente. Ci si abitua a tutto, perfino al dorso di un cavallo sotto il nostro didietro.»

Pensava alle prime settimane di servizio sotto il nuovo padrone, e ridacchiava. Cavalcare, nient'altro che cavalcare, senza sella, oppure con un arnese più rassomigliante a uno strumento di tortura che a una sella come si deve! Ricordava la prima e unica occasione in cui aveva visto il suo kan ridere veramente di gusto, e la sua gente con lui allorché, alla fine di una cavalcata particolarmente faticosa, mezzo impazzito dai dolori, aveva esclamato: «Pare sia costume degli unni che un segretario privato debba fabbricare col proprio deretano tutta la pergamena che gli occorre!».

«Questa va premiata» aveva detto il kan, quando lo vide un po' rimesso, e gli offrì un pezzo di carne cruda, sulla quale era stato seduto durante tutta la cavalcata, per ammorbidirlo mediante i movimenti del suo corpo principesco.

Per sua fortuna, Onegesio era già abbastanza edotto dei costumi degli unni per sapere che questo era un grande invidiato onore anche per le persone altolocate, sicché trangugiò la carne con tutti i segni del piacere e tutti i rutti prescritti dal buon costume, mentre in segreto pregava, come non aveva mai pregato, di poter superare lo schifo almeno per non dover rendere quel ripugnante onore.

Molto più tardi scoprì che il kan conosceva benissimo i suoi veri sentimenti; era vissuto abbastanza a lungo a Ravenna e ad Aquileia per sapere ciò che le persone civili apprezzano o non apprezzano.

Ma anche ora, dopo tutti quegli anni, non sapeva mai con sicurezza quello che il kan sapeva e ciò che veramente pensava. Molte cose diceva e faceva, del tutto inaspettate, come seguendo un istinto misterioso piuttosto che una riflessione logica: e appunto in quei casi gliene veniva quasi sempre una vittoria o, per lo meno, un vantaggio.

Ma quando Etel si irrigidiva come una maschera o prendeva l'aspetto di una statua di legno giallo, le cose si mettevano male e di solito qualcuno doveva pagare con la vita.

Percorrevano la steppa, il kan, l'inevitabile Zigur e lui, diretti a un boschetto, per il quale Etel aveva una spiccata predilezione. Aveva detto una volta: «Là mi ripulisco dei miei pensieri; è come un bagno; i pensieri sono come il sudiciume nella testa di un uomo».

Onegesio non poteva fare a meno di chiedersi che cosa avrebbe detto Aristotele di una tale definizione del pensiero; aveva però la sensazione che il kan non avrebbe gradito molto la risposta di Aristotele. A modo suo il kan era un grand'uomo, bisognava ammetterlo. Crudele, talvolta fino alla ferocia più folle, irresponsabile, incredibilmente tirannico, ma grande! Aveva un concetto tutto suo di morale e di etica, e chi lo trasgrediva... Onegesio rabbrividiva. Pensava a quel giovane capo che aveva tentato di uccidere il proprio fratello, perché ne desiderava la bella moglie. Il Gran Kan consegnò il colpevole a Etel, per la sentenza lui aveva troppo da fare. Etel lo fece impalare dinanzi alla tenda del fratello. Il disgraziato, con due pollici di legno ben appuntato nel ventre, urlò e gemette tutta la notte, finché il peso stesso del corpo spingendo più addentro il palo, non lo fece morire. Il giorno successivo il Gran Kan domandò notizie della sentenza, ed Etel rispose: «Era giusto che il fratello potesse godere a fondo del castigo e che la moglie imparasse la fedeltà.» E Bleda assentì, contento:

«Il delitto era grave, e la tua sentenza è stata giusta, fratello». Disse ciò sorridendo del suo pallido sorriso enigmatico, forse la sola cosa che i due fratelli avessero in comune.

Che i tre capi degli unni, il Gran Kan, il kan Etel e il kan Gullac si spiassero a vicenda, pareva cosa naturalissima a Onegesio: non per nulla era stato molti anni al servizio di un alto funzionario dell'impero d'Oriente. Un giorno Etel gli domandò quali, secondo lui, fossero le principali attività a Costantinopoli, ed egli rispose senza esitare: «Spiare, denunciare e corrompere». Etel sputò in terra.

«Ciò può accader anche nel paese degli unni, ma non di frequente. Le nostre principali attività sono: cavalcare, combattere e giacere con donne. Pare che a Costantinopoli le abbiano dimenticate da un pezzo. Sono troppo delicati per andare a cavallo, troppo vigliacchi per combattere, troppo degenerati per trovar piacere nelle loro donne: di conseguenza le loro attività principali sono quelle che noi consideriamo accessorie. È chiaro dunque che siamo superiori a loro, come a tutti gli altri.»

Onegesio gli rivolse uno sguardo indagatore. Era molto difficile, talvolta, sapere se il kan parlava sul serio o no. Ma il considerare scherzo una parola seria poteva costare la vita.

Poi seguì l'avvenimento che mutò i suoi rapporti con Etel in modo che mai avrebbe ritenuto possibile. Era allora da circa tre anni al servizio del kan, e le cose gli andavano benino. Aveva i suoi cavalli, la sua tenda, perfino i mobili che un tempo avevano ornato l'appartamento di un signore greco di alta classe, e due schiave, una delle quali veramente carina. Si era abituato a cavalcare e a sopportare i cambiamenti d'umore del padrone; l'unica cosa alla quale non aveva potuto abituarsi, il barbarico vitto degli unni, non costituiva più un problema, da quando aveva scoperto che la meno bella delle sue schiave s'intendeva alquanto di cucina greca. La sua salute era eccellente, la vita all'aria aperta gli aveva giovato.

Allora arrivò la lettera di suo padre...

Con licenza del suo signore aveva tentato, da tempo, di mettersi in comunicazione con suo padre. Ora finalmente era venuta la risposta alle sue numerose lettere: non da Atene, però, bensì da Corinto. Era una lettera disperata, soprattutto se si sapeva leggere fra le righe. Le prime righe erano di commossa gioia per aver ritrovato il figlio creduto morto e per sapere che stava relativamente bene. Ma a casa le cose andavano malissimo. A causa delle inesorabili e sempre crescenti pretese del fisco imperiale, il padre era caduto nei debiti. Se non riusciva a pagare sei libbre d'oro entro la fine del mese veniente, poteva aspettarsi il peggio. Onegesio sapeva bene il significato di queste parole. Prima sarebbero stati sequestrati i beni del padre, poi la sua famiglia. La madre, le due sorelle, il fratellino Scotta cadevano in schiavitù: venduti come cavalli, come mobili!

Sei libbre d'oro! Somma enorme per un piccolo commerciante, ed era evidente che, in realtà, non le doveva. L'esattore l'aveva imbrogliato – capitava spesso – nel caso specifico, per vendicarsi della famiglia, perché Glauca, una delle sorelle, aveva respinto le sue profferte amorose. Il padre non aveva la minima speranza di raccogliere il danaro: ancora poche settimane e la famiglia sarebbe finita in schiavitù.

Onegesio gemeva forte, correndo su e giù per la tenda, gettandosi sul letto, singhiozzando come un bambino. A un tratto gli si affacciò il pensiero che forse il suo padrone lo avrebbe aiutato. Forse? Ma certamente! Senza alcun dubbio! Che sciocchezza non averci pensato subito. Che cos'erano per lui sei libbre d'oro? Una miseria, un niente. E sapeva essere grandemente generoso – lo era. Non vedeva l'ora che il kan fosse di ritorno dalla caccia. Allora però ebbe il buon senso di aspettare che avesse finito di cenare. Poi gli si gettò alle ginocchia, porgendogli la lettera del padre, senza far parola.

Il kan non sapeva leggere molto correntemente, ma leggere sapeva, e lesse. La lettura parve durasse delle ore: alla fine egli lasciò semplicemente cadere la lettera: Onegesio la raccolse e vide sul volto del suo signore un'espressione fredda e beffarda. Forse perché aveva gli occhi ancora arrossati dal gran piangere? Balbettò qualche parola di supplica.

Il kan si strinse nelle spalle. «Non crederai mica che io paghi le imposte dell'imperatore, eh?» Anche questo aveva osato chiedere, supplicare. Il kan si mise a ridere. «Fuori! prima che ti faccia frustare!» Ed era scivolato fuori, come se fosse già frustato.

Due giorni più tardi ricevette l'ordine di contare, pesare e registrare il tributo dell'impero d'Oriente, appena arrivato. La metà andava al Gran Kan, un quarto al kan Gullac, l'ultimo quarto restava in possesso del kan Etel – tremila libbre d'oro...

Lavorò tutta la giornata, fino a tarda notte, con bilance, pesi, pergamene. Gli unni si coricavano presto, dato che si alzavano col sole, e molto prima di mezzanotte tutto fu silenzio nel campo. Ma soltanto in capo ad alcune ore di solitario lavoro, in quel mondo silenzioso, s'accorse delle voci sommesse...

Duemilaquattrocentocinquanta libbre d'oro erano accuratamente pesate e registrate. Toccava al prossimo sacco.

Aveva bisogno di sole sei libbre; sei soltanto, e la sua famiglia era salva. Un altro sacco da cinquanta libbre. Sei – sei era tutto quanto gli abbisognava. Lunga era la via dal Danubio a Corinto. Lo avrebbero inseguito certamente, e se l'avessero preso... Rabbrividì e continuò a pesare. Ma le voci si erano rifatte vive. Pesare e contare... E se prendesse un pochino di qua, un pochino di là? Nessuno se ne accorgerebbe. Mezza libbra da ciascuno dei prossimi dodici sacchi: non se ne avvedrebbero. Poi potrebbe mandare una delle sue schiave a Naisso, e di là... No, impossibile. Prima o poi la ragazza si sarebbe accorta di quello che portava e lo avrebbe rubato... come aveva rubato lui.

Rubato? Non aveva rubato, non ancora.

Ma fra poco. Si ha diritto alla propria vita, si ha il diritto di salvare la propria famiglia. Ma... non col furto, non con l'oro altrui! Taci e lavora. Taci, tu! Duemilacinquecento. Un altro sacco da cinquanta.

Ancora sei libbre, sei miserabili libbre! Il kan non lo saprebbe mai, non se ne avvedrebbe mai, pur di usare un po' d'abilità. Le guardie del campo lo conoscevano. Nessuna difficoltà; bastava dire: «Ordine del kan».

E fuori erano legati due cavalli, buoni cavalli, veloci. Al risveglio del kan sarebbe stato a molte miglia di distanza. Bastava prendere uno solo di quei sacchi per essere ricco tutta la vita. Poteva salvare la famiglia e vivere senza pensieri. Quando se ne prendono sei, se ne possono prendere anche cinquanta, è lo stesso. Progetti e pensieri ronzavano da tutte le parti.

Improvvisamente si drizzò. «Ma non voglio rubare. Non ho mai rubato. Assolutamente non voglio rubare.» Si accorse di aver parlato ad alta voce e si guardò in giro, spaventato a morte.

Ma era solo, solo, in una solitudine senza confini. Gli schiavi dormivano nella loro tenda, ed egli era solo – solo con l'oro, l'oro dell'imperatore, ammassato da ogni parte, spremuto dagli esattori a migliaia e migliaia di poveri diavoli. Forse, misto a quello, c'era anche l'oro di suo padre, un paio di misere monete, che gli avevano strappato. Era tanto facile prenderne sei libbre, e se un giorno fossero mancate... No, non sei, non la somma giusta della quale abbisognava. Che stupido a non averci pensato! Non sei, dieci o dodici. Oppure poteva dire al kan che alcuni sacchi non erano del peso giusto, che avevano tentato di imbrogliarlo. No, nemmeno questo sarebbe servito: non poteva affidare a nessuno le sei libbre; doveva recarsi di persona a Corinto. Non c'era che un'unica possibilità: prendere uno di quei sacchi, sellare un cavallo e galoppar via, il più rapidamente possibile. Cavalcare tutta la notte, e tutto il giorno, e la notte appresso. Un sacco pieno d'oro e la vita d'un ladro: ecco tutto! Un sacco pieno d'oro e una vita da ladro. Duemilacinquecentocinquanta.

Contava e pesava, come in un accesso di febbre: il sudore gli scorreva dal corpo, le mani si erano fatte appiccicose. Duemilaseicento, seicentocinquanta, settecento, settecentocinquanta.

Che pazzia, continuar a contare perdendo un tempo prezioso! Magari era già tardi. No, no, inutile sperare che alla mattina il kan fosse più clemente. Non ritirava mai una decisione.

Ora o mai più! Ora o mai più... Duemilaottocento. Ancora soltanto centocinquanta. Dunque finiamo, quel ch'è fatto è fatto. Ora si faceva in fretta. Duemilaottocentocinquanta, novecento, novecentocinquanta, l'ultimo sacco.

Lo prese e corse fuori dalla tenda, ai suoi cavalli. Doveva prenderli tutti e due: uno per l'oro, l'altro per il ladro.

La notte era chiara e bella e silenziosa; non una voce.

Legò il sacco alla sella di uno dei cavalli, tornò indietro di corsa, a prendere il mantello e la spada, ritornò. Come tutto era silenzio! E il silenzio sarebbe durato almeno sei ore, fino all'alba. Sei ore eran sufficienti. Sei ore, sei libbre d'oro, sei ore...

Il suo corpo fu percorso da una fiamma ardente, divorante. Trasse la spada e la immerse profondamente nel petto del primo cavallo. Il sangue gli spruzzò addosso. Strappò l'arma dalla ferita e la immerse nel collo del secondo cavallo, selvaggiamente, con un'ira spaventosa, gridando: «Qui, qui, piglia, ladro!».

La vista gli si oscurò e non seppe più nulla.

Quando rinvenne, si trovò nel suo letto: accanto a lui sedeva il kan. Richiuse subito gli occhi.

«Non parlare» disse il kan. «Non dir nulla. Stanotte hai combattuto una battaglia e hai vinto. So. Il sacco con le cinquanta libbre d'oro è tuo. Ho mandato la metà a Corinto a tuo padre, con sei dei miei più veloci cavalieri di scorta. Arriveranno molto più presto di quanto saresti arrivato tu. Dell'altra metà fai ciò che vuoi. E in cambio dei due cavalli che hai ammazzato per conservarti onesto, te ne darò venti. Da ora in poi sei libero, libero come un unno nato in libertà, poiché non hai spirito di schiavo. Puoi andar a vivere con la tua famiglia, se vuoi, oppure rimanere con me e servirmi da uomo libero. Non prendere una risoluzione in questo momento; prima guarisci. Zitto, non una parola. Fra tre giorni vieni da me a dirmi che cosa avrai deciso.»

In capo a tre giorni Onegesio si recò dal kan per dirgli che sarebbe rimasto con lui per tutta la vita.

Tutto ciò era cosa passata, ma pareva fosse di ieri: sono cose che non si dimenticano...

Erano giunti al boschetto e il kan saltò giù da cavallo. Onegesio vide che teneva gli occhi chiusi, segno che non voleva essere disturbato.

Anche lui e Zigur smontarono, condussero via le bestie, e sedettero un po' in disparte.

Zigur incominciò a canticchiare una canzonetta monotona, ma smise di lì a poco. «Gli uccelli sanno cantar meglio» disse come a se stesso.

Etel aveva tentato di dormire, ma senza riuscirvi. Era quello il luogo dove si ripuliva dei suoi pensieri, ma ora pareva vivessero di vita propria, s'aggrappassero a lui quasi con piccole tenaglie. Come pidocchi – pensava, con stizza. Bisognava strapparli uno a uno.

Perfino quei germani dovevano notare che Gullac era

pazzo. L'indomani sarebbero ripartiti a mani vuote. Ma poi avrebbero incontrato lui, e non per caso, ed egli avrebbe potuto proporre un'alleanza particolare. Per questa non c'era bisogno né del Gran Kan né di Gullac. Poi un accenno al maggior potere che avrebbe avuto un giorno, forse anche una parolina per far capire che una simile alleanza avrebbe potuto essere molto utile. No, era troppo! Queste cose le facevano i romani, che si affidavano ad altri popoli, che li impegnavano per le loro guerre civili, contro i propri connazionali. Proprio questa era una prova che erano finiti ed era giunta l'ora di un altro popolo. Così terminava, non incominciava, il dominio del mondo.

Senza i germani, però, non era abbastanza forte contro... Contro Bleda. Quale pensiero! Contro Bleda, il primogenito. Budrul aveva predetto che si sarebbe giunti a questo. Maledette le donne! Ma anche il kan Rua, anch'egli l'aveva sentito: era nell'aria, era una sensazione del sonno e della veglia. Era destino? O destino è soltanto ciò che un uomo fa per proprio impulso?

Togliere il diritto del primo colpo al primogenito, o uccidere il primogenito: erano due cose diverse. Che avrebbe fatto il suo popolo? E se non fosse riuscito? Maledetti tutti i pensieri!

Questa volta il bosco non faceva effetto; i pensieri continuavano il loro girotondo, come danzatori ubriachi alla festa della dea dei cavalli.

Uccidere il primogenito era cosa inaudita; ma, finché Bleda viveva, Etel non poteva respirare. Gli si sedeva di notte sul petto, lo schiacciava, lo soffocava.

Qualcuno si avvicinò recando una spada: un pastore. Era pazzo? Gli occhi gli ardevano come quelli del cane idrofobo che l'anno innanzi aveva morsicato undici persone prima che potessero abbatterlo. Perché portava quella spada?

Quando però Zigur balzò su, Etel gli fece cenno di quietarsi. Giunto a tre passi da lui, il pastore si gettò in ginocchio tenendo dinanzi a sé la spada, e buttò fuori ciò che aveva da dire.

Etel fissava la spada: era di ferro, e tanto vecchia che le parti annerite avevano preso una patina verdastra. Come? Era stata sepolta? Sì, nella terra. E una mucca vi era passata sopra, si era ferita a un piede, e Ambazuco seguendo la traccia di sangue aveva scoperto la spada. Proprio lì, in quel bosco. Un'antichissima spada unna, in un luogo dove gli unni si trovavano appena da cinquant'anni.

Sepolta nella terra, trovata da un pastore, portata a un principe...

Ambazuco lo guardava come incantato, con una folle attesa selvaggia negli occhi balenanti.

Etel si alzò lentamente. Conosceva, sì, l'antica leggenda... tutti gli unni la conoscevano. Ma poteva esser *vera*?

Si guardò in giro. Ecco Zigur, anch'egli ritto in piedi, e anche lui con la faccia incantata. Pareva che il bosco trattenesse il respiro. Non c'era un filo di vento, perfino gli uccelli tacevano. Eppure egli sentiva da tutte le parti sussurri e mormorii che gli venivano incontro. Era quella, era quella!...

Aveva il respiro pesante, quasi un rantolo. Ambazuco e Zigur non dovevano dir nulla: doveva essere lui a proferirlo. E disse:

«La spada di Puru!».

La prese dalle mani del pastore. Con un acuto grido di entusiasmo, Zigur e Ambazuco gli si prostrarono dinanzi, toccando la terra con la fronte.

Etel baciò la spada. Soltanto la spada di Puru conduce al trono del mondo – questo aveva voluto dire il kan Rua, ed era morto nel dirlo. La spada di Puru, sepolta nella terra, trovata da un principe. La fronte gli ardeva.

Onegesio aveva veduto e udito. Si trovava da tempo sufficiente presso gli unni per sapere che Puru era il nome del loro Marte o Ares, il dio della guerra. Conosceva anche la leggenda della spada; sapeva, e lo aveva spesso osservato, che Etel tendeva alla superstizione. Evitava, ad esempio, di incominciare una battaglia con la luna piena, dicendo che portava disgrazia. «La luna attira il sangue» soleva dire. Vero è che al chiaro di luna i difensori possono mirar meglio e le perdite sono maggiori. Ed era suo ordine espresso di non porgergli mai nulla con la mano sinistra, perché la destra è la mano «onesta». È un fatto però che la maggior parte delle persone sono destrorse, e usano meglio il pugnale con la mano «onesta». La superstizione di Etel seguiva un sistema.

Ma qui era una storia diversa. Onegesio sapeva troppo bene di che si trattava: rabbrividì, e le mani presero a tremargli. Il Gran Kan! Se il Gran Kan veniva a sapere... Ed era inevitabile che venisse a sapere. Già adesso lo sapevano in quattro: tre di troppo per un segreto. E troppo spesso il Gran Kan aveva visto vincere il fratello minore. Ne parlava come del suo braccio destro, ma l'automutilazione non era cosa insolita presso gli unni, e se il Gran Kan scopriva che il suo «braccio destro» agitava la famosa spada del dio della guerra, poteva facilmente cadere nella tentazione di reciderlo.

Gli unni, poi, avevano la cattiva abitudine di considerare i segretari privati, le concubine, gli aiutanti e gli schiavi quali facenti parte del rispettivo padrone: venivano mozzati anch'essi. La vita però era bella! Alla malora la spada di Puru! Se il kan ne avesse parlato, addio sicurezza del collo suo e, insieme, di quello di Onegesio; se avesse taciuto, se ciò doveva rimanere un segreto, doveva ammazzare il pastore, ammazzare Zigur e ammazzare Onegesio. Che non ci fosse via di scampo? Se una ce n'era, toccava a Onegesio di escogitarla, perché il kan era evidentemente fuori di ogni possibilità di concepire un pensiero. Barcollava come un ubriaco: il segretario non lo aveva mai visto a quel modo.

O perché, perché gli uomini non possono essere ragionevoli? Leggenda è leggenda e vita è vita: ma essi devono mischiare ogni cosa... Quella maledetta spada!

Finalmente il kan si riprese. Ancora per un paio di minuti rimase immerso in profondi pensieri, con la testa possente china sul petto; poi accennò ai compagni di salire a cavallo. Il pastore trotterellò accanto a lui, finché, a un centinaio di passi, gli venne incontro il suo cavallo.

Nessuno parlava, ma negli occhi dei tre unni c'era qualche cosa che fece rabbrividire Onegesio, qualche cosa che gli parve annunciasse omicidio, sangue e trionfo. Istintivamente comprese che ciò non lo riguardava, che non concerneva la sua vita, eppure non si sentì sollevato; sentì invece che poco importava s'egli fosse vivo o no, e questo stesso pensiero lo spaventò.

Persino il paesaggio sembrava trasformato. S'era fatto nebbioso, e la nebbia saliva dal terreno come nuvole di fumo dall'inferno.

"Guarda, guarda che ora divento anche superstizioso" pensava con dispetto. "Non ci mancava che questa!"

Ma quel lugubre senso non voleva dileguarsi e la nebbia si faceva più fitta. Era come se cavalcassero nell'interno di un animale mostruoso, semitrasparente, che andasse lentamente formandosi dal fango originale e crescesse, crescesse, fino ad avvolgere il mondo intero.

Kan Gullac non era proprio contento di far da anfitrione ai due sovrani germanici. Era un compito ingrato quello di respingere un'alleanza. Non già che non avesse gusto a vedere quei due buoi germanici implorare una cosa che non ottenevano: era già un godimento vedere che essi venivano dall'unno, e non l'unno andava da loro. Ma aveva un bel ripetere che eseguiva solo ciò che gli era imposto dal Gran Kan: in fin dei conti, era lui che faceva la figura. Era Gullac a dire «no», chiunque fosse il mandante. Il Gran Kan si compiaceva evidentemente di riversare su di lui tutti i compiti sgradevoli; toccava a lui fare tutto quanto rende uno sgradito agli altri. Il kan Etel se la cavava sempre in questi casi con molta abilità. Era anche vero, però, che Bleda non si fidava di lui, e quei maledetti germani erano potenti.

Ed eccolo lì, il kan Gullac, esile donnoletta, tra i due giganteschi germani, nella sala dei banchetti.

Re Ardarico, il sovrano dei gepidi, era possessore di una barba rossa ben curata, le cui punte aguzze ricadevano sull'ampio petto, tutto coperto di catene. Aveva l'abitudine di accarezzarla mentre rifletteva, ma, quando la stringeva forte, era segno che aveva preso una decisione. Non era affatto stupido, quantunque molto meno intelligente di Valimiro. Il re degli ostrogoti, alquanto più basso di statura e meno grosso del collega, era considerato principe molto saggio e, per essere un germano, molto mite. Al di sotto dei capelli color grigio-ferro aveva la fronte alta e arcuata, gli occhi grigi tranquilli, il naso forte, grossi baffi grigi che nascondevano la bocca dall'espressione buona. Anch'egli portava una corazza fatta di catenelle e una grossa catena d'oro intorno al collo muscoloso.

I due re avevano deposto il mantello, l'elmo, lo scudo e la lancia, conservando soltanto la spada, e i seguiti avevano fatto lo stesso. Gepidi e ostrogoti si rassomigliavano moltissimo in fatto di vestire e di aspetto. C'erano quattro o cinque unni per ogni germano, e i germani, coi loro carnosi rosei corpi giganteschi, spiccavano come torri luminose fra i loro pelosi ospiti giallo-bruni.

Sciami di servitori circondavano le lunghe tavole strette coperte di piatti di carne e di anfore di vino. Gullac aveva provveduto a che molti dei suoi unni biascicassero almeno qualche parola di gotico, in modo che potesse avviarsi una specie di conversazione.

I due sovrani avevano percorso insieme un buon tratto di via, quantunque venissero da direzioni del tutto diverse: i gepidi dall'alto Danubio, gli ostrogoti dai boschi a nordest. S'erano incontrati al confine settentrionale del paese degli unni. Era facile conoscere il confine: oltre a quello non c'erano né città né villaggi, la terra non era coltivata: un deserto d'erba, e qua e là qualche accampamento formato da tende e qualche gregge.

Ardarico e Valimiro si conoscevano da anni. Avevano ambedue le medesime preoccupazioni: spazio troppo ristretto per i loro popoli, che aumentavano rapidamente di numero. Né il problema era facilitato dalle quasi incessanti lotte contro i loro vicini mezzo morti di fame, che stavano ancora più ristretti. Non si poteva continuare in quel modo; occorreva provvedere. Le terre degli unni non avrebbero servito ai gepidi e agli ostrogoti; ma più verso mezzogiorno, nelle province estreme dell'impero romano, c'era tutto quanto occorreva. La gente si era fatta pigra e indifferente, succhiata fino al midollo dagli esattori imperiali. I «logoteti» davano la caccia coi mastini ai disgraziati contadini. Non dovevano essere lieti, questi contadini, di trovare nuovi padroni che avrebbero ridotto le imposte e li avrebbero aiutati a coltivare le loro terre, incredibilmente fertili?

Ma questo voleva dire guerra con Roma: con gli imperi d'Occidente e d'Oriente. E gli ultimi cinquecento anni avevano insegnato che nessun popolo germanico poteva da solo riuscir vincitore. Sul principio si registravano quasi sempre vittorie germaniche, sia per sorpresa, sia per superiorità numerica, sia anche perché qualche governatore di provincia non aveva pagato il soldo alle truppe o aveva messo nelle proprie tasche il denaro destinato agli armamenti. Ma prima o dopo Roma o Bisanzio riusciva a mettere in piedi un esercito contro il quale non era possibile misurarsi. Dai giorni dei cimbri e dei teutoni sino al presente la storia si era sempre ripetuta. Migliore il metodo della penetrazione pacifica. Già quasi tutta la Gallia era diventata un miscuglio di germani e di autoctoni. Ma ci voleva del tempo, e i gepidi e gli ostrogoti non ne avevano da perdere. Ogni anno c'erano più bocche da saziare e ogni anno aumentava la pressione dei briganteschi vicini. Qualcosa si doveva pur fare! Si trattava dunque di trovare alleati, e gli unni erano i più adatti. Tutta la nazione unna constava di cavalieri, mentre i germani erano fanti. Gli unni non avevano alcuna intenzione di coltivare le terre conquistate: pensavano unicamente al saccheggio. E le tribù unne non costituivano un'unità chiusa, tale da renderle veramente pericolose: erano mercenari nati, le migliori truppe ausiliarie.

Per queste ragioni l'idea di re Valimiro di una fratellanza d'armi era geniale quanto semplice: tutto l'oro e l'argento, tutti gli oggetti di lusso agli unni; tutta la terra coltivabile ai germani!

Re Ardarico aveva ascoltato le spiegazioni del suo reale collega accarezzandosi pensosamente la lunga barba rossa, poi ne aveva afferrato strette le punte e si era dichiarato d'accordo. Ma con chi si doveva trattare? C'era, sì, il Gran Kan Bleda, l'unico capo-tribù di quel grado, ma non signore e padrone di tutti gli unni. Prima occorreva forse mettersi d'accordo con lui. Re Valimiro aveva sorriso. «Talvolta il generale in capo è persona più importante della testa coronata.»

«Che intendi?» chiese Ardarico, il quale sapeva benissimo ciò che Valimiro intendeva. L'ostrogoto alzò le spalle possenti. «Chi ha annientato i sorasgi? Chi ha guidato l'audace cavalcata intorno al Mar Nero, verso la Cilicia e la Cappadocia? Chi è l'uomo per il quale gli unni muoiono ridendo? Lo conosci, no?»

«Ti ha scritto?» domandò Ardarico, ammiccando con gli occhi.

«No, non è nelle sue consuetudini. Ma uno dei suoi capi è stato mio ospite. Giaudrulk si chiama, o qualche cosa di simile.»

Ardarico si raschiò la gola. «Il capo che ha mandato da me» disse ingenuamente «aveva almeno un nome pronunciabile: Pilzal!»

I due si sganasciarono dal ridere. Non occorreva più giocare al segreto; era chiaro che i gepidi avrebbero dovuto combattere contro l'Occidente e gli ostrogoti contro l'Oriente, sicché i loro interessi non avrebbero potuto collidere. Kan Etel era l'uomo che ci voleva.

Beninteso, ufficialmente venivano a visitare il Gran Kan. Ma fin dall'arrivo fu loro comunicato che il Gran Kan si era recato alla caccia; sapeva però del loro imminente arrivo e aveva incaricato il kan Gullac di fare le sue veci. La notizia dell'assenza del Gran Kan era apparsa sulle prime un sintomo favorevole; non così quando appresero il nome del sostituto. Nessuno dei due conosceva quel kan Gullac, ma sarebbe stato un grosso errore informarsi apertamente del kan Etel. Meglio star a vedere come si mettevano le cose.

Procedevano malissimo, o, piuttosto, non procedevano affatto. Kan Gullac apparve un ometto prudente, ma piuttosto irascibile. Comprendeva benissimo le preoccupazioni dei gepidi e degli ostrogoti, ma a questa comprensione era frammista una buona porzione di condiscendenza e d'ironia. Se i gepidi e gli ostrogoti avessero saputo vivere con tanta semplicità come gli unni, le cose sarebbero certamente andate meglio. Quanto poi ai cattivi vicini – e qui il piccolo unno fece un sogghigno molto amichevole – si doveva fare in modo di non averne. C'erano mezzi e modi efficacissimi di liberarsi dai vicini, e gli unni li conoscevano. Da quando non avevano più confinanti, erano diventati un popolo pacifico, che non cercava mai querela con alcuno. Quale segno di questo stato d'animo, era lieto di poter invitare i due sovrani a un pranzo, pranzo modesto, come piaceva agli unni.

Re Ardarico aveva tentato più volte d'interrompere questa predica politica, ma re Valimiro gli aveva urtato il gomito, ed egli si era accontentato di un grugnito di malcontento. Quando il kan li ebbe lasciati per ordinare il banchetto, Ardarico ruppe in un torrente d'imprecazioni. Come molti uomini dal pelo rosso, era famoso per bestemmiare. Valimiro lo ascoltò per un pezzo con ammirazione, poi disse: «Se ciascuna tua bestemmia fosse un soldato, potremmo conquistare l'impero romano anche senza gli unni. Ti ho sentito, e ho sentito anche il kan Gullac. Ora aspettiamo di vedere perché il kan Etel ci ha mandato i suoi capi. Non tutto, in questo campo, è come dovrebbe essere: sento un certo odorino...».

Ma, poiché nemmeno il kan Etel partecipava al banchetto, anche re Valimiro si mise di malumore. Non restava altro che mangiare e bere ben bene, e i germani se ne intendevano. Gli unni guardavano stupiti lo sparecchiamento che facevano i loro invitati della carne e del vino, come volessero approvvigionarsi per tutta la vita restante.

L'etichetta esigeva che a ogni brindisi Gullac vuotasse il calice, e, dopo un poco, Ardarico cominciò a godersela obbligando il magro unno a versare entro il suo gracile corpo un calice dopo l'altro. Re Valimiro lo stava a guardare, calmo. Chi sa? Forse il piccolo unno, ubriaco, avrebbe parlato. Molti dei suoi erano già ebbri.

Ma pareva che Gullac non si ubriacasse. La sua pelle di cuoio si faceva un poco più scura, ma egli non faceva che diventare più stizzoso e silenzioso.

Si udì un cupo strepito. Valimiro fu il primo ad accorgersene, ma anche parecchi unni volsero la testa. Ora lo udì anche Ardarico.

«Per la barba di Donar, viene un temporale?»

«È il Gran Kan che ritorna dalla caccia» rispose Gullac. «Per gli uomini comuni è come un temporale.»

I due germani si guardarono in faccia. Quegli unni diventavano molto altezzosi. Valimiro stava cercando una risposta adatta – forse si offriva l'occasione di parlare col Gran Kan in persona – quando vide che tutti gli unni si levavano in piedi come un sol uomo, ridendo e gridando di gioia.

Era entrato un uomo robusto, sulla quarantina, un capo indubbiamente. Corsero a lui, gli strinsero le mani, gli batterono sulle spalle, lo baciarono rumorosamente su ambo le guance.

«È il Gran Kan?» s'informò Ardarico.

Il nuovo venuto vestiva con grande semplicità: portava una tunica rosso-bruna senza maniche e un mantello di lana dello stesso colore. Perfino la spada pendente da una larga cintura di pelle era senza ornamenti: era un oggetto ricurvo di ferro, che pareva vecchissimo.

Prima che Gullac potesse rispondere, l'altro gli era già venuto vicino.

«Salute, kan Gullac» disse, mentre s'inchinava leggermente verso i due germani. «Tu devi essere re Valimiro, e tu re Ardarico.»

«E tu sei il kan Etel, non puoi essere altri» disse Valimiro.

«Hai ragione, fratello» gridò Ardarico. «E tu sei l'unica persona nel paese degli unni, che volendo potrebbe strappare la barba all'imperatore.» Intanto accarezzava la propria.

Etel fece una risata. «Benvenuti, benvenuti. Spero che il kan Gullac abbia provveduto a voi come si conviene ad amici regali e alleati.»

Parlava con voce molto chiara: unni e germani applaudivano urlando. Nessuno, a eccezione di alcuni sottocapi germanici, aveva la minima idea di che si trattasse, ma la parola «alleati» aveva un suono grato di allegre lotte e piaceva a tutti. Si aggiunga che la personalità di Etel aveva come elettrizzato tutto l'ambiente.

Soltanto il kan Gullac non si unì al coro. Aveva bevuto più della sua capacità, ma non era abbastanza ubriaco per non capire che era in gioco la sua autorità e forse anche quella del Gran Kan. Disse, in tono acuto: «I nobili sovrani sono benvenuti; ma di alleanze non si è parlato».

«No?» Etel sembrava innocentemente sorpreso. «Ebbene, allora se ne parlerà.»

Nuova esplosione d'entusiasmo: le voci profonde dei germani si univano a quelle acute degli unni.

«Kan Etel» ammonì Gullac. Il suo volto di cuoio era in fiamme.

«Le tue ossa sono diventate fragili e i tuoi muscoli molli, per farti temere la lotta, Gullac? È dunque vero quanto si va sussurrando nelle tende delle tue donne?»

Risate scroscianti. Il kan Gullac si rizzò. «Cane!» gridò «la pagherai.»

«Fate largo al pidocchio di un cane!» beffò Etel. «Che dirà il Gran Kan apprendendo che il suo luogotenente si è azzuffato con suo fratello nella sua propria sala e dinanzi ai suoi ospiti? Ti bacerà per questo.»

Gullac stette un istante a riflettere, con la mano sulla spada. Era mai possibile che il kan Etel osasse tenere un simile linguaggio verso il rappresentante del Gran Kan? O forse questi aveva cambiato parere? O, forse, aveva commesso un tradimento? Tutte quelle dolci parole sulla necessità di tener sottomesso l'ambizioso fratello minore dovevano forse servire a liberarsi al buon momento di Gullac, sicché i due figli di Munzuco, Bleda e Etel, governassero da soli la tribù? Non era impossibile. Altrimenti, come avrebbe quel cane mostrato tanta sicurezza? Gullac doveva accertarsene! Uscì dalla sala senza una parola.

Si era fatto un gran silenzio. Per quanto ubriachi, gli ospiti si erano accorti che le cose volgevano al serio. Ciò che un momento prima aveva dato occasione a scherzi triviali diventava questione di vita o di morte. Anche gli uomini di Gullac si erano alzati.

«Restate seduti, cari amici» disse freddamente Etel. «Uno di noi ritornerà presto a tenervi compagnia.»

Uscì egli pure: i suoi passi erano l'unico suono percettibile.

Ardarico guardò Valimiro. «Nel frattempo» disse con tutta calma «perché non si potrebbe bere un poco?» E si versò dell'altro vino. «Credi che fuori si batteranno?»

«Credo che in fondo ci sia dell'altro» sussurrò Valimiro. «Te l'ho detto: qui le cose non vanno come dovrebbero.»

«Forse, forse anche no» rispose Ardarico. «Ma il vino non è cattivo.»

Fuori, all'aria, Gullac si fermò: respirava a stento. Il campo era pieno di gruppetti d'uomini che parlavano eccitati. Se fosse stato sobrio, si sarebbe avveduto subito che stava accadendo qualche cosa d'insolito. Mandò un paio di rutti clamorosi e s'incamminò, con passo abbastanza sicuro, verso la tenda del Gran Kan.

Si meravigliò appena del fatto che le sentinelle lo lasciassero passare senza chiedergli la parola d'ordine, come sarebbe stato loro dovere. Ma perfino le sentinelle erano in giro a discutere.

Poi apparvero alcuni aiutanti, che lo condussero dal Gran Kan. Bleda, che aveva passato tutta la giornata alla caccia, stava mutandosi d'abiti.

«Saluto il Gran Kan» disse Gullac con aria minacciosa.

Bleda era di pessimo umore: la caccia era andata male, un cinghiale gli aveva sventrato il cavallo preferito ed egli era caduto, riportando dolorose contusioni al braccio sinistro. Così fu che ritornò al campo prima del previsto, e trovò tutto sottosopra. Gli uomini giravano sussurrando, i gruppi si scioglievano in silenzio appena egli si avvicinava. Aveva spedito un aiutante ad attingere notizie. Ed ecco ora comparire il suo rappresentante: questi doveva essere informato.

«Che accade, kan Gullac? I germani se ne sono andati? Perché quest'inquietudine nel campo? Non posso assentarmi neppure un giorno senza che tutto cada nel disordine?»

«Non so nulla di disordini nel campo» scattò Gullac. «Ma il tuo nobile fratello ha provocato una grande inquietudine. Tu avevi incaricato me, e non lui, di parlare coi germani. Non lo avevi incaricato di immischiarsi nella faccenda e di deridere il tuo pensiero! Devo...»

S'interruppe. Un terribile colpo era piombato su di lui, nel mezzo della schiena, tanto violento che egli vacillò e fu per cadere nelle braccia di Bleda. E quel dolore lancinante, rovente, nel corpo, che cos'era?

Vide un ferro scuro, grondante sangue, uscirgli dal petto, le gambe gli cedettero sotto, gli occhi gli si oscurarono.

Bleda, pallido come la morte, non guardò il morente, ma l'uomo che stava dietro a quello, suo fratello, il quale strappava brutalmente la spada dal corpo di Gullac. E Gullac spirò.

«Salute, mio fratello Bleda» disse Etel, e da questo saluto Bleda capì che era giunta anche la sua ora. «Ho da narrarti cose grandi. Questa è la spada di Puru.»

Le labbra di Bleda ebbero un fremito. «Sei pazzo? Non credi neppure tu a quanto dici...»

«Calma, fratello. Ricordi come morì kan Rua? Le sue ultime parole si riferivano a questa spada. Chi la possiede ottiene il dominio del mondo. Vuoi o non vuoi obbedire alla spada?»

Gli occhi di Bleda mandarono un bagliore minaccioso.

«Dunque hai finalmente trovato la strada del primogenito. Ma colui del quale hai evocato lo spirito ha fatto di me il Gran Kan. Aiuto! A me gente...»

«È Puru che ti uccide, non io» disse Etel, cacciando la spada nel corpo seminudo del fratello.

«Il Gran Kan è morto!»

«Assassinato!»

«Il kan Gullac lo ha ucciso e il kan Etel ha ucciso Gullac.»

«Come lo sai?»

«Me l'ha detto Zigur in persona. È di là coi sottocapi.»

«Io l'ho sentita raccontare altrimenti.»

«Non devi dare ascolto a tutto quello che senti dire, babbeo!»

«Come sai che le cose stanno come dice Zigur? È un uomo di Etel.»

«Sei stanco di vivere, scioccone?»

«Il kan Gullac ha ammazzato il Gran Kan.»

«Il kan Etel ha vendicato il fratello!»

«Ora è lui il Gran Kan.»

«Ha trovato la spada di Puru.»

«Sì, e sai ciò che significa?»

«Lo sapevo prima che tu nascessi, o sterco di cavallo.»

«Tutti al lato nord! Parla il Gran Kan!»

«Che cosa si vede tutto intorno? Cadaveri...»

«Alcuni uomini di Bleda.»

«Chi li ha ammazzati?»

«Non far troppe domande.»

«Ma se Etel fa col fratello...»

«Silenzio! Possiede la spada di Puru e può fare tutto ciò che vuole. Nessuno può resistergli!»

«Tutti al lato nord! Il Gran Kan parla!»

«Zigur!»

«Il Gran Kan comanda?»

«Va a chiamarmi i germani nella sala del banchetto. Tutti!»

«Eccolo!»

«Adesso tu sei nostro padre e nostra madre.»

«Atta... Atta...»

«Sì, tu sei il nostro piccolo padre, noi ti apparteniamo. Piccolo padre, guidaci!»

«Piccolo padre, guidaci!»

«Atta... Atta... padre... padre...»

«Attila... piccolo padre!»

Stormi di cavalieri affluivano da tutte le direzioni dell'immenso campo, per raccogliersi al lato settentrionale. Il sole cadente si specchiava nelle punte delle lance e nelle spade.

«Fate largo al Gran Kan!»

«Dove sono i miei ospiti germanici?»

«Qui. Non è facile passare.»

«Largo per gli ospiti del Gran Kan!»

«Rimanete al mio fianco, amici. Vi ho promesso di parlare oggi stesso della nostra alleanza, e mantengo la promessa.»

Torme di cavalli, di cavalieri, un agitarsi, un ondeggiare immenso, un mare di facce rivolte al piccolo uomo in groppa al suo cavallo.

Il nuovo Gran Kan alzò la mano. Istantaneamente il vocìo di migliaia e migliaia di bocche ammutolì. Il Gran Kan incominciò a parlare.

«Ho udito che mi avete chiamato Attila, e io sono il vostro piccolo padre e voi siete i miei figliuoli. Puru stesso mi ha dato la sua spada... eccola!... e con questa spada vincerò. Vi offrirò il mondo come balocco, figliuoli miei; dal Tetto del mondo alle cantine esso vi appartiene...»

«Che ha detto?»

«Zitto, Ardarico.»

«Sei pallido! Che avviene?»

«Araldi andranno da tutte le tribù del nostro popolo e le convocheranno qui, in questa pianura. Tutti i miei cavalieri devono galoppare fin qui. E quando saranno riuniti, farò conoscere la volontà di Puru e la mia. Poiché Puru e io siamo una persona sola.»

«Atta! Atta! Atta!»

«Valimiro, vecchio amico, che hai?»

«Un cattivo presentimento, Ardarico. Siamo venuti a cercare un alleato...»

«E poi?»

«Temo invece, temo molto, Ardarico... che abbiamo trovato un padrone.»

«Attila! Attila! Attila!»

«È stato un ottimo discorso» disse Onegesio quella sera stessa nella tenda del nuovo Gran Kan. «E anche migliore l'idea di approfittare del loro grido di "piccolo padre". Il nome di Attila si è impresso in essi.»

«S'imprimerà anche in altra gente» disse calmo il Gran Kan. «Ho dato ordine di chiamarmi soltanto così. Il mio disgraziato fratello Bleda aveva bisogno di un titolo altisonante, per la medesima ragione per cui ne hanno bisogno gli imperatori della Roma d'Oriente e d'Occidente il loro nome non suona abbastanza bene. Bleda doveva essere Gran Kan, perché questa era l'unica occasione di essere chiamato grande. Io sono Attila.»

«Ho preso tutte le disposizioni per il funerale» disse Onegesio.

«Già, come ti avevo ordinato.»

"Perché non va a letto?" pensava il greco. "È in piedi

dall'alba. Ha portato a vittorioso termine la più grande congiura del secolo; ha ucciso la maggior parte dei suoi nemici, e il kan Gullac, eccetera, eccetera; ha concluso una alleanza con due nazioni; è diventato signore e padrone di tutti o di quasi tutti gli unni. E, per compir l'opera, si è anche alleato con un dio regolare. Non è abbastanza per una giornata? Perché non va a dormire?"

Ma no: doveva trattenersi lassù, sul suo alto seggio, freddo e tranquillo, come nulla fosse accaduto. E il suo segretario privato doveva continuare a esaminare le carte trovate nella cancelleria del povero Bleda.

"È mezzanotte passata. Ma di che è fatto quest'uomo? E di che crede che sia fatto io? Se ne sta lì, a giocherellare con la sua orribile spada magica... Parlasse almeno! Ma questo silenzio è spaventoso, è come un peso invisibile. Un paio di volte l'ho indotto a parlare, chi sa che non mi riesca anche adesso. Ma se va in collera, che succede di me? Ho paura di lui. Ne ho sempre avuto paura, ma mai tanto. Ne ho paura come fosse uno spettro. Io, però, non credo negli spettri..."

«Lo credono?» risonò la voce dall'alto seggio.

«Credono... che cosa, signore?»

«Che il kan Gullac ha ucciso mio fratello.»

Voce di ghiaccio, affilata come un coltello: non c'era né curiosità, né paura, né preoccupazione, nemmeno tensione: poiché queste sono tutte cose umane.

«Sì, signore. Credono: credo che credano.»

«Perché?»

Era spaventoso. Onegesio fece un atto trepidante, agitando la mano. Ma una volta ancora lo salvò la sua vecchia improntitudine ateniese, che già l'aveva salvato anni prima, il giorno della strage dei sorasgi.

«Ecco, signore, per quanto posso giudicare, ci sono due categorie: gli uni credono perché hanno visto ciò che accadde a quelli che non credevano, come, per esempio, alle guardie del corpo del defunto Gran Kan; gli altri credono perché desiderano di credere.»

Un piccolo riso freddo dall'alto.

«È la base di tutte le credenze: essere disposti a credere.»

Onegesio si volse rapidamente verso il suo signore. Certamente! È proprio così! Questo è un punto di vista assennato! Crediamo quello che speriamo... o che temiamo. In fondo siamo sempre là: positivo e negativo. E così siamo tutti, tutti! Aveva le mani sudate e lo stomaco stretto, ma sapeva che non avrebbe potuto più trattenersi, che doveva buttar fuori la domanda che in tutto quel tempo aveva avuto sulla punta della lingua.

«E questo perché... perché tu credi nella spada del dio della guerra?»

Era fatta! Si sentiva quasi sollevato, quantunque sapesse che poteva significare la sua morte, forse a opera di quella medesima spada. Ma *doveva* sapere.

«Non è che io *creda* nella spada di Puru: *so* che è la sua spada e perciò posso fare tutto quello che voglio.»

Onegesio trasse un profondo respiro. Il pericolo era passato. Ma era stato dunque com'egli aveva sospettato... o temuto? Nessuno può rispondere di cose simili per propria autorità; tutti devono inventare un'autorità altrui, perfino quell'uomo, il più virile, il più potente che egli avesse mai incontrato. Non doveva essere stato lui a uccidere il fratello, bensì Puru. Abbiamo sempre bisogno di una giustificazione per le nostre azioni, specialmente per quelle cattive. Tuttavia qualche cosa in lui si ribellava all'idea che quell'uomo, perfino quello, fosse debole. E, se non lo era, doveva esistere un dio della guerra di nome Puru che si servisse di una comune spada di ferro... Oh, dèi, in che non può credere un individuo! Tanto valeva credere nel Dio cristiano, che è trino e uno insieme, e nei miracoli e in tante altre belle cose. O anche in tutta la galleria di vecchi dèi e dee, ciascuno con le sue funzioni speciali, nonché nel corteo di semidei e quarti di dèi.

«Sciocco» disse improvvisamente la voce dall'alto seggio. «Sono Attila, ma non posso far sorgere il sole a mio arbitrio. Ora va, voglio star solo. E in avvenire sarò io a fare le domande, non tu.»

Il greco uscì inchinandosi.

Credevano perché erano costretti a credergli. Gullac non avrebbe mai potuto agire così: era troppo lento. C'era uno solo che potesse farlo, uno solo che scagliava la freccia più rapido di Bleda, e Rua lo sapeva. Aveva veramente sperato che Bleda riuscisse a conquistarsi i cuori della tribù? Aveva mandato a Roma il fratello minore come ostaggio nell'idea di rafforzare la posizione di Bleda, o piuttosto perché voleva mostrare al fratello minore come stavano le cose a Roma? Un buon sovrano deve conoscere i nemici. E alla sua morte, il kan Rua aveva chiamato figlio il fratello più giovane. Mai aveva detto figlio a Bleda. Con l'ultimo respiro aveva alluso alla spada di Puru. Forse è vero che i morenti leggono nel futuro, forse anche Bleda, morendo, aveva visto il futuro, ma non poteva parlare...

Avrai una grandiosa sepoltura, fratello Bleda, grandiosa: ma sei morto, e morto resterai.

«Zigur!»

L'ometto comparve immediatamente.

«Siediti ai miei piedi, Zigur! Bene. Voglio funerali grandiosi, Zigur. E voglio che tu e la tua gente vi guardiate bene intorno, per vedere quelli che sono realmente addolorati: tieni nota dei loro nomi. Se amavano tanto il mio defunto fratello, non si deve lasciarli per troppo tempo divisi da lui. Aveva una moglie sola, di sangue principesco. Lasciamola vivere, ma non nella casa delle mie donne: non ce la voglio. Può occupare la casa di Bleda, a due giornate di trotto a nord di Naisso. Mandale anche le figlie e una guardia d'onore di cinquanta uomini al comando di Puliak. I maschi sono cinque, e mi sono sembrati piuttosto malaticci, l'ultima volta che li ho veduti. Forse moriranno presto.»

«Certo, Attila.»

«Non so che farmene di uomini malaticci.»

L'omino ai suoi piedi ascoltava con la sottile bocca semiaperta, estatico, rapito, come si ascolta un profeta o un oracolo divino, con un'attenzione disperata che non si lasciava sfuggire una sillaba, un'intonazione che potesse contenere un senso celato, un comando segreto.

«Non sai che fartene di uomini malaticci» ripeté con comprensione.

Solo in quel momento il sovrano si avvide che era una sentenza di morte non solo per i figli di Bleda, ma anche per tutti gli uomini deboli o malaticci del suo popolo. Esitò un breve istante, ma poi comprese che era meglio così. La parola del sovrano è una, ed egli aveva bisogno di una nazione di forti: ci pensassero altri popoli a sopportare il peso dei loro deboli, dei malati, dei disgraziati. Zigur aveva compreso il vero significato della sua frase, della frase di Puru: l'aveva compreso meglio di lui che l'aveva pronunciata. Era una nuova esperienza: essere la bocca di Puru. Fra poco sarebbe diventato il braccio di Puru.

Queste cose Onegesio non le capiva, perché non entravano nel suo ordine d'idee. Era un omuncolo, e gli omuncoli negano talvolta l'esistenza degli dèi, perché ci sono tante altre cose alle quali possono guardare. Esistono anche uomini rosicanti, che si fanno un vanto di essere più furbi degli altri e di trovare una via quando gli altri sono davanti a una porta chiusa, e gli uomini di questa specie non possono sopportare l'idea della fede, perché non consente loro altre vie d'uscita: sicché non sanno che farsene beffe. Somigliano a coloro che fischiano nel buio per farsi coraggio.

Naturalmente gli uomini credono in ciò che vogliono credere, in quello che desiderano sia vero. Ma Onegesio, di solito tanto furbo, pensava che non potesse esser vero, appunto perché desideravano che così fosse. Il furbo Onegesio era uno sciocco.

Quasi tutti gli uomini sono sciocchi. Bleda lo era, e anche Gullac. Questi poi doveva essere anche ubriaco, altrimenti si sarebbe accorto che qualcuno lo seguiva in tutto il tragitto dalla sala del banchetto alla tenda del Gran Kan.

«Zigur!»

La voce ai suoi piedi: «Sono qui, signore».

«Dà ordine che ai pasti mi portino sempre soltanto acqua, in una semplice ciotola di legno.»

«Sì, Attila.»

«Quanti capi verranno alla festa della sepoltura di mio fratello?»

«Duecentotrentasette.»

«Non basta! Si mandino messi fino alla culla del nostro popolo ad annunciare: Così parla Attila, figlio di Munzuco, che possiede la spada di Puru: "Lasciate i vostri magri pascoli, venite a me, che ve ne darò dei più grassi!". Questo devono dire a tutte le tribù che incontrano, e uno di essi deve rimanere presso ogni tribù e farle da guida.»

«Sarà fatto, Attila.»

«Le ambascerie per gli altri, sclabeni e alani, sono partite?»

«Sono partite, signore.»

«Ardarico mi porterà i turingi, i quadi e i marcomanni, Valimiro i longobardi e gli eruli, oltre ai suoi ostrogoti.»

«Piccolo padre» Zigur piangeva quasi dall'eccitazione. «Il mondo non ha mai visto un esercito simile: sei forte abbastanza per conquistare ambedue gli imperi romani.»

Non poté vedere il sorriso di Attila; ne udì soltanto la voce, più in alto. «Questo appunto devono credere.»

Non disse altro: c'erano cose che nemmeno Zigur doveva

conoscere ancora. Aveva visto molti principi che erano o stavano per divenire suoi alleati, dipinti sopra un infame quadro, laggiù, ad Aquileia. In quel dipinto rendevano omaggio all'imperatore romano, si prostravano davanti a lui, gli baciavano i piedi. Avevano il diritto di lavare quella vergogna, ed egli ne porgeva loro l'occasione. Ricordò le parole del kan Rua: «Non puoi governare il mondo stando a cavallo». Perché no? Il signore di mezzo milione e più di soldati, e tutti robusti, sani, uomini induriti, sobri, ognuno col suo destriero, con la spada e la lancia, oppure con l'arma da lui inventata: una frusta semplicissima, con un manico robusto e sette o nove lunghe corregge di cuoio, ciascuna portante in cima un pezzo di piombo o una pietra: nulla di meglio per aprire uno spiraglio in una formazione nemica, una breccia che gli altri potevano allargare con la lancia o la spada. Quel grazioso oggettino si chiamava già dappertutto l'«unnica». Mezzo milione di uomini a cavallo dunque, mobili e agili, tre volte più veloci della cavalleria romana. Erano migliori cavallerizzi, dotati di armi più leggere, senza impiccio di salmerie: capaci di presentarsi in enormi orde prima che il nemico avesse il tempo di raccogliere le sue gravi forze armate. Erano capaci di scorrazzare innanzi e indietro, in su e in giù, come il sangue nel corpo umano. Erano, veramente, il sangue del mondo! Vedremo chi avrà ragione, kan Rua, se tu o io!

Il momento dell'attacco non era ancora giunto: ma doveva essere, al momento opportuno, un attacco inatteso e di forze soverchianti. La segretezza era importante al pari della forza. Ma come tenere segreto un simile attacco, se gli avamposti unni al confine non distavano più di un trar di freccia da quelli romani?

Appena i romani avevano un'idea di ciò che si stava preparando, si affrettavano a costruire linee fortificate, un nuovo *limes*, un vallo attraverso paesi interi, come quello che si diceva avessero costruito i catai nel lontano Oriente; benché potesse anche essere una fola. E gli unni non erano capaci di prendere d'assalto le fortezze, e nemmeno di costruirle.

Bisognava trovare qualche cosa di buono...

«Zigur, dammi l'arco ch'è lì, quello grande con la nappa nera!»

Era l'unico oggetto, fra le proprietà di Bleda, che avesse tenuto per sé: tutto il resto l'aveva fatto distribuire tra i suoi fedeli. Era l'arco di corno che aveva dovuto cedere a Bleda per ordine del kan Rua, quando aveva leso il diritto del primogenito, alla caccia dell'orso. Lo accarezzò amorevolmente con le dita corte, quadrate.

Poi toccò la corda. L'arco mandò un ronzio, ed egli l'ascoltò come si ascolta un vecchio amico quando racconta la sua storia preferita. Lo avevano tenuto bene, nella sala d'armi di Bleda.

Ebbe un lampo improvviso. Ora sapeva come impedire che i romani avessero prematuramente sentore dell'attacco.

Alzando lo sguardo, dopo un silenzio, Zigur vide che Attila aveva chiuso gli occhi e dormiva tranquillo.

«Oriente e Occidente sono governati da donne» così si cantava nell'impero romano, e correvano in proposito satire ed epigrammi più o meno maligni. La gente onesta e semplice lo ammetteva sospirando, gli altri con un divertito alzar di spalle.

Eppure non era vero, o, almeno, non era vero del tutto, e valeva più per l'Occidente che per l'Oriente.

L'imperatrice Placidia era infatti, e già da molti anni, il fattore decisivo nella politica dell'impero d'Occidente. Aveva dovuto riconoscerlo persino Ezio, quantunque in quegli anni la sua influenza fosse aumentata di molto. L'imperatore pareva non dovesse mai farsi adulto; s'immischiava talvolta nella cosa pubblica, ma soltanto occasionalmente, e senza vera fiducia in se stesso. Era sempre la medesima storia: gran vanto dei suoi diritti imperiali, scoppi d'ira e, dopo l'inevitabile sconfitta, silenzio imbronciato e ricaduta completa nei suoi esperimenti tra erotici e filosofici. Placidia, sempre molto cortese, quasi umile verso di lui, continuava tranquillamente a governare.

A Costantinopoli la situazione era molto diversa. L'imperatore Teodosio II aveva una certa rassomiglianza con Valentiniano III; era anche lui debole e schivo, lento a prendere decisioni; ma la donna «dietro al trono» non era Placidia.

L'Augusta Pulcheria era sorella, non madre dell'imperatore. Era una giovane pallida, troppo magra e alta, una bellezza delicata, eterea. Si diceva che fosse la buona fata del fratello, e il popolo non dubitava che un imperatore che per primo consigliere aveva Crisafio, avesse gran bisogno di una buona fata.

Poiché, era logico, Crisafio era il demonio, o almeno qualche cosa di molto simile. L'idea era fissa nella mente di un popolo, nel quale il recente cristianesimo doveva ancora imporsi ai postumi di un paganesimo politeistico che contava parecchi millenni. Il popolo era avvezzo a rappresentarsi le potenze del male in forma umana. Dissanguato dalle imposte sempre più alte, governato da funzionari corrotti, cercava un capro espiatorio e lo aveva trovato: il nome di Crisafio era diventato una maledizione. Era un avvoltoio, un vampiro che succhiava tutto l'oro dell'impero per riempirne i sotterranei del tesoro e ballarvi intorno con voluttà. Mangiava brillanti a colazione, rubini a pranzo e zaffiri e perle a cena. Non era un uomo, era un demone, un rifiuto dell'inferno, che sedeva alla destra dell'imperatore innocente e gli sussurrava i suoi mali consigli. Era la maledizione dell'impero.

In realtà, Crisafio era migliore e peggiore della sua fama. Aveva tutto il terrore dell'eunuco per le armi e la guerra, per un conflitto che avrebbe potuto condurre a una vera catastrofe, dalla quale nessuno, nemmeno lui stesso, sarebbe stato risparmiato.

Che imbecillità fare la guerra quando con una certa somma ci si poteva liberare del nemico! Soltanto un barbaro, innamorato della spada, poteva non comprendere che questa era la via migliore.

La grande arte del vivere e del governare consisteva semplicemente nel tirare innanzi a vivere e a governare. La gente dotata dei cosidetti «princìpi» cercava di rivoltarsi contro questa semplice verità; non capiva che lo statista deve avere un principio solo: non rispettarne alcuno.

Come si poteva andare avanti finché la nobilissima Pulcheria si ostinava a pesare ogni azione politica sulla bilancia della santità cristiana? L'unica cosa da ottenersi in politica estera con le massime della santità cristiana era il martirio, e questo poteva forse andare a genio alla nobilissima Augusta Pulcheria, ma aveva scarse attrattive per Crisafio.

Importava ora convincere l'imperatore che la responsabilità dell'impero d'Oriente e la responsabilità della propria anima erano due cose diverse, e che l'imperatore era talvolta costretto a fare delle cose che l'individuo, l'uomo, il cristiano Teodosio non avrebbe nemmeno sognato.

Un paio d'anni prima gli era riuscito di sottrarsi a una sorveglianza costante e spesso penosissima, persuadendo l'imperatore a mettere a disposizione della sua nobile sorella un palazzo speciale. Certi irresponsabili erano arrivati al punto da affermare che l'Augusta Pulcheria era stata esiliata. Ma che non dicono gli irresponsabili? Non bastava che l'imperatore andasse a farle visita una volta la settimana? Ci si accorgeva subito quando vi era stato: faceva innumerevoli domande incomode e portava mille lagnanze. Fortunatamente si veniva a sapere in tempo ciò che avveniva nel «convento», come si soleva chiamare il palazzo della pia principessa.

In complesso, le cose andavano così: l'Augusta Pulcheria diceva all'imperatore ciò che *avrebbe dovuto* fare, Crisafio gli diceva ciò che *doveva* fare – e poi lo faceva lui, talvolta con, talvolta senza il consenso imperiale. Va da sé che c'erano cose che non si potevano dire all'imperatore, cose che bisognava tenere strettissimamente segrete a tutti.

A vederlo lì, accoccolato sul suo seggiolone d'ebano, piccolo, grasso, calvo, col naso a uncino e gli occhi irrequieti, si sarebbe detto un gigantesco pappagallo in una gabbia d'oro, tanto più che la sua stanza preferita era rotonda e aveva le tende color dell'oro.

Non c'erano finestre: Crisafio odiava la cruda luce diurna, e l'aveva sostituita con una bellissima lampada di alabastro il cui olio esalava un grave profumo dolce.

Era solo e non si sentiva felice; si faceva continui rimproveri sulla sua irrequietudine. Le donne e gli eunuchi devono saper attendere, ma questa volta l'attesa gli era insopportabile. Aveva pesato mille volte tutti i particolari del suo progetto. Se fosse fallito...

Ma che altro poteva fare? La situazione si era fatta insostenibile e un'azione risoluta era indispensabile. Così o così...

Fece un risolino: gli era venuto in mente che i suoi pensieri non differivano per nulla da quelli di un povero diavolo, un facchino del porto, ad esempio, che avesse giocato ai dadi metà del suo avere – poche miserabili monetine d'argento, ma tuttavia metà del suo avere, e ora aspettasse con gli occhi invetrati di vedere i punti dell'avversario. Se perdeva, gli toccava continuare a trascinar pesi fino ad aver risarcito la perdita. E se Crisafio perdesse... qui la faccenda era diversa. Crisafio aveva puntato metà del mondo su una carta, ma quel mezzo mondo non apparteneva a lui, e nemmeno l'altra metà. Sicché, se avesse perduto, non sarebbe stato lui il perdente: forse era questa la differenza essenziale tra lui e il facchino.

Tornò a ridacchiare. Era giusto: non dipendeva tanto dalla grandezza della cosa, dalla quantità; ma un uomo abile deve saper compiere grandi cose senza danneggiare se stesso: questo è l'essenziale.

L'unico punto scabroso del problema era che non esisteva altra soluzione all'infuori di quella cui si sentiva costretto. Non riusciva a liberarsi dal pensiero che doveva pur esserci un'altra strada. Ma l'altra strada non v'era, beninteso all'infuori della guerra. Era una situazione nella quale la maggior parte dei *governanti* (si può ben essere sinceri con se stessi) si sarebbe appigliata al partito della guerra. Ma sarebbe stata pura pazzia, poiché nessuna potenza al mondo poteva arrischiarsi a far la guerra con gli unni.

Due gravi ragioni lo vietavano – una positiva e una negativa. Anche vincendo, la vittoria non avrebbe recato alcun profitto, poiché gli unni non possedevano ricchezze, se si eccettui l'oro spremuto ad altre nazioni, in primo luogo all'impero d'Oriente, e quest'oro avrebbero potuto metterlo in salvo anche in caso di sconfitta: l'oro è trasportabile. Ma non possedevano città e villaggi che, col reddito delle imposte, potessero aumentare il potere finanziario dell'impero, né possedevano oggetti di valore. Non si potevano nemmeno vendere gli unni sul mercato degli schiavi, per la semplice ragione che non si trovavano compratori per quei mostri. Insomma: una guerra vinta contro gli unni non avrebbe reso nulla.

Una guerra perduta, in confronto, era l'annientamento completo. L'unica cosa di cui gli unni s'intendevano veramente era la distruzione: ci trovavano un vero piacere come bambini prima dell'età della ragione. Bastava pensare ai rapporti giunti qualche anno prima, quando quell'Attila era diventato re. Pareva che, per una qualche ragione, avessero risoluto di circondare il loro regno con una specie di cintura desertica. Il loro regno! Il regno degli unni! Ma come chiamarlo altrimenti? Era un fatto che si estendeva dalla Rezia e la Vindelicia, attraverso la Pannonia, la Sarmazia e la Scizia, fino alla Tracia, e la cintura desertica era larga due e, in qualche parte, fin tre giornate di galoppo. A tal punto avevano allargato i loro confini, da tutte le parti. Tutte le città entro la cintura erano state rase al suolo: Naisso, Viminiaco, Sardica, città che avevano reso settecentocinquantamila solidi all'anno, non esistevano più! E tutto ciò nell'ambito della cosidetta pace, senza dichiarazione di guerra. Erano impudenti al punto da dichiarare che chiunque fosse stato colto senza autorizzazione entro la cintura, sarebbe stato crocifisso: alcune centinaia di persone, senza distinzione di età o di sesso, dimostrarono ben presto che gli unni mantenevano la parola. Non fu difficile scoprire il motivo di quel modo di agire: difendersi dalle spie.

Ma chi fa simili preparativi soltanto per nascondere che cosa intende di fare e quando, deve certo progettare cose enormi e pericolosissime. Di che cosa si trattasse era abbastanza chiaro; impossibile invece sapere quando.

Soltanto le carovane commerciali e, ovviamente, i messi imperiali potevano attraversare la cintura desertica; anche quelli però dovevano annunciarsi subito al primo avamposto unno, a qualche miglio a sud-ovest dalle rovine di Sardica. Da quel momento restavano sotto continua sorveglianza; dovevano seguire la strada indicata dalle guide unne; potevano vedere soltanto ciò che si lasciava loro vedere. A farla breve, era impossibile ottenere notizie anche relativamente esatte sui concentramenti delle truppe unne. Potevano quindi attaccare con forze superiori in qualsiasi momento e in qualunque punto a loro scelta.

Situazione insopportabile, che esigeva una soluzione

energica. Così fu che Crisafio dovette risolversi a correre un gran rischio. Un solo uomo contava veramente nella gran massa amorfa che si chiamava il regno unno: il vincitore dei sorasgi e di una mezza dozzina di altre nazioni selvagge a nord e nord-ovest; colui che aveva comandato il tremendo attacco di cavalleria contro la Cilicia e la Cappadocia e quasi minacciato alle spalle Costantinopoli; l'uomo il cui nome era già diventato uno spauracchio nelle strade della metropoli. Lui solo era riuscito a mettere d'accordo le tribù selvagge che, prima, avevano dato ottimi mercenari al soldo di Sua Maestà imperiale contro i nemici a Oriente, i persiani e i parti.

E se costui... fosse morto improvvisamente?

Crisafio mandò un profondo sospiro. Ripensò che Vigilio era il suo migliore informatore, che Vigilio gli aveva raccomandato caldamente quell'Edeco, e che costui, che aveva conosciuto due mesi prima in casa di Vigilio, gli aveva fatto la migliore impressione. Era uno strano miscuglio d'intelligenza e d'impetuosità, ma appunto un miscuglio quale sarebbe piaciuto ad Attila per farne un ambasciatore, al posto di uno dei suoi principi unni. Egli stesso era principe di una tribù: erano gli scirri, abitavano al confine nord-ovest dell'impero e avevano fatto lega con gli unni. La sua missione alla corte di Costantinopoli era la consueta: Attila aveva bisogno di una maggiore quantità d'oro, e Crisafio dovette concederlo, salvo ricavarlo da un aumento d'imposte.

In quell'occasione era venuto in mente a Crisafio che sarebbe stato molto più facile saziare un uomo come Edeco che uno come Attila. Così era incominciata la storia...

Due mesi: è incredibile come possono essere lunghi due mesi quando si aspetta. L'attesa è tempo senza contenuto, tempo nudo!

Si strinse rabbiosamente nell'ampia veste verde, come si sentisse nudo anche lui. Che noia avere un corpo, e quel corpo di cui cercava di nascondere a se stesso e agli altri la grassa nudità. Sapeva che molti fedeli sudditi di Sua Maestà lo chiamavano «il ragno grasso dell'imperatore» ed era anche riuscito a scoprire i nomi di alcuni maldicenti, ai quali aveva fatto passar la voglia di ridere.

Ma ciò non gli impediva di odiare il proprio corpo e, di riflesso, anche il corpo altrui. Non era tanto la sua mutilazione a provocare quest'odio, quest'orrore, quanto le conseguenze della mutilazione. Lo avevano fatto eunuco da bambino, sicché non conosceva i sentimenti normali e li considerava negli altri cosa spregevole, non già invidiabile. Quest'odio si era esteso anche alla forma, alla costituzione, perfino all'odore della carne umana. Il «ragno dell'imperatore» attingeva le proprie gioie dalla sfera spirituale: potenza, superiorità, spirito, arguzia. Per lui il mondo reale stava nella sua testa: esso era una sfera puramente spirituale, scintillante, mobile, elegante.

Perché pensava a tutto ciò? Il tempo vuoto, l'attesa, maledetta attesa! Decise di fare una visita al suo segretario: niente di meglio di una visita improvvisa quando si vuol sapere se si è ben serviti.

Ma, nel recarvisi, incontrò lo schiavo di sentinella che in ginocchio gli consegnò una lettera. Non era uno di quei rotoli sigillati con garbo, chiusi ermeticamente, cui era assuefatto, ma un pezzetto di pergamena stretto da un semplice cordone. Lo aprì in fretta. Come si attendeva, non c'erano nomi, né quello del mittente, né quello del destinatario, né titoli. Breve il contenuto, che pareva tracciato in gran fretta.

«E., V. e altri due diretti alla città. Accesso impossibile. Arrivo presumibile mezzodì. Quarto.»

Crisafio chiuse gli occhi. Il numero quattro era un brav'uomo, uno tra i migliori. Edeco e Vigilio erano diretti alla città, e sarebbero arrivati a mezzogiorno, dunque tra un'ora.

Ma perché «accesso impossibile»? Perché, se tutto era in

ordine? Se fosse andata male... Ma non poteva essere andata male, diversamente Edeco e Vigilio sarebbero morti, e di qual morte! Dunque: o era andata bene, ed era troppo bello per essere vero, oppure la cosa era rimandata. Ma se era rimandata, perché tornavano indietro? L'enigma stava nelle parole «accesso impossibile».

Batté i piedi. Perché quell'asino di Quarto faceva tanto il misterioso? Ma no! Quarto era un brav'uomo, non si doveva pensarne male. Vuol dire che sottintendeva qualche cosa, che egli stesso era sconcertato, che anche per lui c'era un mistero. Doveva essere così. Arrivavano, ma la cosa non era liscia: questo il senso del messaggio. Ma anche a Quarto non doveva parer liscia, visto che non sapeva di che si trattasse.

Crisafio ebbe la chiara visione di ciò che doveva fare. Toccò un piccolo gong di bronzo e un segretario entrò.

«Ordine al prefetto di città» scrisse Crisafio sopra una tavoletta di cera. «Una delegazione composta di Vigilio, Edeco, principe degli scirri, e di altri due, sta per arrivare. La condurrai direttamente al mio palazzo, provvedendo a che non avvicini nessuno – C.».

Timbrò la lettera col suo anello. «Urgentissimo!» Il segretario prese la lettera, s'inchinò e scomparve.

Crisafio si mise a passeggiare su e giù per la stanza. Qualche cosa non andava, lo sentiva. Ma che cosa?

In capo a mezz'ora apparve un messo con la risposta.

«All'illustrissimo Preposito Crisafio» da Cirillo, prefetto di città. «La delegazione è un'ambasceria del re degli unni all'imperatore, e il suo capo, Edeco, insiste per essere ricevuto immediatamente da sua Maestà Imperiale. Non posso che obbedire.»

Male, senza dubbio. Ma la realtà? Non c'era che una cosa da fare: assistere all'udienza. Toccò di nuovo il gong.

«Le mie insegne del grado, il bastone, il mantello da cerimonia!»

S'era appena mutato le vesti che fu portata una lettera con gli angoli di porpora: l'imperatore ordinava la sua presenza. Lo faceva per iscritto, il che significava che, oltre all'imperatore, sarebbero stati presenti i suoi aiutanti, una dozzina di funzionari e, probabilmente, anche Nomio e alcuni militari.

Bene! Si starà a vedere!

L'imperatore Teodosio, alto, snello, un po' troppo bello per un uomo, non aveva dubbi su ciò che stava per accadere. Un'altra ambasciata unna; altre pretese di tante e tante centinaia, forse migliaia, di libbre d'oro; altri regali costosi per quei maledetti ambasciatori; un altro noioso banchetto con quegli ospiti barbari, la cui mancanza di loquacità era superata soltanto dalla mancanza di buone maniere.

Si era proposto di andare al suo casino di caccia, a provare due falchi, e ora gli toccava restare, che noia! Non avrebbe potuto andarci nemmeno l'indomani, perché l'indomani era festa di precetto e Pulcheria sarebbe venuta a prenderlo per la messa.

Inoltre bisognava indossare tutte quelle vesti pesanti da cerimonia: la lunga tunica bianca con la cintura di porpora, i grossi braccialetti d'oro, il mantello di porpora con l'alto orlo dorato e tanto ricamato di perle e di gemme da pesare quasi la metà del suo proprietario; infine il diadema d'oro e perle che rendeva la figura imperiale quasi un piede più alta, e il lungo scettro d'oro col pomo di smeraldo, e la croce d'oro contenente un frammento della Santa Croce.

Otto ciambellani dovevano essere presenti: tre per il mantello e uno per ciascuno degli altri pezzi del vestiario imperiale.

A opera compiuta l'imperatore si guardò rapidamente e

non senza giustificata soddisfazione nel gigantesco specchio, e quindi si avviò, attraverso tutto il palazzo, alla sala d'udienza.

Lungo i corridoi ornati di affreschi facevano ala, a distanze regolari, le guardie di palazzo con la corazza d'oro, immobili come statue.

Di tratto in tratto il corridoio si allargava, formando una sala luccicante, dove uno o due o più uomini s'inginocchiavano all'avvicinarsi della figura coronata, per levarsi appena quella era passata, e seguirla a rispettosa distanza. Nella prima sala stava Nomio, gran maestro del Tesoro, nella seconda Anatolio, *magister* generale degli eserciti imperiali, nella terza Crisafio e l'archimandrita Eutichio, sicché alla fine il corteo si trovò composto di una trentina di persone.

Al loro entrare in sala i trombettieri diedero un segnale squillante. Cinquanta guardie, in splendide divise, con elmi dorati e scudi, fiancheggiarono il trono, di cui l'imperatore salì i dodici gradini. Il gran ciambellano assestò le pesanti pieghe del manto imperiale e si ritirò.

Teodosio fece un cenno e il maestro del cerimoniale batté in terra col suo bastone d'avorio. Due guardie aprirono una delle enormi porte laterali ed entrò un piccolo gruppo, dall'aspetto tutt'altro che impressionante.

Edeco, principe degli scirri, era un uomo robusto, che portava una semplice corazza di ferro e l'elmo di ferro. Crisafio lo guardò bene, ma i lineamenti piuttosto grossolani, circondati da capelli e barba bruni, non gli dissero nulla. Quello vicino a Edeco doveva essere un unno: basso di statura, giallo-bruno, con gli occhi affondati nelle orbite e i baffi radi. Portava una specie di tunica di pelliccia scura e una spada ricurva in una guaina d'argento. Il terzo aveva piuttosto l'aspetto di un retore greco: volto intelligente, naso lungo, occhi inquieti. Il quarto e ultimo era Vigilio e alla sua sola vista Crisafio comprese che doveva essere avvenuto qualche cosa di terribile. Vigilio non era che l'ombra di se stesso. Portava al collo una cosa rigida, metallica. Che poteva essere?

Il cerimoniere alzò il bastone, il gran ciambellano si avanzò: «Sua Maestà imperiale, divina, invitta, sempre laudata, si compiace di ricevere in udienza gli inviati di Attila, re degli unni». Con un cenno della mano e del bastone di una grazia indescrivibile, presentò: «Il capo della legazione, principe Eslav!».

Crisafio sollevò le sopracciglia. Quello dunque era il numero uno, quell'animale vestito di pelo, e non Edeco. Strano, sempre più strano...

«Con lui sono il principe Edeco, il protonotaro Onegesio e Vigilio, suddito di Sua Maestà.»

Il gran ciambellano si ritirò. Era fuori di sé, ma la formulazione delle ultime parole lo riempiva di soddisfazione. Era un'infrazione inconcepibile all'etichetta, un'infrazione mai vista: presentare un suddito di Sua Maestà quale membro di una delegazione straniera! Ma il cerimoniere aveva insistito su questo punto, probabilmente perché così aveva voluto il capo dell'ambasciata. Non c'era stato il tempo per andare in fondo alla cosa e chiedere al maestro di cerimonie con quale diritto un inviato straniero rovesciasse l'etichetta imperiale. Sua Maestà poteva lamentarsene, e l'avrebbe fatto senz'altro! Una cosa completamente eterodossa, inaudita. Il cerimoniere se la cavasse come poteva! Stava per lanciargli uno sguardo ironico, ma il sorriso gli si gelò sul volto ben rasato e incipriato. O che il maestro di cerimonie si sentisse male? Pareva che gli occhi gli uscissero dalle orbite, aveva la bocca semiaperta. Il gran ciambellano guardò nella medesima direzione, e vide... e per un pelo non si mise a urlare, vide che gli inviati unni non si erano inginocchiati, anzi non si erano nemmeno inchinati: stavano rigidi e tranquilli, come fossero soli nella gran sala. Vigilio soltanto si era prosternato e toccava terra con la fronte.

Quei barbari erano talmente sopraffatti dalla presenza

imperiale da perdere la ragione? Era escluso che non conoscessero il cerimoniale: quella non era, purtroppo, la prima ambasceria unna, ed Edeco stesso era già stato lì.

Gli unni stavano rigidi come statue. Il gran *magister* Anatolio era diventato color del mattone e stringeva convulsamente l'elsa della spada.

Il principe Eslav si avanzò. Doveva alzare il capo per guardare negli occhi l'imperatore, dodici gradini più in alto. Ma il modo come lo sollevò era quello di un uomo che guarda un ragazzo arrampicato su un ciliegio a rubare la frutta. Disse, forte e serio, senza alcuna traccia di irritazione, in discreto greco:

«Così parla Attila: Teodosio è figlio di genitori nobili e degni di rispetto. Anche Attila proviene da nobile stirpe, e applica alle sue azioni la dignità ereditata da suo padre Munzuco. Teodosio invece ha macchiato l'onore paterno: si è dichiarato disposto a pagare tributi, abbassandosi a essere schiavo. È quindi giusto che manifesti il proprio rispetto verso un uomo che la sorte e i meriti hanno posto al di sopra di lui, anziché, come uno schiavo maligno, cospirare contro il proprio padrone».*

Silenzio di morte.

Onegesio, che stava dietro la figura ferrea di Edeco, era forse il solo dei presenti che fosse pieno di una gioia selvaggia, irrefrenabile. "Oh, Attila," pensava, "oh, Attila! Che momento! In cinquecento anni non c'è stato il simile. Guarda, guarda! È un terremoto, un terremoto senza scosse." Conosceva la maggior parte dei presenti, anche se essi non conoscevano lui, e ciò aumentava la bellezza della scena. Aveva visto più volte l'imperatore, a capo di processioni solenni, il sacrosanto, sempre laudato, la punta della piramide dell'impero, seguito dai suoi grandi, fra i quali quella san-

* Il discorso di Eslav è storico.

guisuga di Crisafio. E ora, e ora! Anatolio pareva un galletto da combattimento: perfino la coda di cavallo sul suo elmo pareva rizzarsi. E il maestro di cerimonie, e il gran ciambellano! se avessero potuto agire come il cuore ispirava! In carcere, quei barbari svergognati, e domani alla tortura, e posdomani ancora alla tortura, e poi una graziosa morte, a brano a brano; questo vi piacerebbe, miei cari, amatissimi? Devo badare a non mettermi a ballare, i piedi mi si ribellano. Oh, dèi, non sono vissuto invano se ho potuto vedere e gustare questo spettacolo! Quanto hanno sofferto mio padre, e mia madre, e le sorelle, e il mio fratellino Scotta, e tutti gli altri padri e madri e fratelli e sorelle; anno dopo anno, decade dopo decade vi toccò inghiottire le offese e sopportare le pene, foste spremuti e martoriati, ed essi, gli offensori, i tormentatori, le sanguisughe, erano sempre al sicuro, splendevano d'oro, si volevano tanto bene... e ora si viene alla resa dei conti, magnifico, stupendo! Come balbettano e arrossiscono e si contorcono, e non possono farci nulla, nulla, perché sanno che se a uno di noi venisse torto un capello, sarebbero tutti morti prima che faccia la luna, e questa bella città sarebbe ridotta in cenere come Sardica e Naisso. Ma Crisafio... come? Ancora calmo e indifferente, quel grasso ragno? Aspetta, aspetta...

Finalmente Teodosio si riprese. Tutti lo avevano abbandonato, ragazzo sul ciliegio; era lasciato in balia di se stesso. Mai gli era successo nulla di simile: una cosa veramente spiacevole. Come quella volta che un pazzo gli aveva sputato in faccia. Lo avevano abbattuto subito, quel disgraziato, si capisce, ma non era stata, in certo qual modo, la risposta giusta: lo aveva sentito chiaramente. Pulcheria lo aveva poi consigliato di far sacrificio dell'offesa al divino Redentore, e di andar superbo che gli fosse stato concesso di soffrire la medesima offesa che aveva sofferto Lui, quando era caduto nelle mani di soldati brutali. Ma egli sentiva pure che Pulcheria avrebbe saputo rispondere a questa incomprensibile brutalità. Si sporse, per quanto il pesante mantello glielo permetteva, e disse con voce chiara: «È una grande, grande ingiustizia. Perché parli così?».

Il principe Eslav fece un gesto, come per dire: "Ti ci è voluto parecchio per fare una domanda così ovvia". Disse invece: «Allorché il mio amico Edeco, che vedi qui» e gli diede una spinta, come fanno gli uomini semplici «venne in qualità d'inviato di Attila, mostrò la sua ammirazione per i tuoi palazzi dorati e le belle statue e le vesti. Il mio amico Edeco non è unno e ciò può averti fatto pensare che non sia onesto. Un uomo, che si chiamava Crisafio, una specie di uomo che si chiamava Crisafio andò nella casa di questo cane qui – con la punta del piede indicò Vigilio, sempre prosternato, che tremava visibilmente – dove incontrò Edeco, e gli promise che avrebbe avuto un palazzo tutto per lui, e grandi onori e donne quante ne volesse... se avesse ucciso Attila!». Qui il tono e l'espressione del principe mutarono, e le sue parole suonarono come tuono lontano, come il grido di un animale selvaggio: «... assassinare il signore! il *mio* signore e *tuo* signore!».

Si udì un profondo sospiro. Onegesio si guardò attorno. Crisafio? Ma il grasso volto senza età dell'eunuco non aveva espressione. Forse un altro aveva emesso quel sospiro. E c'era di che sospirare, chiunque fosse. Perché quella era l'ora della morte dell'impero, in quanto impero. Esso perdeva la propria sovranità, si faceva schiavo...

L'alta figura sul trono non si mosse.

"Oh Cristo," pensava Teodosio "oh Cristo! Probabilmente è vero, Crisafio ne è capacissimo. Perché devo avere di simili servitori? Cristo, questo è il mio castigo di molti peccati, e devo soffrire come Tu hai sofferto. Come vorrei svegliarmi e che tutto fosse un sogno! Ho da rispondere? Ma ecco che riprende a parlare. No, è l'altro."

Il principe Eslav aveva fatto un cenno a Edeco, ed Edeco prese a parlare, con voce profonda e tranquilla. «È come ha detto il principe Eslav. Il tuo servo Crisafio, quando mi fece la proposta di violare il mio sacro giuramento ad Attila e di ucciderlo dietro compenso, si trovava molto più vicino a morte di quanto immaginasse. Ma seppi frenarmi e finsi di accettare. Chiesi una somma per corrompere le guardie di Attila. Crisafio fu subito d'accordo. Andai ancora più innanzi e chiesi che tutto ciò fosse messo per iscritto e firmato da lui, nella sua qualità di alto consigliere dell'imperatore. Sulle prime esitò alquanto, poi acconsentì. Avevo bisogno di prove, e le ebbi! Tanta premura aveva, che passò subito all'azione, scrisse il documento su due piedi e lo firmò, e mandò con me il suo servo Vigilio. Ritornammo al paese degli unni e io corsi da Attila, gli deposi ai piedi l'oro e il documento e gli narrai ogni cosa. Hai sentito la sua risposta. Ora senti le sue pretese.»

«Il documento» mormorò Onegesio. «Senza il documento non ti credono.»

Il principe Eslav glielo tolse di mano. «Ecco la firma di quel cane Crisafio.» Poi diede a quel disgraziato di Vigilio un calcio tale da farlo saltare in aria, e gli strappò dal collo quell'oggetto metallico: una grossa borsa d'argento. «E qui è l'oro.» E gettò sui gradini inferiori del trono documento e borsa.

«Il mio sovrano, Attila, è un signore clemente. Chiede solo il peso d'oro di cento cani come Crisafio, e la consegna di Crisafio stesso, vivo o morto. Per Vigilio bastano duecento libbre d'oro. Non sappiamo che farcene di lui, perciò te lo abbiamo riportato.»

Nuovo silenzio di tomba.

Poi la sottile voce tremante del gran tesoriere Nomio: «Comprenderai, principe Eslav, che in tale questione occorre tenere una seduta del gabinetto imperiale...».

«Noi rimaniamo qui sino a domani a mezzogiorno» lo interruppe bruscamente Eslav. «Allora sapremo se ci sarà o non ci sarà guerra.»

Teodosio ne aveva abbastanza. Sapeva di non poter ribattere: sarebbe stato sconveniente con la dignità imperiale rispondere a un simile linguaggio, e, peggio ancora, mettere in rilievo che egli nulla sapeva di quella terribile storia. Sicché fece semplicemente uso del suo privilegio di metter fine all'udienza. A dire il vero, nemmeno questo era più in suo potere, poiché Eslav aveva già chiuso l'udienza. Non gli restava che alzarsi, e lo fece.

Suonarono subito le trombe e il maestro del cerimoniale si pose a capo della delegazione. Gli tremavano le ginocchia; aveva visto avverarsi i suoi peggiori timori: nemmeno in quel momento gli inviati unni salutarono l'imperatore. Cercò di riparare con un profondo inchino, di modo che Eslav, già messosi in cammino, per poco non lo buttò a terra. Barcollando, con gli occhi pieni di lacrime, scortò quei terribili ospiti fuor della sala.

Il corteo imperiale si riformò. Crisafio si unì agli altri, prese commiato dall'imperatore insieme con gli altri. Nessuno osò rivolgergli la parola. Si ritirò nel suo appartamento, nello studio rotondo dalle tende dorate. Era arrivato alla seggiola, la toccava già, quando tutto incominciò a girargli intorno sempre più rapidamente. E cadde, senza un grido, sul morbido tappeto.

Iride toccò la mano di Onoria e, quando i loro sguardi s'incontrarono, fece un cenno quasi impercettibile verso Ildico. Onoria volse il capo, e subito stornò lo sguardo. La giovinetta era in quello stato nel quale cadeva sempre più spesso: gli occhi spalancati, sicché si vedeva la cornea, il volto coperto di un pallore mortale, con la pelle tesa sugli zigomi: il corpo arcuato, col capo e i piedi volti all'indietro, sembrava la falce della luna calante. La prima volta che aveva veduto Ildico in quello stato aveva chiamato aiuto, credendo che fosse malata. Era accaduto lì, nella cappelletta, come adesso, e, come adesso, madre Pulcheria era inginocchiata alcuni banchi più avanti. Si era voltata e aveva guardato ben bene Ildico, poi aveva sorriso, come si sorride a uno che si vede per la prima volta e cui ci si potrebbe affezionare. Fece un piccolo gesto con la mano, come per dire: «ma va bene, non c'è da spaventarsi, lasciatela stare», poi si volse di nuovo a Ildico, le sorrise, fece un segno di benedizione, forse un segno di croce, non si capiva bene, tanto era stato frettoloso. Dopo di che era ritornata alle sue orazioni.

Mezz'ora dopo, a messa finita, Ildico non si alzò con le altre, ma rimase inginocchiata, nella stessa posizione innaturale di prima. Iride tentò di scuoterla, ma ella parve non sentire. Madre Pulcheria disse: «Lasciatela sola. Ritornerà in sé». Onoria se n'era irritata, non sapeva bene perché. «Madre, è una delle mie dame di palazzo, la messa è finita e ho bisogno di lei.» Osservazione sciocca, che poteva provocare un rimprovero come: «In questa casa non ci sono né dame di palazzo né principesse; questa è la casa di Dio». Invece Pulcheria chinò leggermente il capo e disse: «La sostituirò io, finché Dio ha bisogno di lei. Andiamo, e dimmi quel che devo fare». La sorella dell'imperatore! Il peggio era che faceva sul serio. Nessuna meraviglia se la gente diceva che era una santa. Forse lo era veramente, forse lo era anche Ildico. Fin da bimba era stata molto pia. Pregare era per lei cosa naturale; era capace di passare ore in preghiera: gran vantaggio in quella casa! Pareva non sentisse nemmeno la durezza di quelle panche di legno. Come mai Dio si compiaceva talmente di una persona, solo perché aveva l'aspetto di un giglio morente? Iride, naturalmente, la odiava, e forse appunto per questo non la odiava Onoria. Iride era un po' rozza e in passato non era stata sempre molto delicata nella scelta. Ma era quella che soffriva di più, in questo bisognava renderle giustizia. Ma perché poi renderle giustizia? O che l'atmosfera del «convento» avesse attaccato anche lei?

Onoria fece una smorfia di spavento. No, non voleva essere una santa: non era fatta per esserlo. Voleva vivere, vivere... e quella era una casa di morti, dove non si pensava che alla vita futura, all'aurea erba del cielo, ai fiori di rubini, all'armonia delle sfere, alle cose di cui aveva parlato nella predica della domenica precedente il sacerdote rapito in estasi. La vita dopo la morte! Ma che n'era di *questa* vita?... di questa cara, calda, giovane vita, dove l'erba è verde e non dorata, e i fiori hanno il profumo del miele, e ci sono uomini, forti, vigorosi, di magnifica bruttezza, uomini dalle mani avide che vincono ogni resistenza?...

I pensieri di Onoria andarono a sbattere per la millesima volta contro le mura della sua prigione. Cavalcare, cavalcare cavalli selvaggi per la steppa sconfinata... con lui! Inseguire lupi o antilopi, e la propria furiosa felicità! Sedere nelle bettole, accanto a gente del popolo più basso, sporca, sudata, bere vino aspro e fare scherzi audaci. Aspettare, a letto, il suo passo, silenzioso eppur possente, vedere la tenda pesante sollevata con impeto, e lui entrare, la forza impersonata, l'orrida, magnifica possanza virile. Ah, vieni, vieni! Aveva ragione Iride, mille ragioni: meglio avere per amante il nero Siface, o magari un marinaio del porto semi-ubriaco, partecipare alla sua vita, dargli dei figli, i suoi figli. Suo figlio! Che ne avevano fatto? Nelle sue lettere alla madre – una alla settimana, madre Pulcheria ci badava – non lo nominava mai; mai dopo quella prima volta, quella prima lettera scritta a bordo della nave diretta a Costantinopoli, a quella santa prigione. Era stata spedita dall'isola di Leuca, dove avevano fatto scalo per prendere acqua e viveri. Al suo scoppio di disperazione, alle sue suppliche, la madre aveva risposto con una sola riga: «Per il bambino si è provveduto». Dov'era? Viveva ancora? E come lo allevavano, e dove, e a chi affidato? Una cosa soltanto era certa: mai gli avrebbero detto chi erano i suoi genitori, e che era di sangue imperiale. A questo punto risentiva sempre una specie di soddisfazione: in nessun caso potevano dirgli il nome del padre, perché essi stessi non lo conoscevano. Lo sapeva soltanto lei... e Ildico. Iride forse sospettava qualche cosa. Era certo però che Ildico non le aveva mai detto nulla: ci si poteva fidare di lei, nonostante quelle sue strane estasi, forse appunto per quelle. Era fidata, quella strana creaturina, e amava la:sua padrona, mentre Iride non amava che se stessa.

Bah, aveva ragione lei, era logico. E con lei si poteva intrattenersi, fare pazzeschi progetti, parlare di cose delle quali la pallida piccola santa non aveva un'idea. Con Ildico però si poteva anche parlare di Etel e del bambino. Ma era sempre la stessa storia, nulla mutava mai, lì fuori dal mondo, era come essere sepolte vive. Ildico si sentiva felice: ecco ciò che rendeva tanto difficile la comprensione. Pareva che rifiorisse in quell'atmosfera d'incenso, di inginocchiatoi e di monache.

Era una ragazza fatta, e trovava ovvio che nessun uomo, a eccezione di alcuni pochi preti, potesse metter piede nel palazzo. Più convento di così!...

Onoria, nella sua disperazione, aveva tentato persino di seguire l'esempio di Ildico, di figurarsi che stava lì volentieri, che la sua vita mondana fosse finita, che ella dovesse, anzi volesse, passare il resto della vita a prepararsi a Dio e all'eternità. In fin dei conti, credeva in Dio: da piccola era stata istruita nella religione cristiana; più tardi la madre aveva sempre voluto che assistesse alla messa le domeniche e feste, e di tanto in tanto aveva anche lunghi colloqui col vescovo Niceta. Ma si trattava, in certo qual modo, di cose che s'imparano, non che si vivono, a meno che uno non sia vescovo o monaca: e allora è professione. Insomma, era come l'istruzione scolastica, che qualche cosa si ritiene e qualche altra si dimentica, e nella vita reale, anche ciò che si ricorda sale di rado alla superficie. Era come cosa che non appartenesse alla vita, che, nella migliore ipotesi, corresse parallela alla vita. Per madre Pulcheria e per Ildico invece pareva fosse parte della vita, anzi tutta la vita. Aveva tentato di farne vita anche lei, ma ben presto ci aveva rinunciato: non le si addiceva; o forse Dio non si accontentava che lo facesse per forza; forse Lui esigeva: tutto o nulla.

Talvolta dubitava perfino che Dio esistesse. Era comica l'idea che madre Pulcheria (non faceva mai uso del suo titolo imperiale in casa propria) s'inginocchiasse tante volte al giorno, borbottasse preghiere per ore e ore, e tutte le altre con lei, e poi Dio non esistesse e lei pregasse al vento. Forse un tal pensiero era pericoloso. L'Invisibile, l'Inconcepibile, l'Inesplicabile... oh, lasciatemi in pace! Però era una strana soddisfazione rabbiosa quella di pensare tutti come tanti pazzi, cui dovesse fare le carezze per un certo tempo, fino a liberarsene... fuori, fuori!

Ma, strano: proprio quel singolare stato di Ildico turbava la sua soddisfazione. Da principio non aveva preso la cosa sul serio; Iride parlava addirittura di «commedia». Ma aveva torto, ché Ildico non sapeva neppure che cosa fosse far la commedia. La credeva invece un'eccitazione nervosa, un'esagerazione emozionale. Lei stessa aveva passato un periodo consimile quando aveva quindici anni, ma la cosa era durata soltanto un paio di mesi. Ildico poi aveva passato i quindici anni, e non ne parlava a nessuno; era sempre ugualmente gentile e pareva in tutto normale. Solo quando pregava...

Era un fatto che non le piaceva di vedere Ildico in quelle condizioni: ne risentiva un certo malessere, una sensazione sgradevole; c'era qualche cosa in lei che si ribellava, come se Ildico negasse tutto quanto Onoria bramava, pensava, sperava. Ildico era felice, e ciò costituiva una specie d'ingiustizia verso la sua signora, una forma di rimprovero! Perciò aveva distolto lo sguardo...

Il prete sull'altare innalzava l'ostensorio, il fumo violetto saliva, riempiva l'ambiente della sua dolcezza aromatica. Cantavano; cantava anche madre Pulcheria; Onoria ne vedeva soltanto le spalle strette, ma sapeva che anche il volto di Pulcheria aveva assunto quell'espressione estatica. Anche Pulcheria era felice! Era troppo! Lei sola era esclusa da quel Cielo, lei sola era costretta a seder lì, con le labbra strette, senza nulla sentire. Le veniva voglia di gridare...

In quella Iride si volse verso di lei e disse sottovoce: «Ci sono novità!».

Novità? Che? Cosa? Iride le fece segno di tacere. Prudenza, non adesso, più tardi. Le venne in mente che Iride era stata fuori la mattina; madre Pulcheria l'aveva mandata a palazzo con una lettera. Non era la prima volta che mandava Iride o Ildico dall'imperatore con un messaggio speciale o per prendere in consegna un messaggio di lui. Forse faceva così per avere la sicurezza che il messaggio non sarebbe stato intercettato da qualcuno degli innumerevoli agenti di Crisafio o di qualche altro funzionario. Tutti avevano le loro spie personali, precisamente come ad Aquileia, a Ravenna o a Roma. Iride era ritornata all'ora della preghiera, sicché non aveva ancora avuto occasione di riferire quanto aveva sentito.

Finalmente il prete uscì dalla cappella. Ella si costrinse a guardare il mosaico raffigurante l'apostolo Giovanni cui la cappella era dedicata: una bella testa giovanile dagli occhi tragici, su fondo d'oro. Finalmente anche madre Pulcheria si alzò in piedi e uscì.

Un momento dopo Onoria e Iride si fermavano nello stretto corridoio claustrale.

«È una fortuna che Ildico abbia uno dei soliti attacchi» sussurrò Iride. «Ho sentito a palazzo cose interessantissime. È giunta un'ambasciata unna, e tutti sono in grande agitazione. L'udienza era ancora in corso, sicché non so di che si tratti, ma molti ritengono inevitabile la guerra e tutti sono pieni di paura.»

«Davvero?» Onoria stentò a reprimere un sorriso di compiacimento. Si tenessero la loro paura! imperatore, ministri e ufficiali! Gli unni erano il popolo *di lui*!

«Sì, domina. Ma hai ancora da sentire il meglio. Colui che gli unni hanno proclamato re, un paio di anni fa, Attila... Ho incontrato il vecchio Prisco, lo storico e filosofo, che accompagnò qualche tempo fa il senatore Massimino nel suo viaggio al paese degli unni. Mi raccontò che il re degli unni assunse il nome di Attila quando divenne re, e che il suo vero nome è Etel. Non si chiamava così quel principe unno che si trovava ad Aquileia come ostaggio?»

Onoria fu colta da vertigini, costretta a chiudere gli occhi e ad appoggiarsi al muro. Etel, Attila...

Accorgendosi che Iride la fissava, si sforzò di stare calma. «Sì, sì, dovrebbe essere proprio quello. E... adesso è re degli unni?»

«Sì, domina, e tutti tremano davanti a lui. Dice Prisco che se quello là si fissa in capo di conquistare Costantinopoli, nulla e nessuno può impedirglielo.»

«Davvero?»

"Cattiva commediante," pensava Iride con disprezzo. "Se non lo avessi indovinato quando vidi il bambino, lo saprei adesso. Che direbbe se le chiedessi a bruciapelo come ci si sente ad aver avuto un figlio dal re degli unni?"

«L'aria,» balbettò Onoria «l'aria cattiva della cappella... Devo mettermi a sedere...»

Ma, quando Iride fece per accompagnarla nella sua stanza, scosse il capo e la respinse con sgarbo.

La camera di Onoria era piccola e ammobiliata molto semplicemente; in nulla differente da quelle delle sue donne. E se la sorella dell'imperatore non l'aveva più bella, era una magra consolazione.

Non si coricò e si mise accanto alla finestra aperta, guardando nel vuoto. Non vedeva i cipressi e gli oleandri del giardino, le tegole dorate dei tetti vicini, lo splendido panorama del Bosforo turchino; non udiva le schiave che cantavano allegramente raccogliendo fiori e frutta, donne di ogni età, probabilmente le serve meglio trattate di tutto l'impero.

Era re e tutti tremavano dinanzi a lui. E lei gettava la sua giovinezza, dimenticata, conducendo una vita da monaca. Ma... era realmente dimenticata?

Strinse i denti. Era lì per causa di lui, di lui e del bambino, di cui egli nulla sapeva! Se sapesse... Ma non poteva farglielo sapere, non poteva dirgli nemmeno se il bimbo fosse ancora vivo. «Per il bambino si è provveduto.» Ma dove, madre? In Cielo forse? No, nulla poteva dirgli del figlio prima di sapere che viveva.

Non era dimenticata: come aveva potuto pensarlo, anche per un solo minuto? Oh, in quella casa si perdeva ogni gioia, ogni orgoglio, tutto! Non l'aveva dimenticata. Altre donne... Senza dubbio c'erano altre donne nella sua vita, e molte! «Viviamo e cavalchiamo e giacciamo con le nostre donne!» Ma dimenticata non l'aveva. Sapesse almeno ciò che le avevano fatto! Sapesse dove si trovava!

Fuggire? Correre da lui? Nessuna speranza: non le era permesso nemmeno di uscire! Gli eunuchi alle porte avevano ordini severi, e non erano ordini di Pulcheria, ma dell'imperatore stesso. Impossibile corromperli, non aveva denaro e anche i suoi gioielli erano sotto chiave. «In questa casa non si portano gioielli.» Che bisogno ha una monaca di gioielli?

La fuga era fuori questione. Una lettera? Ma chi gliel'avrebbe portata? Più difficile ancora della fuga: qui occorreva un messo e anche il denaro. In città, però, si trovava una delegazione unna. Se qualcuno potesse avvicinarla, consegnarle di nascosto una lettera... Ma chi? Iride? No, Iride no! Un eunuco... piuttosto un eunuco che Iride. Ma come fare a parlargliene? Si sarebbe subito accorto che agiva di nascosto da Pulcheria, e allora avrebbe preteso danaro.

«Ildico!»

Nessuna risposta. Oh, Dio, certo era ancora in cappella e aveva uno dei suoi attacchi, come li chiamava Iride. Proprio adesso, che c'era così urgente bisogno di lei, doveva capitarle l'attacco. Ma no: ecco il suo passo nel corridoio.

«Ildico!»

La giovinetta entrò, pallida e con un sorriso che chiedeva scusa. «Eccomi, domina. Mi dispiace molto, mi sono un po' attardata» s'interruppe, vedendo la faccia di Onoria. «Che è stato, domina? Non sei mica malata?»

«No, no, sciocchezze. Ildico! Lui è diventato re del suo popolo, un re potente. Ricordi ancora? Al castello di Barioli, quando dicesti che un bel giorno sarebbe ritornato col suo esercito a prendermi? Forse viene!» Alt! Prudenza! Non si deve parlare così con questa creaturina.

«Ascolta, Ildico, ascolta, tesoruccio mio. C'è qui una delegazione di unni, venuta per l'imperatore. Lui non sa dove sono; non sa nemmeno se sono viva. Voglio scrivergli. Vuoi provvedere tu affinché riceva la mia lettera? Vuoi consegnarla al suo inviato? Fallo, e sii benedetta per tutta la vita!»

Ildico era raggiante di gioia. «Oh, certo, domina. Dov'è la lettera?»

«La scrivo subito! Oh, grazie, agnellino mio dolce. Sapevo che mi sei fedele. Lasciami scrivere ora...»

"Com'è bella quando è felice" pensava Ildico. Finalmente, finalmente: aveva pregato tutti i giorni per lei. E disse: «Vado subito da madre Pulcheria a chiedere il permesso, per non perder tempo».

Onoria balzò su. «Sei matta? Non deve saper niente. Nessuno deve sapere, all'infuori di me e te.»

«Ma, domina...» balbettò la fanciulla, atterrita da quello scoppio di violenza. «Tu non fai che cose giuste! Tu e... il re... siete uniti. Perché non deve saperlo la reverenda madre?»

"Oh, che idiota! Bestia! Pazienza, o guasto tutto."

«Inoltre» proseguì Ildico «non mi lasciano uscire senza permesso.»

Era vero, e l'aveva dimenticato, erano tutte prigioniere. Però... «Madre Pulcheria ti ha mandato altre volte a palazzo. Forse lo farà di nuovo.» Sì, ma quando? E quanto tempo si sarebbe trattenuta la delegazione unna? Se partisse prima che Ildico potesse consegnare la lettera?

Incominciò a tremare in tutto il corpo, e improvvisamente proruppe in singhiozzi disperati: le pareva che la tirassero a forza in tutte le direzioni, che la strappassero, che la facessero a brani; tutto il mondo era contro di lei...

Cadde sul letto, e, con voce di bambina: «Vorrei esser morta!».

Ildico le si inginocchiò accanto: «No, no, domina cara, lo farò, te lo prometto; troverò il modo».

Onoria sollevò il bel volto lagrimoso. «Giura, Ildico, giura che la mia lettera gli giungerà e che non lo dirai a nessuno in questa casa.»

Ildico esitò un brevissimo istante. Era come se un'ombra aleggiasse tra lei e l'infelice donna che le stava dinanzi. Poi disse: «Lo giuro, giuro per la mia vita».

«Che c'è, Didimo?» chiese Crisafio con aria stanca. «È forse morta la nobilissima Augusta Pulcheria? Se è così, ti perdono di avermi disturbato in questo momento.» Crisafio era l'ombra di se stesso. Il corpo grasso si era rinsecchito, la pelle aveva assunto un colore di vecchia pergamena. Il primo colloquio con l'imperatore era stato quanto mai tempestoso e in quel momento egli non sapeva ancora se avrebbero accettato le condizioni di Attila e se l'avrebbero consegnato agli unni. In tal caso, non restava che la capsula col veleno potente: meglio quello che qualche orribile martirio nel campo di Attila. Aveva osato fare allusioni alla perdita di prestigio che sarebbe derivata dal consegnare a un sovrano straniero il più alto funzionario dell'impero, ma Teodosio lo aveva investito con violenza: «Sei tu, tu che hai diminuito il nostro prestigio col tuo miserabile criminoso piano di assassinio!». Allora si era gettato ai piedi dell'imperatore. Era vero, aveva disegnato di far uccidere Attila. Ma perché? Forse per i propri scopi personali, o non a vantaggio dell'imperatore, che amava più di se stesso? Era logico che non gliene avesse parlato: non voleva gravare la coscienza imperiale, voleva portare su di sé tutta la colpa. E una tale azione era necessaria se si voleva evitare l'aggressione degli unni.

Di solito le grandi scene drammatiche facevano il loro effetto su Teodosio, e anche questa volta Crisafio ottenne che almeno non prendesse una risoluzione immediata. Poi l'imperatore aveva chiamato in udienza privata Nomio e Anatolio: Crisafio non conosceva ancora il risultato di questa udienza. Era quasi mezzanotte: fra dodici ore la delegazione unna sarebbe ripartita.

Ed ecco Didimo che voleva assolutamente riferirgli ciò che era avvenuto nel «convento». «Fuori dunque! Ma spicciati.»

«Una giovane aspetta qui fuori, l'ho condotta qua per suo desiderio. È una dama di palazzo dell'Augusta Onoria, la domina Iride.»

«Adesso? Nel più bello della notte! Madre Pulcheria lo sa?»

«Nossignore.»

«Sciocco! Tu sei il mio miglior uomo al "convento". Se ti scoprono, sei licenziato. Ho penato abbastanza per farti entrar lì...»

«Non importa» disse Didimo, tutto contento. «La notizia di oggi ripagherebbe dieci volte il danno. L'Augusta Onoria ha scritto una lettera ad Attila.»

«Eh? Che stai dicendo?»

«Lo conosce...»

Crisafio balzò su. «Conduci qui quella donna!»

Prudenza! Da ciò poteva dipendere tutto. Non fantasticare, non fare combinazioni: aspettare! Eccola.

L'aveva già vista una o due volte, quando veniva a palazzo, ma senza farvi grande attenzione. Bella, di una cupa bellezza egiziana: certo di sangue egiziano. Niente affatto timida: doveva annoiarsi presso la cara madre Pulcheria. La bocca era piuttosto dura.

Crisafio s'inchinò con grande cortesia, l'invitò a sedere e la guardò con occhio freddo e scrutatore. L'ora era molto insolita per una visita – diceva lo sguardo. Di che si trattava?

Iride non perdette tempo. «Sono venuta a comunicarti cose di grande importanza. Ne ho già accennato al tuo servo Didimo.»

«Didimo» interruppe in fretta Crisafio «è il servo della illustrissima Augusta Pulcheria.» Ma sorrise, per non scoraggiarla.

Ella continuò: «Didimo sa qualche cosa, ma è ben lungi dal saper tutto. Qualche cosa ho dovuto dirgli, altrimenti non mi avrebbe portata qui».

«Giusto» disse Crisafio.

Ella trasse un profondo respiro. «Ti dirò tutto. Ma devi comprendere ciò che significa per me: devo esser sicura che mi proteggerai e... mi ricompenserai. Mi trovo in una situazione molto pericolosa.»

«Non siamo privi di un certo potere» disse Crisafio parlando dall'alto. Non poté fare a meno di pensare alla sua ultima udienza dall'imperatore: forse in quello stesso momento Teodosio aveva deciso di consegnarlo agli inviati di Attila. Nonostante la sua situazione disperata, gli faceva piacere che quella donnicciuola lo credesse onnipossente.

«Mi affido a te completamente» disse Iride. «Il tuo servo, il servo dell'Augusta Pulcheria, ti avrà detto che la mia signora ha scritto al re degli unni, e che lo conosce. Tutto questo è vero, ma non è che una parte della verità. Lo ha conosciuto ad Aquileia, quando si trovava colà come ostaggio, sotto il nome di principe Etel.»

"Esatto" pensò Crisafio: "era principe Etel o kan Etel prima di diventare Attila." E le fece un cenno d'incoraggiamento.

Iride rise con disprezzo. «A quel tempo s'innamorò di lui. Ho bisogno di dirti altro?» Chinò gli occhi, tutta compunta. «Comunque sia, è questa la ragione per la quale fu mandata qui.»

«Davvero?» domandò soavemente Crisafio, i cui pensieri ballavano una ridda sfrenata. «Interessante. Suppongo che la relazione fra una principessa imperiale e un kan unno non fosse ben vista a corte.»

Iride fece una breve risata. «Nessuno sa nulla, nemmeno l'imperatrice madre; la mia signora ricusò ostinatamente di fare il nome del suo... il nome, insomma. Io stessa lo scoprii molto tempo dopo.»

«Ebbe un bambino» disse Crisafio. «Non serve negarlo, bella mia, è un segreto pubblico. Che n'è del bambino?»

«La mia signora non poté prenderlo con sé: alle volte pensa che non viva nemmeno più. Non ne sa nulla, e nemmeno io ne so qualche cosa.»

«Un maschio?» chiese Crisafio con fare amichevole.

«Un maschio.»

«E Attila... il padre, lo sa? No? Ne sei ben certa? Non si

sono messi in rapporto prima d'ora? Solo adesso? Sai che cosa gli ha scritto?»

«Abbastanza esattamente. Ne ha parlato con domina Ildico, e io ho udito una parte della loro conversazione... per puro caso.»

«Beninteso» fece Crisafio.

«Diceva che Attila non sa dov'ella si trovi. Dice di averlo pregato di chiederla in sposa; ma non gli ha parlato del figlio, perché non sa se sia vivo, e quando lui fuggì da Aquileia non gli aveva ancora detto che aspettava un figlio.»

«Lo ha pregato di chiederla in sposa?» ripeté Crisafio. Goccioline di sudore gli imperlavano la fronte, il volto aveva contrazioni convulse. «E la lettera?»

«Domina Ildico ha promesso di consegnarla agli ambasciatori unni.»

Crisafio inghiottì la saliva a grande stento. «Quando?»

«Appena ne avrà la possibilità. Forse domani.»

Egli si sporse: «Sei certa che la lettera non è ancora partita?».

«Certissima. Perciò sono venuta da te a quest'ora, affinché tu possa impedirlo.»

Egli riprese la posizione di prima. «Già, già! Capisco. E tu sei certa, proprio certa che l'Augusta Onoria abbia chiesto l'aiuto di Attila? Sì? L'ha detto lei stessa?»

«Sì, e gli ha mandato il suo anello col sigillo come segno che si considera sua fidanzata.»

Crisafio chiuse gli occhi. Quando li riaprì, la sua risoluzione era presa. «Sta bene, mia cara domina, ti sono riconoscentissimo. Ora dimmi una cosa: perché mi hai raccontato tutto questo?»

Iride si morse le labbra. «Non posso resistere a questa vita: sono giovane, non sono nata per fare la monaca. Ti ho portato notizie importanti: ora sta in te aiutarmi.»

«Povera ragazza!» disse l'eunuco con fare paterno. «Come hai fatto a resistere così a lungo?»

Le accarezzò il braccio. «Stai tranquilla, aggiusteremo la faccenda. Ora ascolta bene. Devi ritornare al "convento"...»

Ella saltò su: «No, no, mai! Se scoprono...».

La rimise giù a sedere, con amichevole risolutezza. «Non scopriranno. E non sarà cosa lunga. Ti prometto che entro una settimana, forse anche prima, certamente non più tardi, sarai libera. Eccoti...»

Aprì un cassetto della scrivania e ne trasse una cassettina di tartaruga. «Vedi...»

Gli occhi le si dilatarono. Lo scrignetto conteneva un mucchio di gioielli, scintillanti, di tutte le forme e grandezze.

«Sono pezzi scelti» disse l'eunuco. «Nessuno vale meno di cinquanta libbre d'oro. Prendine uno, prendine anche due! Scegli tu. Non che questa sia la tua ricompensa: questo ti do perché sei obbediente e consenti a restare in convento ancora qualche giorno. Appena ne uscirai, ritorna da me e ti donerò una bella casa in città con schiavi quanti ne vorrai e diecimila solidi d'oro. Sei contenta? Vedi? Ora torna indietro e comportati come nulla fosse stato, in modo perfettamente naturale. Non hai visto nulla, non sei stata da me, non immischiarti in nulla e aspetta. Aspetta finché sia partito il messo per Attila, il messo per gli inviati unni, intendo. Non sarà ancora domani, probabilmente posdomani. Didimo ti avviserà. Poi ritorni da me e mi racconti ogni cosa in forma ufficiale! Siamo intesi? Ottimamente! Ora vattene, mia bella. Che cosa hai scelto? Il rubino e lo smeraldo rotondo? Hai buon gusto. Didimo, riconduci domina Iride. Avrai mie notizie. Buon lavoro.»

Quando le tende ricaddero dietro la coppia disparata, Crisafio fu costretto ad afferrarsi alla scrivania, gemendo di voluttà. Finalmente si gettò sulla seggiola e rimase lì, accoccolato come un pappagallo, dondolandosi leggermente in su e in giù e mandando gridolini di gioia.

La mattina successiva chiese e ottenne una nuova udienza dall'imperatore. Questa volta però era un altro uomo: questa volta non ci furono scene drammatiche, né giustificazioni, né implorazioni. Dinanzi a Teodosio stava un uomo ritto, sicuro di sé.

L'imperatore era stupito. Ancora non aveva preso una decisione. Nomio aveva impiegato due ore e mezza a spiegargli che non c'era abbastanza oro nel tesoro imperiale per condurre una guerra in grande stile, e Anatolio era stato una mezz'ora a chiarirgli che, in caso di guerra, gli unni sarebbero arrivati a Costantinopoli in meno di tre mesi... In altre parole, volevano che accettasse le condizioni di quella gente sfacciata e smanierata. Dio e tutti i santi sapevano che il loro servo Teodosio non si sentiva affatto portato a fare una guerra: ma sapevano pure che si sentiva altrettanto poco disposto a lasciarsi trattare da schiavo e ad accondiscendere a tutte le pretese degli offensori.

Non era troppo difficile pagare la taglia; ma Crisafio aveva tutte le ragioni quando affermava essere un duro colpo al prestigio dell'impero quello di consegnare a un sovrano straniero il suo più alto funzionario. La prossima volta quell'incredibile unno avrebbe chiesto la consegna dell'imperatore!

Era furente, ma dietro a quel furore stava la convinzione – cupo dolore rodente – che, nonostante tutto, avrebbe dovuto cedere. Era in queste condizioni di spirito, quando entrò Crisafio. E ora quell'individuo, quell'eunuco, che si trovava a un passo dalla fossa, aveva assunto un contegno da Socrate!

Quando Crisafio si fu convinto che, come al solito, quando non c'era che una sola via d'uscita, l'imperatore non era capace di prendere una risoluzione, disse, in tono altamente solenne: «Ho riflettuto a lungo, Maestà. Gli inviati chiedono risposta entro mezzogiorno. Consiglio il mio imperatore di accondiscendere alla loro richiesta».

«Come? Dovrei consegnarti?»

«Anche questo potrebbe diventar necessario in avvenire, Maestà» disse Crisafio, allontanando con cura un granello di polvere dal suo mantello. «E spero che il mio imperatore non dubiti che mi considererei felice di risparmiare una guerra all'impero a così basso prezzo. Ho trascorso una lunga vita al servizio del mio imperatore e sono pronto a morire appena ciò sia necessario. Ma, nel consigliare di aderire alle pretese degli inviati, ho inteso parlare della loro richiesta di avere una risposta entro il mezzogiorno di oggi.»

«Oh, guarda!» fece Teodosio seccamente, strascicando le parole. «E che devo rispondere? Che posso rispondere?»

«Quello che darà la massima gioia ad Attila: che non soltanto corrisponderemo alle sue aspettative, ma le supereremo.»

«Crisafio! Non ti intendo.»

«Persino Attila comprenderà che non possiamo mettere insieme tanto oro in un paio d'ore, e i suoi inviati hanno evidentemente gran premura di far ritorno. Dunque, noi diremo loro che non soltanto accettiamo, ma che faremo molto di più, che fra pochi giorni partirà una carovana, accompagnata dai più alti funzionari dell'impero.»

«Sarebbe sempre un paio di giorni guadagnato» rifletté Teodosio.

«Molto di più. Vostra Maestà ha ricevuto la visita del gran tesoriere e del gran *magister*. Senza avere avuto l'onore di assistere all'udienza e senza aver parlato con quei nobili signori, credo di poter dire con tutta modestia quello che hanno comunicato a Vostra Maestà. Nomio ha detto che la guerra costa troppo, e Anatolio che non possiamo vincere.»

Teodosio si rallegrò. Sentiva che l'eunuco aveva riacquistato tutta la sua sicurezza, e ciò gli faceva bene. «Continua, Crisafio.»

«Ritengo dovere del tesoriere pensare che abbiamo denaro sufficiente, e dovere del supremo comandante militare provvedere a che vinciamo le nostre guerre. È quindi provato che Nomio e Anatolio hanno mancato al loro dovere. Non devono perciò sorprendersi se l'imperatore esige ora che appianino la questione col re degli unni direttamente, cioè si rechino essi stessi da lui in qualità di ambasciatori. Non abbiano preoccupazioni: nessuno chiederà la loro vita.»

«E tu, Crisafio? Attila chiede la tua.»

«Infatti, mi fa quest'onore. Io proporrei che Nomio e Anatolio portassero soltanto l'oro, proponendo un secondo pagamento in tempo di... diciamo, sei mesi, quale riscatto per la vita dell'indegno servo di Vostra Maestà.»

«Indegno, ma anche molto caro» ribatté Teodosio, corrugando la fronte. «Nomio sarà fuori di sé, quando glielo dirò.»

«Allora Vostra Maestà potrà aggiungere che questo è l'ultimo pagamento dell'impero ad Attila, per i prossimi cinque anni, e forse per sempre.»

«Povero il mio Crisafio! E tu pensi che ci crederà?»

«No» rispose bruscamente l'eunuco. «Ma, per un caso, è la verità.»

Teodosio scosse il capo a una simile dichiarazione.

«Non avresti qualche nuovo progetto spaventoso, ehi, Crisafio?»

L'eunuco sorrise compiaciuto.

«Vostra Maestà può star tranquillo: questa volta non sarò io a fare il progetto.»

«E chi allora?»

«Attila, Maestà.»

Quando fu l'ora, Ildico fece un'ultima visita alla cappellina. Era passata di poco la mezzanotte e tutto il «convento» dormiva. Pregò per un poco davanti all'altare e, come al solito, la sua preghiera fu un colloquio confidenziale con Dio.

«Mi dispiace molto di dovermene andare, ma Tu vedi che è necessario, vero? L'ho promesso, ho dovuto anche giurare, sulla mia vita; dunque debbo farlo. La mia signora ama quell'uomo e sono certa che anche lui la ama. Hanno commesso un grave peccato, e sono stati duramente puniti con tutti questi anni di separazione. Ora la mia signora vuole sposarlo ed essere unita a lui, e perciò devo consegnare questa lettera agli uomini che egli ha mandato qui. Mi ha proibito di parlarne con madre Pulcheria, e questo mi rattrista. Non mi piacciono i segreti e voglio bene a madre Pulcheria, ma devo obbedienza alla mia signora. A Te però lo dico, e nessuno me lo può proibire. Non è bello scivolar fuori di qui di nascosto nel bel mezzo della notte e non mi fa piacere, per quanto non abbia paura. Anzi sì, ho paura, ma questo non importa, e Tu mi hai già soccorso. Hai reso Didimo così buono e tanto disposto ad aiutarmi. È certo che tutto andrà bene. Tiene perfino un muletto pronto per me e mi accompagnerà. E ora devo andare. Infinite grazie!»

Si alzò e uscì in fretta: se fosse rimasta di più, non sarebbe stata più capace di andarsene. Aveva mormorato le sue parole, come un bimbo che fa un'ambasciata, senza sollevare gli occhi al tabernacolo, benché il suo cuore bramasse di farlo. Ma quello non era il momento di essere felici: era il momento di fare il proprio dovere.

Didimo l'aspettava già, un po' nervoso, ma sorridente. Si pose alle labbra il grosso indice per chiedere silenzio, la precedette dondolandosi sulle gambe e aprì il pesante portone. Non si vedeva nessuno. Didimo stesso era di guardia quella notte. La fece sgusciar fuori, poi la seguì e chiuse dietro di sé la porta molto piano e con gran cura. Dovettero camminare sul tappeto d'erba: la ghiaia dei viali scricchiolava troppo. Ben presto raggiunsero l'estremità del giardino, dove due muletti li aspettavano. Didimo slegò le bestie e aiutò Ildico a montare in groppa: ella sapeva cavalcare, avendo accompagnato più volte Onoria. Era una fortuna, perché pareva che Didimo avesse gran fretta. Dopo qualche tempo ella si avvide che quella non era la via del palazzo imperiale.

«Dove andiamo, Didimo?»

Egli si volse: «Gli ambasciatori hanno già lasciato la città. Dobbiamo correre se vogliamo raggiungerli».

«Lasciato la città? Ma allora non saremo di ritorno in tempo!»

«È così, domina Ildico... Ma se mi dai la lettera, correrò avanti da solo: tu non hai bisogno di me per trovare la via del ritorno.»

Ildico esitava. Onoria aveva combinato tutto con Didimo, ed era stata contentissima quando l'intelligente eunuco si era messo a sua disposizione; a ogni modo, però, aveva insistito affinché Ildico lo accompagnasse. Gli eunuchi sono poco fidati, aveva detto: anche se erano onesti, occorreva sempre tener presente che spesso per pura pigrizia asserivano di aver eseguito un incarico, che in realtà avevano dimenticato. E quella lettera era tutto per lei.

«No, caro Didimo, ti accompagno.»

Egli annuì senza dir parola, e proseguirono. Che cosa terribile se, la mattina, madre Pulcheria avesse notato la sua assenza! Onoria certo le avrebbe detto che l'aveva mandata fuori lei; non avrebbe permesso di certo che madre Pulcheria pensasse male della giovinetta. E lei aveva *giurato* di consegnare la lettera. Le venne un'altra idea improvvisa.

«Didimo...»

L'eunuco si guardò in giro da tutte le parti.

«Che vuoi, domina Ildico?»

«Didimo, se questo ha da diventare un vero viaggio, avremo bisogno di denaro, non ti pare? E io non ne ho.»

Egli rise piano. «Non darti pensiero, abbiamo denaro a sufficienza.»

Erano giunti ai sobborghi della città. Di tratto in tratto Ildico vedeva al chiaro di luna qualcuno che, agli angoli delle strade o sotto i portoni, li seguiva con lo sguardo.

Era straordinario che Didimo portasse indosso denaro, aveva proprio pensato a tutto.

Una o due volte le parve di sentire dietro a loro un calpestio di cavalli. Ma forse si era ingannata.

Finalmente le case si diradarono, ed essi si trovarono su una strada larga, ben tenuta, fiancheggiata da cipressi. Da dietro una macchia di lauri sbucò una carrozza da viaggio gallica, tirata da quattro cavalli: il conducente gridò qualche parola. Didimo agitò il braccio e la carrozza si fermò.

«È mio fratello» disse l'eunuco. «Da qui innanzi viaggeremo più comodamente e più veloci.»

Il fratello di Didimo mostrò i denti ridendo. «Sicché hai portato con te la piccola domina. Salite, salite! Tirace si prenderà cura delle bestie.»

Uno schiavo li aiutò a scendere, montò in groppa a uno dei muli, prese l'altro per la cavezza e se ne partì.

Un minuto dopo Ildico sedeva in carrozza accanto a Didimo, e i quattro cavalli si lanciavano sulla strada maestra, sicché gli zoccoli facevano volare scintille. I cipressi correvano all'indietro.

Didimo aveva pensato davvero a tutto. Correndo a quel modo avrebbero fatto presto a raggiungere gli inviati, ed ella poteva essere di ritorno prima che sorgesse il sole.

Quando si svegliò era giorno chiaro. I cavalli continuavano a correre come il vento. Didimo, accanto a lei, dormiva sodo, con la bocca semiaperta, russando in modo spaventoso. Povero Didimo, doveva star molto scomodo, così seduto tutta la notte, grasso e grosso com'era.

Faceva freddo. Ella disse, rabbrividendo, le preghiere del mattino, poi si guardò intorno. Stavano attraversando un grazioso paesaggio collinoso. Sollevò un poco la tenda. Ora poteva vedere il fratello di Didimo, il guidatore. Era più sottile di Didimo, portava un pugnale infilato nella cintura e si teneva accanto, sul sedile, una larga spada.

L'eunuco mandò un profondo sospiro, aprì gli occhi e sbadigliò. Il suo cervello riprese a lavorare. Egli si drizzò, si guardò attorno e sorrise.

«Buon giorno, Didimo. Sai dove siamo?»

«Presso a poco, domina Ildico: sulla via di Sardica.»

«Di Sardica?»

«O piuttosto di quello che è ancor rimasto di Sardica. Gli inviati hanno lasciato Costantinopoli ventiquattr'ore prima di noi; di conseguenza è difficile che li raggiungiamo prima di Sardica.»

Ildico pensava al «convento», ove dovevano aver già notato la sua assenza. «Quando credi che arriveremo a Sardica?»

«Domani nel pomeriggio, credo, se avremo un po' di fortuna.»

Le caddero le braccia. «Ma che diranno a casa? Non hai paura?»

«No, domina Ildico. Il nostro incarico è molto importante, vero? Ciò che dev'essere dev'essere. Ehi, fratello, non c'è qualche locanda da queste parti? Ma buona! Dobbiamo far colazione.»

«Fra un'ora» rispose laconicamente il cocchiere, senza volgersi indietro.

Didimo trasse fuori una borsa piena di datteri e fichi. «Mangia, domina, avremo molto bisogno di forze.» Ella mangiò, ringraziando, e Didimo mangiò il resto.

Nella locanda, dove scesero un'ora dopo, trovarono una colazione, consistente in un soffritto di farina con succo di limone, olive, formaggio caprino, pane e un vino aspro, del paese.

Un uomo, dall'aspetto di soldato in borghese, informò Didimo che la delegazione unna era passata di là circa dieci ore prima. Parlava cortese, quasi da subordinato, e Ildico notò che la squadrava, non come la fissavano talvolta gli uomini, da farle venir la voglia di ripulirsi dei loro sguardi, ma con curiosità, quasi con compassione. Il cocchiere staccò i cavalli stanchi morti e ne ricevette degli altri, freschi: bestie magnifiche. Doveva esser ricco, l'oste, per tenere simili cavalli nella sua stalla cadente.

Mezz'ora più tardi erano già in cammino: questa volta guidava Didimo, e il fratello dormiva.

Nel tardo pomeriggio si fermarono a un'altra locanda, per il cambio dei cavalli. Tutto si svolse come la mattina anche qui c'era un uomo dal piglio soldatesco, che li informò sul passaggio dell'ambasceria.

Avevano guadagnato terreno. Ora Didimo era convinto che li avrebbero raggiunti nel pomeriggio o la sera successiva. «Hanno una dozzina di carri da trasporto, coi doni dell'imperatore, il che rallenta la marcia. Coraggio, domina Ildico, presto ci saremo.» Ella sorrise in silenzio. Presto o non presto: fare si doveva.

Le strade si facevano cattive. Ildico poté dormire un paio d'ore prima di arrivare alla terza locanda. Si svegliò che era notte e al primo momento non capì dove si trovasse. Aveva sognato, ma il sogno se n'era già fuggito verso paesi ignoti. Udì voci rozze e vide volare scintille rosse.

Un piccolo reparto di soldati era fermo all'ingresso: uomini alti, robusti, che la guardarono audacemente quando scese di vettura e si diresse, con le gambe irrigidite, verso la porta: sulla soglia stava l'oste con in mano la fiaccola che mandava scintille.

La locanda constava di un'unica grande sala. Didimo discorreva a bassa voce con l'ufficiale. Pareva insistesse per essere accompagnato dai soldati, e l'ufficiale cercasse pretesti per non accontentarlo. Alla fine Didimo si voltò con un gesto di disprezzo, e l'ufficiale, tutto rosso in volto, si diresse verso i suoi uomini. Strano: Didimo aveva parlato come fosse il superiore dell'ufficiale, e quello, pur persistendo nel rifiuto, aveva mostrato d'averne paura.

Durante la cena, Didimo apparve di malumore e preoccupato, ma Ildico non poté resistere alla tentazione di fargli delle domande intorno all'ufficiale. Didimo scattò: quel porco, quel vigliacco, aveva rifiutato di farli scortare attraverso la «cintura». Ma se ne sarebbe pentito! Centurione Simmaco della sesta legione, cavalleria, primo squadrone della seconda ala. Oh, abbiamo buona memoria e non dimenticheremo. Il meno che gli potrà capitare sarà la degradazione, se non sarà peggio. E tutto questo perché un paio dei suoi dannati brocchi avrebbe potuto soffrirne: pretesto, niente altro. I cavalli, poi, non erano nemmeno stanchi; non avevano fatto più di quattro ore di strada; la scorta precedente l'aveva fatta ben più lunga e non era stanca. Come? Ah, certo, avevano sempre avuto una scorta che li aveva seguiti, fin da Costantinopoli.

Ildico ricordò il calpestio di zoccoli che aveva sentito. Ma perché? A che scopo quella scorta? E chi l'aveva mandata?

Didimo si strinse nelle spalle. «La tua signora ha amici potenti, domina» mormorò, non senza un certo imbarazzo. Perché quell'imbarazzo? Era ovvio che domina Onoria possedesse amici potenti! Ma perché l'ufficiale aveva rifiutato di accompagnarli? Che cos'era quella temuta «cintura?»

«Bevi,» insistette Didimo «bevi, domina Ildico. La notte scorsa non hai dormito molto, e le strade si fanno cattive. Se non bevi, non dormirai tutta la notte.»

Obbediente, Ildico bevette il forte vino scuro. Un po' di pesce lesso e un paio di frutti fu tutto quanto poté mandar giù. Invece l'eunuco e suo fratello divorarono enormi porzioni di carne, avidamente, come se si trattasse dell'ultimo pasto della loro vita. Poi, partenza.

Didimo aveva ragione: le strade si facevano sempre più cattive. Dovettero procedere sempre più lentamente, quantunque la notte di luna fosse tanto chiara da non richiedere nemmeno le fiaccole. Il paesaggio era stranamente irreale: macigni e ciottoli, con qualche magro albero sparso. Anche l'aria pareva mutata: di tratto in tratto giungeva fino a loro un fastidioso odore dolciastro, e in quei momenti Didimo e il fratello si mettevano a parlar fitto, come per impedirle di fare domande.

Poi ella vide l'albero, secco, alto, senza foglie, con uno strano rigonfiamento scuro in cima.

«Esci di strada,» sussurrò Didimo «altrimenti ci diventa isterica.»

Ma il guidatore scosse il capo senza parlare. Impossibile abbandonare la strada in quel punto: era già abbastanza difficile tenerla. L'unica cosa che poteva fare era frustare i cavalli, per perdere di vista al più presto il terribile albero.

«Ferma!» ordinò Ildico. Dovette ripeterlo, con voce chiara e risoluta, prima di ottenere obbedienza. I due fratelli si guardarono, confusi e impotenti, mentre ella scendeva e si avviava verso lo spaventoso albero.

«Perché la lasci fare?» sussurrò il cocchiere. «Quello non è impiccato, è crocifisso.» Didimo sospirò, ma non rispose. Non aveva la minima intenzione di avvicinarsi di un solo passo alla cosa orrenda, né per amore della ragazza, né per l'imperatore, e nemmeno per Crisafio. La videro fermarsi davanti alla croce e inginocchiarsi.

«È impazzita» mormorò il cocchiere. «Crede che sia Gesù Cristo! Guardala! È impazzita.»

Didimo sentì che i denti gli battevano. «Taci! Pazzo sei tu!»

Il fratello, però, non aveva tutti i torti. Ildico credeva realmente che fosse Gesù Cristo, quantunque la sua pazzia fosse di specie ignota ai due fratelli.

«Sei Tu» ella pregava. «Sempre sei presente quando gli uomini soffrono, e tanto più qui, poiché sei morto nello stesso modo. Essi non Ti vedono, non sentono le Tue braccia tese verso di loro, non sentono il palpito del Tuo cuore come l'ombra del loro stesso palpito, finché l'ombra si dilegua, e resti Tu solo, la sola realtà. Non sanno che cosa significhi essere in Te.»

Un pensiero le si affacciò, forse un pensiero di colui che pendeva da quella croce, uno dei suoi ultimi pensieri, un'ultima parola, prima della morte, dieci ore prima? O era il pensiero di un altro: del buon ladrone sospeso alla croce?... Il volto le splendette; ella si segnò con profonda gratitudine, si alzò in piedi e tornò alla carrozza.

«Adesso è in paradiso» disse, e salì.

Didimo dovette scuotere due volte il fratello, perché tornasse in sé. E quegli si diede tosto a frustare selvaggiamente i cavalli. Uno scossone, un altro, e partirono come se avessero alle calcagna un'orda di lupi. Il guidatore non osava volgersi indietro; Didimo gettò un breve sguardo scrutatore alla ragazza che aveva sopportato senza batter ciglio il più orribile spettacolo che si possa immaginare. Rabbrividì, si strinse nell'ampio mantello, e fece finta di dormire.

Ben per lui, perché passarono davanti a molte altre croci, alcune a uno o due miglia di distanza fra loro, altre in piccoli gruppi. Così avveniva sempre, nella «cintura»: la cosa era nota; era il sistema di Attila, il trattamento che riservava alle spie, o a quelli che le sue pattuglie consideravano tali. Questa poteva essere anche la loro sorte, se si fossero imbattuti in una di quelle pattuglie prima di aver raggiunto gli inviati e se il capo fosse stato di malumore.

Ildico vide le croci, ma non fece più fermare la carrozza.

Quello era il mondo reale, fuori del convento: non il palazzo di Aquileia e nemmeno Castel Barioli: il mondo reale era, dove gli uomini soffrivano e morivano fra dolori atroci, come era morto Lui. La valle di lagrime. Le pareva di aver conosciuto il mondo, dacché era morta sua madre. Nemmeno un istante pensò che il padrone di quel mondo era colui che domina Onoria desiderava di avere per marito. Nemmeno quando giunsero alle rovine di Sardica (nel primo pomeriggio del giorno seguente) comprese che quella era stata, pochi anni prima, una ricca città fiorente. Era parte del mondo, del mondo reale, del mondo coi visceri messi a nudo.

Si fermarono poco lontano dalla basilica per tre quarti distrutta, per lasciare che i cavalli riprendessero fiato. Qui non si trovavano cavalli di ricambio, e nemmeno da mangiare o da bere. Sardica era distrutta quasi completamente: non si vedevano che pochissime persone mezzo morte di fame, dagli occhi infossati, che si aggiravano intorno, troppo vecchie o troppo malate per abbandonare il luogo dove avevano trascorso tutta la vita.

Qualche raro giardino, con alberi fruttiferi, dove qualche coraggioso aveva piantato un po' di ortaggi.

Creature striminzite, magre, grigie, attorniarono la carrozza, silenziose e arcigne, con gli occhi cerchiati di rosso.

Didimo cercò di sapere quando era passata la carovana degli inviati, ma nessuno di quegli infelici volle rispondere. Appena i cavalli si furono un po' riposati, ripartirono.

«Lo Stige» disse Didimo, alla vista del fiumicello dalle acque pigre. Il cocchiere rise di un riso rauco. «Giurerei che lo Stige ha un aspetto più allegro. Oh, santi del paradiso, eccoli che vengono! Oh, santi apostoli, aiutateci! Oh, Cristo!»

Mezza dozzina di cavalieri si precipitavano giù da una collina: erano vestiti di pelli, con berretti di pelliccia a punta, e montati su cavallini bassi.

Didimo si alzò, bianco come un lenzuolo. «Ferma, fratello! Inutile cercar di scappare!» Con la mano tremante fece un cenno ai cavalieri, che arrivarono rapidi come il lampo, circondarono la carrozza e si arrestarono di colpo. Sei frecce erano pronte sugli archi tesi.

«Non tirate» ansimò Didimo in lingua unna. «Siamo inviati, ci rechiamo dal vostro re. Chi di voi è il capo?»

«Questo è il paese degli unni» disse il più vicino. «Qui non vogliamo spie.» I suoi svelti occhi obliqui erano da per tutto.

«Non siamo spie» protestò Didimo. «Siamo inviati; accompagnamo questa domina, che reca un importante messaggio per il re Attila.»

Gli unni si erano convinti che non c'era pericolo: soltanto due uomini, di cui uno solo armato, e una ragazza, una bella, bellissima ragazza. Si strinsero attorno, appestando l'aria con l'odore dei corpi non lavati.

«Questa domina» disse in fretta Didimo «è mandata al vostro re. Non vi arrischiate a farle del male, egli la vendicherebbe in modo terribile! Siamo delegati! La domina porta un messaggio importante.»

La faccia giallo-bruna dai pomelli aguzzi non mutò espressione. «Tu menti, grassone. Gli ambasciatori mandati ad Attila sono vestiti riccamente e portano doni, carri interi pieni di doni. Voi siete spie e nel paese degli unni le spie si ammazzano.» Si gettò l'arco sulla spalla e trasse un lungo pugnale ricurvo.

«Aspetta» strillò Didimo. «Non essere pazzo, aspetta. Noi facciamo parte dell'ambasceria passata poco fa, della vostra ambasceria: Eslav, Edeco! I carri sono presso di loro.»

«Ahi» fece l'unno, dubbioso. I nomi di Eslav e di Edeco parvero impressionarlo, si sfregò il mento stopposo. «Vi condurremo dal principe Eslav» decise. «Dirà lui ciò che siete. Avanti.»

Il cocchiere spinse i cavalli e Didimo cadde sul sedile con

un profondo sospiro di sollievo, asciugandosi la fronte. Guardò Ildico: era calma e indifferente, come si trattasse di una gita comune nella pacifica Costantinopoli, e gli unni fossero la sua guardia d'onore. Non si era accorta di come l'avevano fissata quelle brutte bestie? È vero che non conosceva la lingua degli unni e quindi non poteva aver capito da quale pericolo l'avesse salvata; ma qualche cosa doveva aver intuito; era giovane, sì, ma non tanto da non saperlo. Dov'era il suo istinto femminile? E se non possedeva quello, doveva per lo meno aver visto le frecce sugli archi.

«Che strana ragazza sei!» disse sgarbatamente. «Non hai paura di niente? Forse dei topi?»

«Iddio ha creato anche i topi» rispose Ildico gaiamente.

L'eunuco si grattò la testa. «Può darsi. Ma che abbia creato gli unni, dubito forte.»

«Non devi aver paura» disse Ildico, per calmarlo. «Ci condurranno alla carovana: essi conoscono la strada; non è questo il loro paese?»

Didimo aprì la bocca per rispondere, poi la chiuse e vi rinunciò.

Dopo un'ora la carovana fu in vista. Il capo unno corse avanti a riferire, e, qualche minuto dopo, Didimo vide che la carovana si era arrestata.

Appena furono abbastanza vicini, Didimo smontò di carrozza e aiutò Ildico a scendere: si avviarono insieme verso i due inviati unni, che li aspettavano. Una dozzina di schiavi, in livrea scarlatta, e una ventina di cavalieri unni facevano ala. Didimo s'inchinò profondamente, prima a Eslav, poi a Edeco.

«Illustrissimi principi,» prese a dire «io non sono che un indegno servo della principessa Onoria, Augusta, sorella dell'imperatore d'Occidente, Sua Maestà Valentiniano III. Ma questa che vedete al mio fianco è domina Ildico, dama di palazzo dell'illustrissima principessa e sua incaricata: essa porta un importante messaggio per re Attila, una lettera. Noi siamo incaricati di consegnare la lettera e di ripartire subito.»

S'inchinò un'altra volta e si ritrasse.

Un uomo dal volto intelligente, dal naso lungo, un greco, si vedeva, sussurrò qualche parola all'orecchio di Eslav. Il principe, con gli occhi fissi su Ildico, assentì, pensieroso.

«Didimo ha detto il vero» disse tranquillamente Ildico. «Ecco la lettera.» E la trasse dalle pieghe dell'abito azzurro.

«Sei vestita molto semplicemente per una dama in così alta posizione» osservò Eslav, parlando lentamente.

«La mia signora non credeva che andassi tanto lontano. Mi ordinò soltanto di consegnare questa lettera, senza sapere che avevate già lasciato Costantinopoli. Non sappiamo molto, là dove viviamo.»

«Dove vivete?» chiese Eslav, cui il greco aveva di nuovo sussurrato qualche parola.

«In casa di madre Pulcheria.»

«Di Sua Altezza imperiale Pulcheria, la sorella dell'imperatore Teodosio» si affrettò a spiegare Didimo.

«Taci tu, cane» lo investì Eslav. Poi, a Ildico: «Chi è informato di questo viaggio? L'imperatore?».

«Non credo» rispose Ildico. «Nemmeno madre Pulcheria lo sa. Per lo meno» soggiunse «non lo sapeva quando siamo partiti. Può darsi che poi la mia signora glielo abbia detto. Questo non lo so.»

Il greco tornò a parlare all'orecchio del principe.

«Sta bene» disse questi. «Ma tutto ciò lo riferirai tu stessa ad Attila e deciderà lui. Questo schiavo e l'altro lì ritornino subito indietro. Sumac! Provvedi perché arrivino al confine senza essere molestati. Zitto, schiavo! La tua signora si trova sotto la mia protezione finché avrà visto Attila. Va!»

Tre settimane dopo arrivò al quartier generale di Attila, sulle rive del Tibisco, una delegazione guidata dal gran tesoriere Nomio e dal gran *magister* Anatolio. Portavano il doppio dell'oro richiesto da Attila, giurando che Crisafio era stato messo in prigione, «perché l'imperatore desiderava punire di mano propria il miserabile che aveva cospirato contro il suo reale fratello Attila» e proponendo un patto di non aggressione.

Il sovrano degli unni li ascoltò tranquillamente, senza interromperli. Poi disse: «Il vostro imperatore si tenga pure il suo Crisafio. Affar suo se un eunuco gli sta più a cuore che l'oro. Noi qui la pensiamo diversamente. Ma non voglio stringere alleanze con lui, perché non mi fido della carta scritta e voglio attaccare chi voglio e quando voglio. Forse ciò avverrà presto, se non accettate le mie condizioni».

«Altre condizioni ancora?» balbettò Anatolio. «Ma se abbiamo fatto più di quanto ci hai richiesto per mezzo del tuo inviato, il principe Eslav.»

«Sì! Ma nel frattempo ci ho ripensato.»

«Abbiamo fatto tutto il possibile, e anche di più» gemette il gran tesoriere. «Già ora abbiamo appena appena di che vivere; la popolazione delle nostre province è oppressa dal peso delle imposte che siamo costretti ad applicare per poterti pagare...» S'interruppe, colpito dallo sguardo di Attila.

«Conosco la canzone, o uomo del denaro. L'ho sentita già più volte. Non ti giova di venirmela a cantare: so meglio di tutti quanto possono o non possono versare i miei tributari. E danno volentieri e molto per impedire una mia visita. Ma chi ti dice che io voglia ancora dell'oro? No, questa volta non voglio oro; questa volta voglio una donna! Voglio l'Augusta Onoria. Essa è dichiarata mia fidanzata e, insieme con lei, naturalmente, esigo in dote una parte dell'impero.»

Nomio e Anatolio si guardarono. Attila si avvide, non senza diffidenza, che erano più stupiti che spaventati. Credette persino di notare l'ombra d'un sorriso sul volto del soldato.

«E questa parte non è piccola» aggiunse rabbiosamente.

Anatolio s'inchinò. «Sono convinto che il re degli unni rivolgerà la sua domanda alla sede competente.»

«Che significa ciò? Che intendi dire?»

«La principessa Onoria è sotto la tutela della Sua Imperiale Maestà Valentiniano III, imperatore del mondo occidentale. Come fratello, è il capo della famiglia. Per cui l'impero d'Oriente non è competente nella questione.»

Attila batté un piede: fu un movimento leggerissimo, ma i quaranta o cinquanta principi unni radunati nella sala si mossero, e i due greci li videro mandar lampi dagli occhi.

«Menti» disse Attila. «La principessa Onoria vive sotto la tutela del vostro imperatore Teodosio, a Costantinopoli.»

«No, illustrissimo Signore» disse Anatolio, con la fermezza che il suo coraggio gli consentiva. «È un fatto che la nobile principessa ha passato qualche tempo nel palazzo della principessa Pulcheria, ma soltanto in qualità di ospite. Circa tre settimane fa è partita per l'Italia, ove dovrebbe essere già arrivata.»

Una pausa. Poi un largo sorriso di Attila. «Sta bene. Onegesio, Pilzal, abbiate cura che i miei nobili ospiti siano trattati bene, che non manchi loro nulla.»

«Naturalmente, ha indovinato» mormorò Nomio, quando furono ritornati al loro quartiere nell'enorme casa di legno, destinata specialmente ad accogliere inviati stranieri.

«Che cosa ha indovinato?»

«Che l'abbiamo mandata via perché si era messa in rapporto con lui. Forse anche ha indovinato dell'altro.»

«Che altro?»

«Mio caro Anatolio, è tanto semplice! Non capisci?»

«Ti confesso di no. So soltanto che Crisafio ha avuto ragione anche questa volta: tutto è avvenuto secondo le sue previsioni. Quell'uomo mi mette quasi paura... Ma, certo, io non sono che un semplice soldato...»

Nomio fece una breve risata. «È il capolavoro di Crisafio. Ricordi come è incominciata: come dichiarò seccamente di avere prove irrefutabili che la principessa Onoria aveva intavolato trattative segrete con Attila, mandandogli una lettera e il suo sigillo, e invitandolo addirittura a venirla a prendere, perché si considerava sua fidanzata? E tutto ciò dietro le spalle dell'imperatore e della sua santa sorella... Teodosio era furente: cacciò via il povero Cirillo, perché, nella sua qualità di prefetto della città, non aveva saputo trattenere la lettera incriminata. Fu allora che Crisafio espose la sua idea salvatrice: rimandare immediatamente Onoria in Italia. Santo Cielo, come accettammo subito! Fu imbarcata con tanta fretta, che non riuscì a mettere insieme metà delle sue robe. Teodosio fu felice e beato, perché ora Attila deve chiedere la sposa all'impero d'Occidente e non a noi! E Crisafio è il salvatore dello Stato, e la sua posizione più solida che mai. E anche l'impero d'Oriente è salvo, per il momento...»

«Credi che sia tutto vero? Che Onoria si sia seriamente offerta in sposa ad Attila?»

«Crisafio ha mostrato il suo materiale di prova al solo imperatore. Possiede testimoni: uno di questi è una dama di palazzo della principessa. Così si dice, ma nessuno sa nulla di preciso. Era corsa persino la voce che l'avessero mandata da noi perché aveva avuto un figlio da Attila, ma non lo posso credere. Dove e come si sarebbero trovati insieme? La storia mi pare assurda. Fatto sta che lei si è offerta, e che resta merito immortale di Crisafio di aver subodorato la cosa e di averne informato in tempo l'imperatore, sicché abbiamo potuto liberarci di lei. Perché l'imperatore ha capito subito che Attila non si sarebbe lasciato sfuggire l'occasione di chiedere la sposa imperiale, naturalmente con la relativa dote. Ma ora deve andarla a chiedere a Valentinano e non a Teodosio.»

«Va bene, questo l'avevo capito. Ma che ha indovinato Attila? Che abbiamo spedito la principessa per maggior sicurezza nostra?»

«Non ti sei meravigliato che Onoria sia riuscita a mandare un messo ad Attila? Era ben sorvegliata, presso madre Pulcheria. E tuttavia è riuscita a mandare ad Attila una delle sue donne. Vorrei sapere in che modo questa è riuscita a passare...»

«Pensi?»

«Che Crisafio ne sapesse qualcosa, che le abbia facilitato, o addirittura reso possibile il viaggio. Egli aveva il massimo interesse a che la notizia giungesse ad Attila. Ciò gli ha salvato la vita, e ha spostato l'aggressione degli unni dall'Oriente all'Occidente.»

«Se hai ragione tu, si tratta davvero del suo capolavoro. Ma Attila...»

«Può essere stato abbastanza furbo da indovinare che gli abbiamo fatto il giochetto. Per questo ha fatto quel sorrisetto. Sai che cosa mi disse Crisafio prima della nostra partenza? "Attila capirà. Ma non importa. Comunque sia, deve fare quello che voglio io." Questo ha detto.»

«Volpe di tutte le volpi» mormorò Anatolio. Dopo una pausa, aggiunse: «Sicché Onoria ha mandato una delle sue dame con una lettera ad Attila. Che ne sarà stato della ragazza?».

«Se è carina, l'unno saprà bene che farsene. Crisafio non lo saprebbe di certo.»

Risero tutti e due.

PARTE TERZA

I

L'uragano scoppiò nella primavera dell'anno 451.

Gli esperti dell'impero d'Occidente l'avevano visto approssimarsi da un pezzo. L'arrivo in Italia dell'Augusta Onoria ne era stato il primo sintomo: era stata scortata subito, sotto rigida sorveglianza, a Milano, dove era stata segretamente accolta dall'imperatore Valentiniano e dall'imperatrice madre Placidia. L'unico testimone non facente parte della famiglia che assistette all'udienza era Niceta, ora arcivescovo di Milano. Il vecchio sacerdote uscì in lacrime dalla sala. Più tardi i tre membri della famiglia imperiale comparvero nella cappella; i pochi cortigiani presenti notarono che l'imperatrice madre era la sola che pregasse; l'imperatore era rimasto a occhi chiusi durante tutta la cerimonia; la principessa, ridotta un'ombra, completamente sfatta, rimase un po' in ginocchio, poi cadde svenuta e dovettero portarla fuori.

Il pomeriggio successivo fu portata, sempre sotto scorta, al Mezzogiorno, e qualche settimana dopo corse a Roma la voce che fosse stata sposata segretamente al vecchio senatore Ercolano. La diceria divenne certezza allorché arrivò la delegazione unna per chiedere la mano della principessa in nome del re. La domanda venne respinta, cortesemente, ma categoricamente. Si diceva che Attila avesse chiesto in dote un bel numero di province romane: quali o quante nessuno sapeva.

La motivazione del rifiuto era semplicissima: la principessa era sposata legalmente e il matrimonio cristiano è indissolubile. Ma, se anche fosse stata libera e l'imperatore avesse dato il consenso al matrimonio con Attila, il diritto romano vietava la successione al trono delle donne, quindi non c'era da pensare a una cessione di province romane al re degli unni.

Il capo della delegazione, principe Pilzal, si era limitato a ridere forte: «Presto vi abituerete al diritto unno!».

La guerra era divenuta inevitabile. Secondo ogni verosimiglianza, un secolo prima Roma avrebbe preso l'iniziativa, portando subito la guerra nel paese nemico; ma i tempi erano mutati, ed Ezio dovette persuadere l'imperatore e l'imperatrice madre dell'assoluta necessità di un'immediata alleanza con altre nazioni. Un'ambasceria dopo l'altra fu mandata agli influenti visigoti, la nazione più potente e più numerosa, senza l'aiuto della quale non sarebbe stato possibile respingere l'imminente attacco in forze degli unni. L'ultima delegazione, capeggiata dal senatore Avito, vecchio amico di Ezio, ebbe finalmente buon esito, e appena Teodorico, il re dei visigoti, ebbe firmato il trattato di alleanza, burgundii, ripuari e altre tribù franche ne seguirono l'esempio.

Ezio portò in persona la notizia a Milano, e perfino Valentiniano non poté fare a meno di testimoniargli la sua riconoscenza. L'imperatrice madre era malata, tanto che i medici le avevano proibito qualsiasi attività politica; ma volle a ogni costo parlare con Ezio, a quattr'occhi. Questi la trovò spaventosamente dimagrita, con gli occhi affondati nelle orbite, lucenti di febbre, stesa sul lettuccio.

«Sì, Ezio, è la fine. No, non contraddirmi, lo so, me ne vado. Forse è meglio così. Avrei voluto ancora vederti annientare quel barbaro con tutte le sue orde; ma non è questa la volontà di Dio, e io devo sottomettermi, quantunque tu sappia meglio di ogni altro che l'obbedienza non mi riesce facile...»

Sorrise stancamente. «Ricordi quando mi dicesti che in tutto il mio impero non c'erano che due uomini, il papa e tu? Ebbene, tutti e due sono in vita, e valgono più di me. Una volta ti ho chiamato l'ultimo romano, ricordi? Non ho mutato parere; e finché vi è anche un solo romano, nessun barbaro conquisterà Roma. Non è una frase vuota: è una semplice verità.»

Ezio s'inchinò senza parlare. Ella disse: «So che ci sono cose che non mi hai mai perdonato completamente, Ezio. Ma ora devi convenire che un matrimonio con Onoria non avrebbe dato buon frutto. Tu sei un uomo d'onore e ti meriti una donna onorata. È duro per il mio orgoglio, anche in questo momento, di parlare così. Vecchio amico, tocca a te salvare Roma!».

«Vostra Maestà può stare tranquilla» disse Ezio con fermezza. «Roma non cade ancora!»

«Dipende da te! "Non finché siamo vivi tu e io" mi dicesti una volta, tanti anni fa, ricordi? Ora ci sei tu solo. Pregherò per te... dall'altra parte. Addio, vecchio nemico e vecchio amico. Sei sempre stato il mio miglior nemico, e ora so che sei il mio migliore amico. Gli affari di Stato sono sistemati, poiché ho parlato con te. Ora mandami l'arcivescovo.»

Ezio baciò la mano ardente. «La mia massima colpa» disse ruvidamente «è stata quella di aver avuto troppo rispetto di te; in caso diverso ti avrei pregata di sposare me.»

Placidia corrugò la fronte, poi sorrise, e la sua faccia stanca ridiventò bella. «Grazie, Ezio. Ho sempre pensato alla vita dell'impero e ora devo pensare alla morte di un peccatore. Ti ringrazio di avermi rammentato, certo per l'ultima volta, che Placidia non è stata soltanto imperatrice, ma anche donna.»

Placidia morì due giorni dopo, il 27 di novembre. Secondo il suo desiderio, la salma fu imbalsamata e trasportata a Ravenna, in posizione eretta, seduta sopra una seggiola di cipresso; colà l'attendeva lo splendido mausoleo che si era fatta erigere secondo i suoi propri disegni.

Cinque mesi dopo scoppiava la guerra.

Il "Couroultai", il Gran Consiglio unno, si radunò a Eisenach in Turingia. Attila vi comparve dopo aver percorso ottocento miglia a cavallo, e, con lui, tanti re e principi, che avrebbe potuto comporre un reggimento di teste coronate. Ardarico portò i suoi gepidi, Valimiro gli ostrogoti; rugi, eruli, numerose tribù franche, turingi, sarmati e molte dozzine di altri popoli portarono la forza complessiva dell'esercito unno a oltre mezzo milione di uomini.

Appena il tempo lo permise, la cavalleria unna irruppe nelle province belghe, e, di là, nella Gallia vera e propria. L'ala sinistra attaccò Metz e la conquistò. La città fu completamente distrutta e la maggior parte degli abitanti uccisi. Non rimase che una chiesetta, la cappella di Santo Stefano, come a indicare dov'era stata Metz. Il vescovo aveva impartito i sacramenti fino all'ultimo: battesimo, comunione, estrema unzione. Fu ucciso presso il fonte battesimale, con una creaturina fra le braccia.

L'esercito unno avanzava sempre, e non soltanto per la forza delle armi. Migliaia di agenti ben pagati andavano raccontando della bontà e della giustizia di Attila. Sotto il suo scettro l'uomo della strada valeva quanto l'aristocratico; le imposte erano basse... «perché Attila odia il lusso e vive in tutta semplicità, come te e me». I primi a essere giustiziati sotto il nuovo governo erano gli esattori delle imposte, gli usurai, le sanguisughe dei poveri e dei lavoratori. La plebe sentiva imminente la sua gran giornata; ma anche persone per bene, più ricche di senso di giustizia che d'intelligenza, si lasciarono influenzare dalla propaganda di Attila. Più di una città romana cadde per tradimento, e gli unni fecero del loro meglio perché non restassero né ricchi né poveri capaci di propagandare le verità sulla clemenza e la giustizia unne.

Cenabum – Orléans – fu la prima città che oppose seria resistenza; le fortificazioni erano state ricostruite da poco e i primi attacchi furono respinti. L'anima della resistenza era il vescovo della città, Aniano. Tanto ferma era la sua fede nell'assistenza divina per la sua cara città, che soldati e cittadini ne furono attratti. Egli era dappertutto, e non soltanto per predicare e pregare; il suo spirito inesauribile inventava sempre nuovi modi di difesa, e perfino quando gli unni aprirono una breccia nelle mura a nord e nord-ovest e penetrarono nei sobborghi, conservò la speranza.

Intorno gli stavano i vecchi, le donne, i bambini, prostrati in fervida preghiera. Aniano mandò, sempre calmo, un giovane sacerdote su una delle torri di vedetta, per accertarsi che arrivasse quell'aiuto sul quale contava, nella sua fede incrollabile. Il giovane ritornò due volte senza aver visto nulla. Aniano lo spedì per la terza volta, ed egli ritornò quasi immediatamente: aveva intravisto una nuvoletta all'orizzonte. Aniano si rivolse ai supplicanti: «L'aiuto di Dio sta per arrivare: è già in vista». La notizia si diffuse in un baleno; la guarnigione si batté con le sue forze estreme. La nuvola all'orizzonte cresceva, cresceva, e alla fine si scorsero le bandiere romane e gote. Ezio e Teodorico, re dei visigoti, venivano a liberare la città.

Per ordine personale di Attila gli unni si ritirarono immediatamente. Il terreno intorno a Cenabum non era favorevole a un esercito la cui forza consisteva soprattutto nella cavalleria: avrebbe dato la battaglia decisiva su un terreno più adatto. I Campi catalaunici, lunghi centocinquanta miglia, larghi cento, erano il terreno di battaglia ideale: là egli attese l'esercito romano-goto.

La battaglia durò l'intera giornata: Attila stesso aveva gettato la prima lancia. Allorché parve che la fortuna stesse per abbandonarlo, si fece erigere un rogo in mezzo alla barricata di carri unni, e vi salì; con la spada di Puru nella destra e una fiaccola accesa nella sinistra, vi si stese, pronto ad accendere il proprio rogo se si fosse realmente arrivati alla disfatta.

Il re dei visigoti cadde combattendo, e suo figlio Torrismondo si gettò nella battaglia come un ossesso, per vendicare la morte del padre.

Quando scese la notte, c'erano più di centosessantamila morti sul campo.

La mattina seguente l'esercito di Attila iniziò, indisturbato, la ritirata verso nord. Anche i romani e i visigoti erano stanchi. La guerra era terminata.

L'Italia giubilò. L'impero e il mondo erano salvi: l'attacco del più pericoloso nemico da Annibale in poi era stato respinto; le festività si protrassero per mesi.

Un bel giorno, a gran sorpresa e scherno della popolazione, comparve a Milano un'altra delegazione di Attila, anche questa avente a capo il principe Pilzal, che rinnovò a sangue freddo la domanda della mano della principessa Onoria. Il rifiuto di Valentiniano fu ancora più categorico che la prima volta. Gli unni erano stati battuti, avevano perduto le truppe migliori sui Campi catalaunici. La nuova domanda era pura impertinenza.

Dieci giorni più tardi un esercito unno, forte quanto il primo, valicava le Alpi ed entrava in Italia.

«Avanti i nuovi arieti!» comandò Attila.

«Non ne sono rimasti che sei, piccolo padre. Gli altri ce li hanno bruciati con le falariche.»

«Attaccate con i sei. Gli uomini si servano di tronchi d'albero: il vallo settentrionale deve crollare.»

Ma le mura di Aquileia erano troppo forti per un assalto così primitivo. I soldati coi tronchi d'albero venivano abbattuti come tanti uccelli dai difensori al coperto. Due dei nuovi arieti presero fuoco.

Era la quinta volta che le masse compatte della cavalleria unna attendevano invano di entrare in azione. La maggior parte dei soldati ne aveva fin sopra gli occhi di quell'assedio.

«Piccolo padre...»

«Che vuoi, Pilzal?»

«Gli uomini di Drugul sono stati nuovamente ributtati a sud. Hanno eretto subito tre valli di rinforzo.»

«Lo so. Drugul lasci il comando a mio figlio Ellac e continui a combattere sotto di lui come semplice cavaliere. Manda due delle grosse torri contro quel bastione.»

«Sì, piccolo padre.»

Attila si morse le labbra. Da tre mesi, da tre lunghi mesi stava tentando di prendere la città: era come un istrice! Né i suoi unni, ne i gepidi, né gli ostrogoti e gli altri germani se ne intendevano di guerra d'assedio. Erano malcontenti, ostili addirittura. Avevano dovuto accontentarsi di star a guardare, e il piacere di saccheggiare a fondo i dintorni della città aveva perduto il suo mordente; anche i viveri scarseggiavano.

«Tutte le torri contro il bastione, Pilzal!»

Ora, o mai! Tormentava l'elsa della spada. Le torri erano l'ultima speranza: un poco più alte delle mura, ciascuna con cento uomini. Le torri si mossero sulle ruote.

Bastava prendere un solo bastione per aprire una porta dall'interno e dar passaggio alla cavalleria; il resto veniva da sé.

Frecce infuocate sibilavano da destra e da sinistra contro le torri avanzanti. I merli obliqui erano stati costruiti a tale scopo.

Ma le torri avanzavano. Una prese fuoco, un'altra. Ma dietro arrivavano le nuove. Più presto, più presto, tartarughe: non lasciateli prender fiato. Così va meglio!

Ma anche la terza torre era in fiamme. La quarta e la quinta si arrestarono: sarebbe stata una follia procedere ancora, la via del bastione era impedita dalle tre torri ardenti. Il volto di Attila sembrava intagliato nel legno.

«Basta» disse. «Dài gli ordini, Pilzal: l'assedio è tolto.»

Al mattino i difensori videro l'esercito unno levare le tende: parecchi reparti erano già sulla via del ritorno.

Si levò un immenso grido di gioia. La città era salva! In capo a un'ora ad Aquileia lo sapevano tutti. Nelle strade si ballava, si tiravano le botti fuori dalle cantine per festeggiare i soldati. Era giorno di gloria immortale. Migliaia di donne si arrampicavano sulle fortificazioni e le loro voci stridule si mischiavano alle rozze acclamazioni degli uomini e alle loro risate di scherno. Facevano a gara a insultare e offendere il nemico vinto.

Gli unni erano irritati e contenti al tempo stesso; ma quando Attila passò dinanzi a loro, furono presi da una paura improvvisa. Non lo avevano mai visto a quel modo. Sembra Puru in persona!

Attila fece il giro delle mura settentrionali. Enormi mucchi di cenere e legno carbonizzato ricordavano la fine delle torri e del loro equipaggio. La torre di sinistra...

Attila fermò di colpo il cavallo. Una cicogna si era levata in volo dalla torre di guardia, all'estrema sinistra, e, con essa, due suoi piccoli: fecero un giro intorno alla torre, e poi volarono via, in aperta campagna.

Attila guardava intensamente, tutta la robusta persona presa da un brivido. Alzò un braccio: «Guardate! Guardate! Gli uccelli abbandonano Aquileia! Puru ha parlato! La città è perduta!».

Volgendosi, scorse nei volti della sua gente la luce di nuove speranze. Rivolse loro lo sguardo fiammeggiante. «Equipaggiate le torri, le macchine! Tutti contro questa torre qui! Io stesso conduco l'attacco.»

I soldati urlavano d'entusiasmo, i cavalleggeri balzavano da ogni parte. Per un'ora tutto l'esercito unno sembrò formare una gigantesca spirale; poi la spirale si aprì e si gettò come un bolide contro la torre di vedetta dalla quale erano fuggite le cicogne. L'urto spaventoso colpì i vincitori sul più bello della festa trionfale.

Aquileia era in fiamme. Quarantamila unni erano penetrati nelle fortificazioni settentrionali e si davano al saccheggio dei sobborghi, nonostante tutti gli sforzi del loro comandante Ellac per tenerli insieme e volgerli contro la città interna, intorno al palazzo imperiale, dove un tempo suo padre era vissuto prigioniero.

«Mi disonorate, carogne marce» gridava Ellac, facendo sibilare la pesante frusta. «È più facile trucidare le donne col pugnale che gli uomini con la spada, eh? Ve lo insegnerò io!»

Fu costretto ad ammazzare tre dei suoi migliori uomini, prima che gli altri lo seguissero. I sottocapi incontravano quasi tutti le medesime difficoltà. Gli premeva di essere lui, e non Genghis o Pilzal a prendere per primo il palazzo. «Lascio ai miei figli il compito di vendicare il padre» aveva detto Attila appena preso il primo bastione, la torre delle cicogne. Genghis era troppo giovane per avere un comando importante, sicché Attila lo aveva affidato a Pilzal, e Pilzal era un soldato esperto. Ma nessuno, all'infuori del figlio maggiore, doveva essere il vendicatore del padre: diversamente questi avrebbe potuto ricordarsi che nemmeno lui era il primogenito, e tuttavia era diventato il sovrano.

Dal vertice di una collina nuda Attila osservava l'avanzata dei figli, annunciata dal fumo delle case che ardevano. Ora che la vittoria appariva certa, aveva inforcato il suo cavallo migliore, “Imperium Romanum”, uno stallone nero di sangue arabo, che gli era stato inviato un anno prima, dono significativo, dal Gran Re di Persia. Il Gran Re era un uomo saggio, che sapeva aspettare. Una volta che Attila avesse compiuto la sua opera in Occidente, si poteva concludere un’alleanza con lui, e stringere l’impero d’Oriente in una morsa, da est e da ovest. Ma forse non ci sarebbe stato bisogno di lui, del saggio persiano: l’avvenire lo avrebbe provato.

Pareva che Ellac avesse superato gli ostacoli. Le fiamme dalla sua parte andavano riaccostandosi al centro. Non era un cattivo soldato, Ellac; ambizioso, questo sì, ma altro non si poteva dire di lui. Genghis era un fascio di passioni indomite, Irnac ancora bambino. E gli altri... no.

Soltanto sangue imperiale poteva dargli l’erede al trono: soltanto Onoria!

Ma era meglio lasciar credere a ciascuno di loro di poter ereditare il trono del mondo: così avrebbero combattuto meglio. Ora anche Genghis faceva progressi. Due colonne orizzontali di fumo e fiamme si lanciavano verso il centro della città: Aquileia era perduta. Aveva giurato di distruggerla, quella volta, nel cortile del palazzo imperiale, quando lo prendevano in giro, il giorno in cui aveva veduto per la prima volta Onoria. E ora, finalmente, poteva mantenere il giuramento.

Il palazzo era in fiamme! Le due colonne di fumo avevano raggiunto il centro della città. Bravo, Ellac; bravo Genghis: sono contento di voi; avete fatto un buon lavoro. Non regnerete, ma sono contento di voi.

Si volse, vide le facce crudeli dei suoi sottocapi e pronunciò una parola sola: «Milano».

Bastava così. Occorreva spedire osservatori, esplorare le strade, far provviste. La prossima meta era indicata. Zigur dava ordini a destra e a sinistra, ufficiali galoppavano su per la collina, verso le immense formazioni di riserva.

Attila gettò a Onegesio uno sguardo pieno d’ironia, e il greco rispose con un profondo inchino: era la confessione che il signore aveva avuto ragione ancora una volta, anche quando tutto pareva dargli torto. Ancora una volta aveva infranto tutte le leggi della fredda ragione, della logica, del buon senso.

La spada del dio della guerra, perché no?, poteva essere considerata un mito, ma le cicogne... Si doveva realmente ammettere che gli uccelli ne sapessero della condotta di guerra più del comandante del più grande esercito della storia? Sarebbe stato pura follia: eppure era un fatto. Da ciò l'occhiata beffarda, da ciò l'inchino: era la capitolazione della ragione dinanzi al trionfo della superstizione.

Attila lo chiamò vicino con un gesto. «Ancora non ci capisci nulla, piccolo greco. Oppure sì?»

«No, signore.»

Attila annuì con comprensione. «Le decisioni, caro mio, sono talvolta sottili e taglienti come una lama di spada, e leggere come una piuma. Io sentivo che era un errore rinunciare all'impresa: chiedevo un segno, e il segno venne.»

«Ma un uccello, Attila, che poteva saperne un uccello?»

«Tu sei un uomo saggio, quando si tratta di uomini; in altre cose sei uno sciocco. Puru può parlarmi attraverso il ferro morto di questa spada; e perché non mediante il volo di un uccello? Perché pretendi che Dio si serva di un uomo per mandarmi un messaggio? Gli uomini alterano e torcono ogni messaggio: non così le bestie. C'è un linguaggio che il mio cavallo parla molto meglio di te, piccolo greco.»

Poteva darsi che non avesse mai seriamente rinunciato all'assedio, e avesse soltanto cercato il mezzo di ravvivare l'energia del suo esercito, e questo mezzo gli era stato offerto dalle cicogne.

Tuttavia Onegesio aveva il molesto sentimento che codesta non fosse la spiegazione completa.

Nel pomeriggio uscirono di città colonne di prigionieri, triste esercito di animali umani, uomini, donne, qualche bambino, fiancheggiati da unni a cavallo. La maggior parte di essi aveva sofferto per il fumo, posatosi come un greve mantello su tutta la città.

Attila corrugò la fronte. Non aveva dato ordine di far prigionieri, all'infuori delle persone di palazzo. Ellac lo aveva preso in parola e ora trascinava fuori tutto quanto aveva trovato nel palazzo, compresi eunuchi e sguattere. Ellac era uno stupido! Eppure no! Non aveva avuto il tempo di fare una cernita fra i prigionieri e poteva ben darsi che qualche personaggio importante fosse travestito: meglio dunque prendere tutti in fascio. Ellac aveva ragione e non si può condannare uno per avere eseguito i comandi alla lettera; non era colpa sua se non era superiore alla situazione.

«Zigur, fa marciare qui davanti queste colonne, voglio vederle io.»

Infatti, erano tutti inquilini del palazzo. Sessanta o settanta guardie, con le uniformi, già tanto perfette, ora strappate e nere di fumo; gli altri erano impiegati, eunuchi, servi e serve di ogni specie. Ecco un gruppo di ufficiali: fra gli altri Giuvenzio, e il franco Clodomiro, e il burgundio Gerbod.

«Quei tre» ordinò Attila «da questa parte.»

In seguito scoprì ancora alcuni funzionari che conosceva di vista; anche quelli furono separati dagli altri. Poi arrivò Ellac, raggiante d'orgoglio. Attila gli fece un cenno amichevole, ma con gli occhi sempre fissi sui prigionieri che continuavano a sfilare.

«Quelli che cosa sono?»

Era un gruppo di giovinetti, quasi nessuno di oltre diciassette anni, vestiti tutti ugualmente di tuniche turchine; i più erano feriti.

Ellac rise. «Figli di nobili romani. Costoro e un paio di guardie sono stati i soli a battersi.»

Altro cenno di assenso di Attila. Belle facce, bei corpi la vecchia lupa se ne intendeva ancora di far figli.

«Anche costoro da questa parte.» Poi, a Zigur: «Fa portare qui il quadro che abbiamo preso a Verona».

Passati che furono gli ultimi prigionieri, comandò: «Di questi ho bisogno. Ammazzate gli altri».

Il gruppetto dei prescelti si strinse insieme. Avevano sentito l'ultimo comando dell'uomo terribile montato sul cavallo nero. Videro un capo unno chiamare a sé un reparto di arcieri e con essi seguire il corteo al quale erano appartenuti fino a un momento prima.

Urla terribili giunsero a loro. Avevano avuto fortuna, oppure si preparava loro una sorte ancora più terribile? Alcuni si segnarono e si misero a pregare.

Venti unni trascinarono su per la collina un enorme quadro che deposero davanti al loro sovrano. Laggiù, le urla proseguivano.

Attila esaminò il quadro. «Sì, sì, eccolo. Andate piano, figlioli, voglio portarlo a casa intatto. Ora fate avanzare il gruppo.»

Gli si chiusero intorno a semicerchio. Attila prese a parlare: «Diciassette anni or sono un pittore ricevette l'incarico di fare il ritratto di un principe degli unni, di suo fratello e del fratello di suo padre. All'unno fu detto che l'imperatore desiderava avere il ritratto di tutti i sovrani e dei principi di tutti i paesi. Più tardi scoprì la verità: si voleva comporre un quadro immenso, nel quale tutti questi sovrani e principi avrebbero testimoniato la loro sottomissione all'imperatore romano. Era una bugia a colori. Io ci ho fatto fare qualche cambiamento, e ora rappresenta la verità. Voltatelo, figlioli, affinché possano vederlo».

Era il quadro di Simpalos; ma lui o un altro avevano ridipinto alcune delle figure. Ora si vedeva Attila sul trono, e i due coronati, vestiti della porpora imperiale, i quali, prostrati davanti a lui, gli baciavano i piedi, erano il ritratto evidente dei due imperatori, Valentiniano e Teodosio.

Una voce giovanile si alzò nel profondo silenzio: «Anche questa è una menzogna!».

Era uno dei ragazzi in tunica turchina. «Avanti, tu» ordinò Attila.

Il ragazzo obbedì. Non era alto di statura, ma robusto, coi capelli neri e gli occhi profondi.

«Chi sei?»

«Mi chiamo Alieno.»

«Che hai detto?»

«Che anche questo quadro è una menzogna. Tu hai conquistato Aquileia, non l'Italia, e tanto meno l'impero. E non vedrai mai un imperatore romano ai tuoi piedi.»

Attila sorrise. «Così giovane, e già profeta. Chi può impedirmelo?»

«Tenterò io» gridò il giovinetto, strappando il pugnale dalla cintura dell'unno più vicino e gettandosi su Attila, che non fece il minimo movimento.

Un minuto dopo il giovane era scomparso sotto i corpi di mezza dozzina di unni.

«Non lo ammazzate» comandò Attila. «Questa giovane vipera sarà impalata. Portatelo via! Morirà appena sarà pronto il palo. Gli altri, giù, e subito. A eccezione di questi tre amici miei, Giuvenzio, Gerbod e Clodomiro. Non vi ho dimenticati, no! Guardavate in terra mentre io facevo vedere il mio bel quadro; non potevate sopportare la vista della verità, eh? Se uno non può guardare la verità, a che gli servono gli occhi? Fate accecare questi tre, poi lasciateli liberi, che vadano a raccontare come si vendica Attila. Fateli andare a Roma, a dire all'imperatore che sto per arrivare; anche lui deve vedere il mio bel quadro. Prima Milano e poi Roma!»

Soltanto poche centinaia di abitanti di Aquileia riuscirono a salvarsi. I più si rifugiarono sull'isoletta di Grado, dove i cavalli degli unni non potevano raggiungerli. Dopo un po' si diedero a perlustrare i dintorni su battelli da pesca. Incontrarono molti altri profughi da Patavium, che si erano stabiliti a Rivus Altus e Clodia, dove traevano una vita miserabile con le saline e la pesca. L'intera provincia della Venezia era stata occupata dagli unni: quelle isolette, quelle lagune erano tutto quanto ne restava, e i profughi le battezzarono, con amara ironia, col nome della provincia. Questa fu l'origine della città di Venezia.

II

Il senatore Flavio Cassio Ercolano teneva molto all'etichetta e alle buone maniere. Ormai sulla cinquantina, era stato grande ammiratore della principessa Onoria fin dalla prima volta che era apparsa nella società delle persone adulte, pur comprendendo perfettamente, com'era ovvio, che non poteva trattarsi d'altro che dell'ammirazione di un suddito fedele. La persona ben nata conosce il proprio posto nel mondo. Era discendente di ottima famiglia, ma l'idea di divenire membro della Casa imperiale non gli era mai passata per la mente. Quando l'imperatrice madre lo fece venire nel palazzo di Milano e gli annunciò con parole secche che doveva sposare la principessa Onoria, ne fu talmente sopraffatto che gli si piegarono le ginocchia e fu lì lì per commettere l'imperdonabile infrazione alla etichetta di svenire in presenza di una personalità imperiale.

Sapeva, beninteso, che la nobile principessa... non aveva corrisposto pienamente alle aspettative della sua famiglia e che questa era la ragione per la quale era stata qualche tempo in esilio. Sapeva anche, per sentito dire, che a Costantinopoli la principessa aveva commesso un'indiscrezione politica, quantunque non fosse ben chiaro di che si trattasse. Era logico, né poteva essere altrimenti, che circolassero una quantità di dicerie: ma egli era abbastanza intelligente per capire che l'idea improvvisa di fargli sposare la principessa nascondeva un retroscena politico, probabilmente si voleva rendere impossibile un'altra unione meno gradita. Di più non sapeva, né gli importava di sapere. Qualunque fosse la cosa che la famiglia imperiale desiderava impedire, si rendeva sempre un grandissimo onore al senatore Flavio Cassio Ercolano.

Era un ometto basso di statura, magro, già piuttosto calvo e un po' miope. Aveva, come molti scapoli, le sue piccole manie e le sue idee fisse. Il suo senso della forma fu urtato dalla frettolosità della corte. Il matrimonio veniva celebrato ventiquattro ore dopo il fidanzamento, e alla presenza di soli tre testimoni! Ma che testimoni! L'imperatore, l'imperatrice, l'imperatrice madre! Andava consolandosi all'idea che forse in tutta la storia di Roma non si erano mai visti insieme testimoni di così alto grado. Si rallegrava anche all'idea che l'imperatore aveva espresso il desiderio che si ritirasse, con la imperiale consorte, nella sua villa di Napoli, per quanto lo turbasse il pensiero che quella casa modesta non fosse degna di lei.

Partirono il giorno stesso delle nozze, accompagnati da una scorta di cinquanta guardie del corpo. Arrivando, vide che vi si era già installato un bel numero di servitori «per il servizio personale della principessa», e, un po' più tardi, si accorse che la villa era straordinariamente ben sorvegliata, al punto che egli stesso, mentre passeggiava in giardino, era stato fermato due volte da una pattuglia di guardia. Ma son cose che chi sposa un membro della casa imperiale deve sopportare.

Non lo sorprese, anzi gli diede un certo sollievo, il fatto che la principessa chiudeva a chiave l'uscio della sua camera: su questo punto era stato alquanto preoccupato.

Meno facile era sopportare che lo trattasse come il proprio maggiordomo; comunque, la differenza di grado tra di loro era tale che bisognava accontentarsi. La vista della sua fredda bellezza regale, quando presiedeva un banchetto, lo riempiva di tale ammirazione da soddisfare completamente il suo orgoglio. Peccato che le occasioni fossero tanto rare!

Mai gli era passato per la mente che una delle ragioni per le quali avevano scelto proprio lui a marito di Onoria era che aveva pochi amici e a questi amici si era fatto capire dall'alto che avrebbero fatto bene a limitare al minimo le loro visite.

Di solito doveva mangiar da solo: la sua imperiale consorte soleva prendere i pasti nel proprio appartamento.

Quando giunse a Napoli la notizia della prima ambasceria di Attila e della sua temeraria domanda della mano di Onoria, il senatore scoppiò d'indignazione. Era un uomo semplice, di grado senatorio, non imperiale, e pienamente conscio del grande, immeritato onore di cui godeva; ma, grazie a Dio, era romano, e senatore, e non un barbaro, che, a quanto si diceva, nel paese maledetto da Dio andava in giro a quattro gambe. Che sfacciato, quell'Attila!

Onoria assistette allo scoppio d'ira. Per la prima volta dopo le nozze egli le vide un sorriso sulle labbra; ma comprese pure lui che non era un sorriso di assenso: era un sorriso talmente strano, che il buon senatore ne rabbrividì. Tentò di riacquistare la fiducia in se stesso, offrendo i propri servigi nel caso si dovesse venire a una guerra, e rimase accasciato per settimane intere quando l'imperatore gli rispose brevemente che facesse il favore di rimanersene dov'era.

Ancor più enigmatico gli apparve il contegno della principessa durante la prima campagna unna. La notizia che Attila aveva occupato le Gallie parve rallegrarla addirittura. Quando la campagna terminò con la battaglia sui Campi catalaunici e i due eserciti avversari si ritirarono, anche la principessa si ritirò nei propri appartamenti e non si fece vedere per un mese.

Poi giunse la seconda ambasceria con la medesima domanda. Seguì la seconda guerra. Questa volta l'Italia stessa era minacciata, e il piccolo Ercolano tornò a offrire i suoi servigi e ancora una volta ricevette un rifiuto, con l'aggiunta che a lui era affidata la protezione della sua imperiale consorte. Non poté fare a meno di pensare che anche l'imperatore doveva aver fatto un sorrisetto enigmatico nel dettare questa frase.

Ben presto corse voce che la guerra non procedeva come avrebbe dovuto, che Attila teneva occupate le province settentrionali, che Aquileia era caduta e che la famiglia imperiale si era trasferita a Roma.

Cattive nuove, e tuttavia un pensiero animatore: l'imperatore era a Roma. Potevano ben vantarsi, Milano e anche Aquileia, di essere le capitali dell'impero d'Occidente, per il solo fatto che la famiglia imperiale vi si tratteneva volentieri: ma Roma era sempre Roma. Quando un nemico minacciava il sacro suolo d'Italia, l'imperatore doveva essere a Roma. Roma era invincibile, ciò era fuor di dubbio.

Placidia preferiva il nord, non così l'imperatore. Era stata una strana donna; non senza grandezza, certo, ma strana. Non aveva mai saputo conquistarsi la fiducia e l'amore dei figli: lo si capiva, non foss'altro, dal modo in cui la principessa Onoria aveva accolto la notizia della morte di sua madre. Aveva sollevato le stupende sopracciglia, aveva chinato il capo e si era ritirata nei suoi appartamenti senza far parola. La notizia era stata recata da un messo imperiale, con una lettera imperiale che conteneva certamente l'invito alla cerimonia funebre. Ma, partito il messo, quando Ercolano fece una visita alla consorte per domandarle quando desiderava partire, ella rispose, breve, che non avrebbe assistito ai funerali, che non si sentiva in grado di sopportare gli strapazzi del viaggio.

Ora invece che le cattive nuove si susseguivano, pareva avesse riacquistato le forze in maniera sorprendente. Aveva perfino accettato di pranzare con lui ed egli aveva ordinato in tutta fretta mezza dozzina di portate più del solito e disposto che tutti gli schiavi vestissero tuniche nuove.

Ella comparve, bella e sottile, in un abito color ametista,

con in capo un ramo di fiori formato da rubini, braccialetti di rubini e una catena di rubini intorno al collo candido.

Ercolano era ai sette cieli. Insistette per servirla lui stesso: la prima portata constava di ostriche di Britannia e lingue di allodola con punte di bambù provenienti dall'Egitto. Si diceva che venissero in Egitto da un'isola a sud dell'India, chiamata Selandib.

Avevano appena terminato il piatto, quando entrò Castino, il maggiordomo, ad annunciare l'arrivo di un messo imperiale.

«Non è un messo dei soliti, nobile signore, è il Comes Marco Giuvenzio.»

«Giuvenzio!» esclamò allegramente Ercolano; «lo conosco bene. Conducilo qui, Castino, e fa portare un altro coperto. Pranzerà con noi, naturalmente... se questo è il desiderio di Sua Altezza imperiale.»

Onoria diede il suo consenso e Castino disse, col tono basso e confidenziale del servitore esperto e pieno di tatto, che il nobile visitatore doveva soffrire di male agli occhi, perché portava una benda ed era accompagnato dal suo servo.

«Mi dispiace di apprendere una cosa simile» disse Ercolano, guardando Onoria, che però aveva conservato l'espressione d'indifferenza. «Conducilo qui, Castino, o, piuttosto, conducili tutti e due.»

Giuvenzio comparve, al braccio di uno schiavo nubiano. Era vestito con grande accuratezza, come sempre, e la benda che portava sugli occhi era di seta cinese. Tuttavia appariva chiaro che doveva essere molto malato: aveva il viso color della cenere e le labbra esangui; una rete di rughe profonde gli stirava in giù gli angoli della bocca, e la mano, stesa nel saluto formale, tremava.

«Povero Giuvenzio,» disse Onoria «che ti è successo?»

Ercolano, con un sorriso imbarazzato, si dondolava sui piedi. «Ci sei stato annunciato quale messo imperiale, caro amico» disse in tono impacciato. L'etichetta esigeva che un messo imperiale fosse accolto stando in piedi; se recava una lettera, il destinatario doveva baciare il sigillo; se il messaggio era portato a voce, il messaggero doveva farlo conoscere immediatamente, senza dar tempo a convenevoli. Onoria non si era mossa: si sa, lei stessa faceva parte della famiglia imperiale.

«Il mio messaggio non è di natura formale» rispose Giuvenzio con uno strano sorriso. «Ho portato all'imperatore certe notizie dal nord e sono stato mandato qui per informarne anche voi.»

Gli occhi di Onoria si strinsero, ma la voce suonava tranquilla e amichevole: «Non vuoi mangiar prima con noi? Abbiamo appena incominciato».

Castino aveva fatto portare un terzo lettuccio e lo schiavo aiutò il suo padrone ad accomodarsi.

«Non ho appetito» disse Giuvenzio. «Ma gradirei un bicchiere di vino puro.»

Quando gli fu messo innanzi il calice, per poco non lo rovesciò, ma poi lo prese con mano ferma e disse forte: «Bevo alla salute del mio grazioso imperatore e alla sua vittoria su tutti i nemici, al benessere dell'impero e alla liberazione del sacro suolo d'Italia da tutti i barbari e i traditori!».

«Amen» rispose Ercolano. «Amen, amen, sì, certo, sicuro. Ma vorrei che gustassi della seconda portata: un rombo dei migliori, nutrito di fegato d'oca. Almeno un bocconcino... no?»

«Non vorrei offendere il mio ospite,» disse lentamente Giuvenzio «ma non posso. Continuate voi a mangiare. Io farò la mia parte esponendo quello che ho da dirvi.»

Con delusione del senatore, anche Onoria respinse il magnifico piatto. Egli se ne prese una grossa porzione e si mise a mangiare.

Giuvenzio incominciò a raccontare dell'assedio di Aquileia, e come per tre mesi avessero respinto gli assalti degli unni, come questi avessero finto di levare l'assedio per poi attaccare d'improvviso con raddoppiato furore e penetrare nella città.

«Avevo già visto gli unni in battaglia, quando li abbiamo battuti nei Campi catalaunici, a nord di Orléans, e sapevo quel che fanno delle città conquistate; ma quando lo si vede coi propri occhi e non si può far nulla per impedirlo, la cosa è diversa. Ho visto il vescovo Clemente, un vecchio di oltre ottant'anni: gli avevano conficcato un pugnale nello stomaco e, mentre cadeva, un unno lo colpì con la frusta sul capo scoperto, sicché tutti i suoi capelli bianchi si arrossarono di sangue. Un altro gli strappò dalle mani il sacro calice, che aveva tentato di salvare. Vidi bambini calpestati dai cavalli e, credetemi, non per sbaglio; massacravano i bambini come massacravano le donne, dopo aver sfogato la loro libidine sulle più belle, e, quando riuscivano a prendere i mariti, li legavano con la schiena contro quella della moglie: questo è il loro concetto del divertimento.»

«In guerra avvengono cose crudeli» disse Onoria, breve.

«Sì, Augusta Onoria, ma la crudeltà degli unni non ha più nulla di umano. Sa Iddio che anche noi sappiamo essere crudeli e la nostra storia è piena di orrori, dai giorni di Romolo in qua. Noi siamo esseri crudeli, ma gli unni sono fatti di crudeltà. Forse è la religione cristiana che ci ha illuminati, perché alcuni dei nostri dèi erano pur essi crudeli, come Marte, Bellona, Diana. Ma l'unno crede nella Crudeltà, essa fa parte del suo essere. Le sofferenze delle province settentrionali dell'impero sono peggiori di quelle del tempo di Nerone.»

Continuò a narrare le cose viste, l'una peggiore dell'altra, sicché perfino Ercolano dovette, non senza rammarico, cessar di mangiare.

"Perché?" pensava Onoria. Perché veniva a raccontare

tutto questo per ordine di Valentiniano? Certo per quella stessa ragione che gli era tanto abominevole negli unni: per crudeltà! "Valentiniano vuole che io mi senta responsabile di tutto ciò! È cosa che gli si addice, è conforme al suo carattere."

Come l'aveva aggredita quel giorno, a Milano, appena ritornata dall'esilio, stanca e malata dalla traversata! «Tu ci hai portato gli unni, tu li hai gettati sul tuo paese, hai compiuto il più nefando tradimento che la storia conosca. Migliaia d'innocenti periranno per quello che hai fatto. E perché l'hai fatto? Perché bramavi l'abbraccio di un sudicio barbaro, del capo della più mostruosa orda che i demoni dell'oscurità abbiano mai sguinzagliato sul mondo.» La madre, naturalmente, aveva parlato di disonore. «Perché il Cielo mi ha punita con una simile figlia?» Onoria taceva. Parlavano di tradimento: ma era lei, Onoria, che era stata tradita... da Iride, dall'eunuco Crisafio, da Teodosio. Di tutte le donne del mondo era lei sola cui doveva essere vietato d'amare! Qual era il suo delitto? Di aver pregato il suo amante, il padre di suo figlio, di prenderla con sé. Poteva esserci cosa più ovvia? Ma Valentiniano, i cui sudici affari di donne e peggio dovevano venir continuamente nascosti, si credeva in diritto di farle la predica, quel miserabile ipocrita! E poi l'avevano gettata nelle braccia di quel botolo miserevole, di quella caricatura d'uomo. C'era da meravigliarsi che una tale infamia trovasse il suo castigo? Come se la guerra con gli unni non sarebbe avvenuta anche senza di lei: a Costantinopoli ne tremavano da anni, e a Roma non era certamente diverso!

Giuvenzio poteva continuare le sue storie paurose; non l'avrebbe vista impallidire. Del resto, non poteva vederla, con gli occhi malati.

«Noi difendemmo il palazzo, ma fummo sopraffatti e portati davanti ad Attila. Eravamo due o trecento, tra cui parecchi tuoi conoscenti. Tutti furono trucidati, per ordine personale di Attila. Io stesso lo sentii dare l'ordine...»

E questo non era che il principio: il peggio doveva ancora venire, fin tanto che qualcuno tentava ancora di resistere all'uomo invincibile. Questa volta non c'era ritirata possibile per lui, finché non avesse raggiunto la meta. Tutto il mondo era aperto innanzi a lui e alle sue miriadi di cavalleggeri. Piangete, piangete pure sui vostri amici perduti! Nessuno ha il diritto d'intromettersi fra l'amante e l'amata!

«... ci mostrò il quadro, sai, quel quadro enorme, che l'imperatrice madre aveva fatto dipingere da Stimpalos; egli lo aveva fatto modificare, e ora si vedeva l'imperatore che baciava i piedi ad Attila...»

«Bestia maledetta!» urlò Ercolano, fuor di sé per lo sdegno patriottico. «Vergognoso, sudicio risalito!»

«La sua famiglia è più antica della tua... e della mia» disse Onoria, gelida.

«Devo confessare che provai gli stessi sentimenti di tuo marito quando vidi il dipinto, nobile Augusta, e credo che ogni romano proverebbe...»

«Mi dispiace molto che la mia opinione non ti vada a genio.»

L'uomo bendato sorrise cortesemente. «L'opinione di una donna, per quanto alta, può mutare...»

Non era sarcasmo in risposta all'ironia di lei: era aperta inimicizia. Soltanto un nemico poteva venire in qualità di messo di Valentiniano: Giuvenzio era dunque un nemico. Ma che danno poteva farle? Se Valentiniano avesse voluto farla arrestare, avrebbe mandato un ufficiale delle guardie di palazzo, coi suoi uomini. Perché aveva mandato Giuvenzio a raccontare storie d'orrore, a ispirarle un sentimento di colpa? Ella intuì che la soluzione dell'enigma era connessa con gli occhi di costui.

Onoria non rispose e il giovane proseguì: «Vidi Attila alla

distanza di pochi passi, lo vidi in faccia: godeva del nostro avvilimento. Accanto a me stavano altri due ufficiali: il conte Gerbod e il conte Clodomiro. Guardavamo in terra, e ci schernì perché non osavamo guardare in faccia la verità, e diede ordine di cavarci gli occhi...».

«Giuvenzio!» gridò Ercolano. «O, povero amico!»

Onoria respirava a fatica, ma non disse parola.

«Fu cosa abbastanza rapida» proseguì spietatamente Giuvenzio. «Per buona sorte, il dolore mi fece perdere i sensi. Quando rinvenni, Gerbod e Clodomiro si erano tolti la vita, non sopportando il pensiero di viver ciechi. Erano pagani, e questo è il concetto pagano. Ma erano buoni pagani e ottimi amici miei, dei quali sentirò molto la mancanza, specialmente ora che sono cieco. Attila imprecò quando glielo comunicarono. Voleva che andassimo tutti e tre dall'imperatore a informarlo che Attila voleva far vedere quel quadro anche a lui, a Roma! Mi fece mettere in catene, affinché non mi uccidessi anch'io. Inutile: volevo vivere; volevo venire a Roma a riferire ciò che avevo visto. E avevo visto qualche cosa più di quanto Attila non pensasse, benché fosse presente. Allora, invero, non lo sapevo ancora con tanta esattezza... Potrei avere ancora un calice del tuo ottimo vino, nobile Ercolano?»

Il senatore versò egli stesso il vino con mani tremanti.

Giuvenzio bevette con compiacenza. Poi riprese a parlare: «Gli unni ebbero la bontà di mettere una carrozza a mia disposizione. Tre giorni dopo ero a Roma, e facevo rapporto all'imperatore, ed egli mi ordinò di venir qui, appena la salute me lo avesse permesso, per riferire ogni cosa anche all'illustrissima Augusta, poiché l'imperatore pensava che il mio racconto non sarebbe stato privo d'interesse per lei».

«E tu hai riferito ogni cosa» disse Onoria con voce atona. «Non ci hai davvero risparmiato nessun particolare.»

«Al contrario» fu la pronta risposta. «Molti particolari.

Ho visto cose che mi hanno fatto lieto al pensiero di non poter mai più vederne di simili. Perfino nella cecità c'è del buono... credimi, Augusta. Ma una cosa ho da raccontarti ancora, alla quale ho già accennato: la cosa che Attila non sapeva, benché fosse presente. O almeno non ne sapeva quanto ne so io, adesso.»

«Indovinello» fece Onoria, stringendosi nelle spalle.

«Non per molto, nobilissima Augusta. Non più per molto. C'era fra noi una ventina di giovanetti, tra i quattordici e i diciassette anni, orfani di buone famiglie, che venivano educati nel palazzo dai migliori maestri, per farne degli ufficiali. La defunta imperatrice madre Placidia (che Dio l'abbia in gloria!) aveva organizzato la scuola. Uno dei ragazzi, un aquilotto, gridò in faccia ad Attila che il suo maledetto quadro era una menzogna, che mai egli avrebbe visto un imperatore romano ai suoi piedi. E, siccome il tiranno lo beffava domandando chi glielo avrebbe potuto impedire, afferrò un pugnale tentando di uccidere Attila. Naturalmente, lo arrestarono subito e Attila lo fece impalare.» Giuvenzio trangugiò un sorso di vino. «Questa è la peggior morte fra quante ne esistono» proseguì lentamente. «Gli altri morirono subito, ma egli visse ancora un intero giorno, con in corpo il palo appuntito. Mi sono informato: morì soltanto a mezzanotte.»

Ercolano mandò un grido d'orrore. «Povero ragazzo, povero ragazzo! E chi era?»

«Lo chiamavano Alieno. Nessuno ne sapeva molto: era una storia misteriosa. Ma, quando ne parlai all'imperatore, egli rise.»

«Rise?» chiese Ercolano, incredulo.

«Sì, rise, e disse che era la vendetta del Cielo, perché Alieno era figlio di una... dama di palazzo, che molti anni prima aveva ritenuto degno del suo amore un principe unno. Naturalmente, non mi disse il nome di lei, ma quello del principe sì: Attila!»

Onoria si alzò lentamente, fece per parlare, ma dalle sue labbra non uscì che un balbettio inarticolato. E cadde di schianto, trascinando con sé piatti, bicchieri e vasi.

Ercolano si precipitò in suo soccorso. Giaceva, in profondo deliquio, e aveva sulle labbra qualche goccia di sangue. Il senatore gemette forte. Guardò Giuvenzio, con negli occhi una domanda, una domanda terribile, insopportabile.

Ma l'ospite era cieco.

III

A Roma regnava grande agitazione. Alla notizia della distruzione di Aquileia seguirono in breve quelle della caduta di Milano e Pavia; anche Vicenza e Bergamo caddero.

L'arrivo dell'imperatore a Roma fu considerato nel primo momento un sintomo di più energica resistenza; ma non durò molto e si venne a sapere che non vi si sarebbe trattenuto a lungo, che a palazzo si stavano già imballando tutti gli oggetti di valore, e che moltissime carrozze e carri erano stati requisiti, naturalmente per la fuga verso il Mezzogiorno, verso Napoli o forse fino in Sicilia.

Tutti sapevano che le fortificazioni di Roma erano nel peggiore stato che si potesse immaginare. Il prefetto dell'Urbe aveva ordinato di armare i volontari, ma, appena composte le prime formazioni, risultò che non c'erano armi sufficienti, perché tutto il materiale disponibile era stato mandato a Ezio e all'esercito regolare. Era un segreto pubblico che l'esercito di Ezio era piccolo, troppo esiguo per poter arrischiare battaglia in campo aperto; nella migliore ipotesi si poteva applicare la tattica di Fabio il Temporeggiatore contro Annibale: piccole scaramucce, scontri d'avanguardia, rapide ritirate non appena il nemico comparisse in forze.

I cittadini, agitati, discutevano la situazione in tutte le osterie, a tutti gli angoli di strade.

«Il vecchio Fabio era in migliori condizioni di Ezio: poteva almeno fare una rapida ritirata, cosa che Ezio non può fare. Gli unni sono tutti a cavallo, e forse non sai che un cavallo corre più di un uomo.»

«Sciocchezze! Ezio è un gran soldato, non lo puoi negare. Non ha che da ritirarsi sui monti, dove i cavalli unni non gli possono correr dietro.»

«E allora gli unni non hanno che da evitare i monti, ed Ezio non può far loro nulla. E a che serve Ezio sui monti? Attila può arrivare a Roma fra una settimana, al massimo fra dieci giorni. Io faccio come l'imperatore e me ne vado a Napoli.»

«Sapete che cosa ho sentito dire? Che Ezio ha concluso un patto segreto con Attila: l'unno gli ha promesso di farlo governatore dell'Italia.»

«Parla piano, amico!»

«Mi parrebbe logico. L'anno scorso ha riportato una vittoria su Attila, e che ne ha avuto?»

«Non può essere stata una gran vittoria, se dopo un anno Attila è qui di nuovo! Forse fin d'allora avevano patteggiato fra loro e lo aveva lasciato scappare. Questo ho sentito io!»

«Non ci credo. Ezio è uomo d'onore, che non vende la patria. Forse l'ha fatto qualcun altro. Perché Ezio non ha potuto mantenere il proprio esercito?»

«Perché si doveva pensare al raccolto, zuccone mio. Non possiamo permetterci che i nostri giovani stiano sempre sotto le armi.»

«Sì, sì, belle parole, vecchie quanto Roma. E tutte le volte che i capi hanno parlato così, abbiamo perduto la guerra.»

«Ma perché dobbiamo aver sempre guerre sopra guerre? Siamo pur cristiani!»

«Credi che anche gli unni siano cristiani? Non puoi aver pace se il tuo vicino non è cristiano, e anche così è abbastanza difficile.»

«Sta il fatto che siamo di nuovo completamente impreparati. E la colpa non è di Ezio... basta, non voglio far nomi!»

«Meglio così! Ma ti dirò io chi è l'uomo di cui non mi fido: Seroe!»

«Chi è costui?»

«Da dove vieni che non lo sai? Seroe è il mago prediletto dell'imperatore, il suo oracolo, il suo profeta, tutto quello che vuoi. La sorella di mia moglie ha un amico a palazzo, uno della guardia, e lui dice che Seroe ha profetato che la fine di Roma è inevitabile.»

«Storie! Roma non perirà mai.»

«Davvero? E perché no? Forse perché ci stai tu? Non hai mai sentito parlare degli avvoltoi di Romolo? Quando fondò la città, dodici avvoltoi gli girarono intorno e si posarono sul muro più vicino, il che significa che la città durerà dodici secoli. Chiaro come il sole! Bene, fa il calcolo: sono più di dodici secoli dalla fondazione della città.»

«Superstizione pagana! Io non ci credo.»

«Tu no, ma l'imperatore sì.»

«To'! un altro carro imperiale... Il cinquantesimo da due ore in qua... li ho contati. Vanno in giù.»

«Dunque l'imperatore se ne va da Roma?»

«E come no? Se avesse voluto opporre resistenza non sarebbe venuto sin qui; sarebbe rimasto a Ravenna, dove le mura sono abbastanza solide. Mio fratello, che abita là, dice che la città è inespugnabile. E l'imperatore viene invece a Roma...»

«... che non è inespugnabile.»

«Proprio no. Le mura sono mezzo sfaldate, e i soldati pochini come il latte nelle poppe di una settuagenaria. Pensaci un poco, babbeo. Se l'imperatore non osa trattenersi a Ravenna, vuoi che resti a Roma? Domattina sarà già partito, credi a me.»

«E lascerà Roma agli unni?»

«Non può trattenerli. Come farebbe?»

«Roma abbandonata agli unni! La città di Cesare, la città di Augusto...»

«Roba di altri tempi.»

«La città di San Pietro...»

«Roba di altri tempi anche quella.»

«Ogni papa è il successore di San Pietro.»

«Finiscila! Mia moglie mi ripete la stessa cosa tutti i giorni, e due volte al giorno corre alla basilica e sta ore a pregare, povera creatura angustiata.»

«Mia moglie è come la tua, e mio fratello fa lo stesso. Ho cercato di distoglierli: le chiese sono zeppe e non è bene per la salute. Ma non vogliono ascoltarmi; la preghiera è una gran bella cosa, ma...»

«Ma non si deve credere che giovi, intendi?»

«Certo è che con essa non si possono arrestare i cavalieri di Attila.»

«Sei un ateo, povero disgraziato. Non hai sentito ciò che è avvenuto l'anno scorso in Gallia? Come le preghiere della santa vergine Genoveffa hanno salvato dalla distruzione la città dei parigini? Attila vi è passato davanti senza aggredirla. E il vescovo Aniano non ha forse salvato Cenabum con le sue preghiere?»

«Peccato che tu non ti sia fatto prete. Cenabum fu salva perché Ezio e Teodorico arrivarono in tempo.»

«E non era appunto per questo che Aniano pregava? Chi ha ispirato tutta Cenabum a resistere, a resistere ancora, perché era sicuro che Dio avrebbe mandato l'aiuto? Il vescovo Aniano è un santo, ti dico...»

«... Sante vergini da noi a Roma non ce ne sono.»

«Che ne puoi sapere? Ad ogni modo, Roma è sempre la città di San Pietro, il quale abita frammezzo a noi nella persona del papa. Questo è un fatto.»

«Ma che deve fare papa Leone? Sfidare Attila a duello, oppure pregarlo che ci lasci da parte, come ha fatto con Parigi? No, caro mio, la religione è bella e buona in tempo di pace, quando tutto procede liscio. Io non ho niente contro coloro che vanno in chiesa, se credono che ciò giovi. Lasciateli fare, ho sempre detto. Ma in tempi di guerra si deve guardare in faccia alla realtà. Parto domattina, per la mia casa di campagna in Sicilia. Là sarò al sicuro, almeno lo spero.»

«Che cosa porti intorno al collo? Quell'oggettino che hai toccato adesso? Un pezzetto di corallo?»

«Che corallo! È il mio amuleto; me l'ha venduto un egiziano e in tutti questi anni mi ha salvato dalla sventura. Ti saluto, caro amico!»

«È la fine, Santo Padre» disse cupo Valentiniano. «La fine di Roma, la fine dell'impero. Dio mi ha castigato facendomi regnare in quest'epoca. Siamo spacciati.»

«Bada bene» ammonì il papa «che non si dica che Dio ha punito l'impero col farti salire al trono nel momento della prova.»

Valentiniano arrossì. «Sono parole dure, Santo Padre. Ero venuto qui a cercar conforto...»

«I tuoi popoli attendono conforto e aiuto da te! Tu non hai il diritto di disperare del tuo ufficio.»

Una pausa. "Conforto", pensava il papa con amarezza. "Venisse almeno a cercar conforto al suo dolore e alle sue preoccupazioni per i suoi sudditi; ma egli non pensa che al proprio dolore e alla propria sicurezza. Non mi ha parlato d'altro! A quanto pare, il suo impareggiabile Seroe e gli altri suoi negromanti e saggi l'hanno abbandonato. Come sarebbe stato diverso il contegno di sua madre! È vero però che Placidia lo lasciò crescere soltanto all'ombra della propria personalità, così forte: forse è questa la causa della sua debolezza. Tuttavia..."

Gli riusciva difficile reprimere lo sdegno. Non era soltanto il vescovo di Roma, era un romano e si sentiva nauseato al vedere l'imperatore romano che pensava soltanto alla fuga, fuga dalla sua capitale, dalla città eterna! La cosa gli dava la nausea e lo spazientiva. Aveva da lavorare: una valanga di lavoro gli piombava addosso da tutte le parti: dalle città della Gallia, molte delle quali ridotte in macerie; dalla Spagna, dove minacciavano disordini interni; dall'Africa settentrionale, dove tutti i giorni uomini e donne trovavano la morte dei martiri; dalle province orientali, dove sacerdoti benpensanti dovevano penetrare di nascosto, travestiti, per somministrare i sacramenti, sempre minacciati di arresto o di morte. Come tutto era stato in pace, in confronto al presente, dodici anni prima, quando era salito al trono di San Pietro! Allora si poteva pensare ad abbellire la Chiesa di Cristo, a rafforzarla internamente; ora tutto era terremoto e convulsione e argini rotti. Oh! avere cento teste per poter pensare a cento cose in un tempo. Se almeno non ci fosse stato il bisogno del sonno: quattro ore e mezzo sprecate ogni notte!

Non aveva potuto non ricevere l'imperatore, quantunque questi fosse venuto soltanto per farsi consolare. Era nel suo buon diritto, ma almeno avesse cercato qualche cosa più del conforto.

«Non ti ho ancora detto tutto, Santo Padre» prese a dire con imbarazzo Valentiniano. «A mezzodì c'è stato consiglio di guerra; ma nessuno ha saputo indicare una direttiva. Perfino uomini come Trigezio, Memmio e Avieno si sono stretti nelle spalle; Pisone poi giunse al punto da consigliare di cedere alle pretese di Attila: io dovrei dare il consenso alle sue nozze con Onoria.»

«Impossibile» disse gravemente il papa. «È sposata legalmente col senatore Ercolano.»

«Andai in collera e gli risposi che preferivo vederla morta. Mezz'ora più tardi giunse un corriere da Napoli con una lettera di Ercolano. Io gli avevo mandato il povero Giuvenzio a riferire la morte di un giovane, quasi ragazzo, di nome Alieno, che Attila aveva fatto uccidere in modo orribile dopo la presa di Aquileia. Alieno – mi riesce difficile parlarne, Santo Padre... Un tempo Attila era stato tenuto in ostaggio ad Aquileia... io ero ancora bambino... conobbe Onoria e... sì... Alieno era il figlio loro. Mia madre tenne nascosta ogni cosa; il bambino fu portato via alla madre, che non ne seppe più nulla. La notizia della sua morte, avvenuta per comando di Attila, fu la prima cosa che apprese, dopo diciassette anni di silenzio. Il colpo la atterrì, cadde priva di sensi, e durante la notte prese il veleno. È... è morta. Non è mica colpa mia, vero, Santo Padre? Intendo dire... sapevo che sarebbe stato un grave colpo per lei, e... sì, lo ammetto, volevo che soffrisse, che soffrisse anch'essa. In fin dei conti, aveva lei la colpa di tutti gli orrori che ci toccano... con quella sua pazza lettera ad Attila. Però, non potevo sapere che avrebbe fatto questo! No, non compiangermi, Santo Padre, perché ho perduto la sorella; Onoria non è mai stata una vera sorella per me; era superba e sprezzante; mi odiava e mi aborriva. Nemmeno con la madre è mai andata d'accordo, ma... non sono mica colpevole della sua morte, no?...»

"E questo è l'imperatore" pensava Leone. "Forse Dio ha realmente deciso di metter fine all'impero. Nemmeno l'ultima domanda è dettata da un senso di onestà: anche qui desidera soltanto di essere confortato, non per la morte della sorella, ma perché vuole sia confermata la sua innocenza. Non soffre: è seccato soltanto."

Disse: «Soltanto un acuto esame della tua coscienza potrà condurti alla conoscenza della tua vera colpa. Il peccato è questione di volontà; tu volevi che la povera donna soffrisse: ecco la tua colpa. Quanto volevi che soffrisse? Volevi che cadesse sotto il colpo? Hai mandato un messo che le portasse la notizia con riguardo, come si deve comunicare a una madre la morte del figlio? Quali istruzioni gli hai dato? No, non rispondermi! Risponderai al sacerdote al quale ti confesserai. Dio perdoni la tua povera sorella; pregherò per lei!».

«Si è uccisa, Santo Padre» disse Valentiniano in fretta. «Ciò significa che... che non può salvarsi, vero?»

L'avida attesa a quella domanda fece rabbrividire il papa.

«Dio solo lo sa» rispose, e per la prima volta dopo molti anni la sua voce non suonò tranquilla e sicura. «Forse non era nel pieno possesso della sua volontà, forse si pentì prima di morire. Ma una cosa ti dico, come padre spirituale: devi pregare per lei, tutti i giorni, sino alla fine della tua vita.»

Valentiniano abbassò la testa. Improvvisamente ruppe in singhiozzi; le strette spalle scosse convulsamente. «Che debbo fare, Santo Padre, che debbo fare? Non posso trattenere quel terribile individuo: l'esercito di Ezio è troppo debole (uno contro dieci) e tutti sono alla disperazione: senatori, consiglieri, tutti, tutti non pensano che a scappare e mettere in salvo i loro averi. Molti sono già fuggiti e il loro numero cresce di ora in ora. Non posso fidarmi di nessuno...» Alzò la testa di botto, sibilando, con un'espressione di furore isterico: «È la fine dell'impero, lo so; ma è anche la fine della Chiesa. Non è più difficile distruggere il Laterano che il mio palazzo».

«No, certo» disse il papa, rifattosi perfettamente tranquillo. «Ma la distruzione del Laterano non sarebbe la fine della Chiesa. Sarebbe la mia morte, ma che importa?»

«Santo Padre, ma come potrebbe vivere la Chiesa senza l'impero? L'impero è il suo sostegno; essa vive per opera dell'impero. Credi forse di poter predicare Gesù ad Attila? No, se andiamo a fondo noi, va a fondo anche la Chiesa, perché sarebbe la fine della civiltà!»

«Le civiltà vanno e vengono» disse lentamente Leone. «La Chiesa resta. Se anche Roma venisse rasa al suolo, e, del pari, tutte le città e i villaggi d'Italia, e l'impero stesso, nemmeno allora la Chiesa perirebbe. Ci sarà sempre un cantuccio di mondo, dove le mani di un sacerdote consacrato potranno sollevare l'Ostia: Cristo ce lo ha promesso. Nulla di più falso che credere che Chiesa e impero siano congiunti per la vita e per la morte, come l'uomo e la donna nel matrimonio. Cristo, non già l'impero, è lo sposo della Chiesa. Iddio non mi ha dato il dono della profezia; so però che tutti gli imperi della storia sono opera dell'uomo, e quindi perituri come l'uomo; tutti periscono, prima o poi, e ogni volta è la fine di una civiltà, la fine di uno stile di vita, di questa o quella egemonia politica. Cristo è morto per tutta l'umanità, e il nostro dovere è quello di istruire tutti i popoli.»

Per Valentiniano ciò significava soltanto che anche la Chiesa lo abbandonava nell'ora del bisogno. Era venuto a cercare aiuto, senza minimamente prevedere in che potesse consistere tale aiuto, e ora la nebbia della sua mente si dissolveva ed egli vedeva le cose con chiarezza spaventosa, quasi grottesca. Gli passò per il capo che quel vecchio rifiutava semplicemente di farsi suo complice.

Fu colto da furore contro i propri pensieri. Era lui l'imperatore, l'impero era in pericolo – *Videat imperator*! Il suo senso del dovere lo aveva condotto là – o per lo meno la disperazione, ed eccolo, il capo della cristianità, con la serena distanza della vetta di un monte, che rifiutava di far qualche cosa per lui. Quanto torto aveva avuto sua madre! Aveva sempre blaterato dei due grandi uomini dell'impero: Ezio e Leone, Leone ed Ezio, a segno che egli non ne poteva più dalla noia al solo sentirli nominare. E adesso, al momento del bisogno, ambedue lo abbandonavano: era tempo di pensare a se stesso, di piantare il Laterano, Roma, l'Italia. Costantinopoli! Occorreva dar ordine alla flotta di far vela; dato che non si poteva andare in esilio a mani vuote.

«Che intenzioni ha Vostra Maestà?» domandò il papa.

Valentiniano notò che era la prima volta che il papa gli dava il suo giusto titolo. Forse significava che fino a quel momento aveva concesso udienza al suo suddito spirituale, e che l'udienza era terminata. Involontariamente sorse in piedi.

«Non lo so, Santo Padre» disse macchinalmente. «Il guaio è appunto che non lo so! Ad ogni modo, lascerò Roma.»

«Lasciare la capitale?»

«Che altro posso fare?»

«Sicché vuoi recarti da Ezio, presso il tuo esercito?»

L'imperatore fece una risata maligna. «Non credo che Ezio sarebbe molto contento di vedermi; non sono soldato, e la mia presenza gli sarebbe soltanto d'impiccio. Non già che possa trattenere l'avanzata di Attila: è troppo debole per riuscirvi.»

Ora si rizzò anche il papa, con tanta energia che con le vesti fece cadere alcuni documenti dalla scrivania.

«Comprendo» disse. «Ti rechi da Attila!»

Con l'ovvia cortesia dei giovani verso i vecchi, Valentiniano si chinò e raccolse i documenti. Le parole del papa lo colpirono come una frustata; fece un salto indietro.

«Da Attila? Io?!»

«Sarebbe una buona idea. E che altro ti resta da fare? Sei l'imperatore: non puoi comportarti come certi cittadini spauriti, scappar via e abbandonare l'Italia al proprio destino!»

«No» fece Valentiniano, mordendosi le labbra.

«Un colloquio personale con Attila sarebbe l'unica via d'uscita, e non cattiva. Io ho fiducia in una spiegazione da uomo a uomo, quando si tratta di cosa veramente importante. Si ottiene di più che mandando delegazioni.»

«Già» fece l'imperatore. «Ma ciò equivarrebbe alla mia morte. È certo e sicuro che mi ammazzerebbe, e poi marcerebbe ugualmente su Roma. Anche l'eventualità di mandare ambasciatori fu discussa, ma nessuno pensò che si potesse ricavarne qualche beneficio. Naturalmente, anche il fattore della... della sicurezza personale ha avuto una certa parte... Ma anche prescindendo da ciò, Attila non avrebbe nessuna ragione di ricevere gli ambasciatori. Non possediamo nulla che egli non possa prendersi senz'altro, sia che glielo offriamo o no. A lui preme soltanto di vincerci, di avvilirci. Queste sono le parole di Avieno e io non ho trovato argomenti da ribattere.»

«Comprendo» fece Leone, brevemente.

«Non è un delitto amare la vita» gemette Valentiniano. «Quello è un mostro, è l'anticristo, e andare da lui significherebbe morte sicura.»

Il papa mandò un sospiro. Nerone fu l'anticristo, e Diocleziano, e ora Attila. Forse ce ne saranno ancora degli altri, prima della vera fine. Chi lo sa? Si rimise a sedere; dopo qualche momento alzò il capo possente dai lineamenti arditi e disse semplicemente: «Allora, se sei d'accordo, andrò io da Attila».

L'imperatore si sentì mancare il respiro.

«Tu... Santo Padre... Impossibile!»

Diceva sul serio; mai gli era passata per la mente l'idea che il papa potesse prospettare una vera soluzione del problema, e tanto meno che lui stesso si offrisse per risolverlo. Parole di conforto, di calma, la benedizione della Chiesa per un infelice sovrano costretto all'esilio era tutto quanto si era aspettato.

«Non posso prometterti nulla» disse Leone. «Posso soltanto tentare e fare il massimo sforzo; ma andrò.»

«O Santo Padre,» balbettò Valentiniano «Roma, l'Italia, l'impero, ogni singola persona tratterrà il respiro... ah, non so che dire... io firmo tutto quello che riporterai... sono ciecamente d'accordo su tutto quanto deciderai...»

«Prega per me» disse Leone con la massima semplicità «e invita il popolo di Roma a fare altrettanto. Ne avrò bisogno.»

IV

All'alba del giorno successivo quattro carrozze uscirono dalla città, dirette verso nord. Nella prima sedevano quattro sacerdoti, tra i quali l'arcidiacono Cerezio, nella seconda il papa, nella terza alcuni segretari, e nell'ultima i loro superiori: il senatore Avieno, personaggio di grado consolare, e Trigezio, ex-prefetto d'Italia, i due più fidati consiglieri dell'imperatore. Il giorno precedente avevano rifiutato di recarsi da Attila in qualità di ambasciatori; ma ora, con la compagnia del vescovo di Roma, la cosa aveva assunto un altro aspetto.

Si aggiunga che sapevano (e il vescovo di Roma non lo poteva immaginare) ciò che l'impero poteva promettere al terribile conquistatore qualora accettasse di rispettare la città eterna.

In fin dei conti si trattava di un gigantesco atto di corruzione e non era presumibile che il papa s'intendesse molto di cose del genere. Avieno e Trigezio erano i più esperti diplomatici dell'impero; avevano in testa tutte le cifre, dal prezzo del grano egiziano al reddito delle miniere britanniche di stagno.

Non c'era stato tempo per una conferenza preliminare. Erano andati al Laterano a prendere Leone e il suo piccolo seguito poco prima dell'alba. Il papa aveva già detto messa e fatto colazione.

Alla prima fermata, a mezzogiorno, trovarono finalmente l'occasione di discorrere, e Trigezio domandò che cosa il Santo Padre avesse intenzione di dire ad Attila.

«Non lo so ancora» rispose il papa. «Lascio fare allo Spirito Santo.»

«Naturalmente» disse Trigezio. Avieno era inferocito e stentava a nasconderlo. Quando le carrozze si furono rimesse in moto, i due diplomatici si guardarono in faccia.

«Lo Spirito Santo» gemette Avieno.

Ma Trigezio si era già ripreso. «Calma, calma, amico: quell'uomo non è tanto ingenuo come vuole far credere. È il più abile amministratore che la Chiesa abbia avuto da molto tempo. Non vuol parlare: questo è quanto! Scommetto la mia villa di Sarmio contro la tua casa di Baia che ha già il suo piano in capo.»

«Bella scommessa!» brontolò Avieno. «Sarmio è occupata dagli unni.»

«Già, non ci pensavo. Che il diavolo li porti!»

«Questa» osservò Avieno «sarebbe l'unica soluzione favorevole per la nostra missione.»

«Chi lo sa? Ammetto che non si possa sperar molto da quel caro vecchio, sia che abbia o non abbia un piano. Siamo stati tutti troppo ottimisti, temo. Meno male se Attila fosse cristiano, ma non credo che lo sia. Di conseguenza il successore di San Pietro non dovrebbe rappresentare gran cosa per lui. Non so in cosa credano gli unni.»

«Nel saccheggio, nello stupro, negli incendi! Se Attila fosse cristiano non sarebbe più Attila. Caro Trigezio, capisci anche tu che spetta a noi di compiere la parte più seria dell'opera. Dobbiamo lasciare che il vecchio tenga il suo discorso: questo è chiaro, fa un bel vedere e conferisce una specie di aura a tutto l'affare... sai quel che intendo. Per questo genere di cose è grande; ma poi, il resto tocca a noi.»

«Ma veramente, che cosa abbiamo da offrire ad Attila? Siamo sinceri almeno fra noi. Dobbiamo offrirgli la Britannia, forse insieme con una parte della flotta romana, affinché possa far traversare il canale ai suoi dannati cavalli? I redditi del paese sono notevolmente diminuiti e noi possiamo rinunciare senza troppa fatica a quell'isoletta. Oppure dobbiamo offrirgli la mano della principessa Pulcheria, ora che Onoria è morta? Ha già espresso il desiderio di entrare, per mezzo di matrimonio, nella famiglia imperiale. Oppure dobbiamo...»

«Taci, ti prego.» Avieno era schifato. «Non sono in vena di sopportare simili scherzi. Più procediamo e più mi convinco...»

«... che non avremo nemmeno un briciolo di successo. La nostra non è una missione imperiale: è un viaggio da mentecatti. Forse concederà all'imperatore (che Dio gli conceda la vittoria!) un paio di giorni di respiro.»

«In compenso taglieranno la testa a noi, e possiamo essere contenti se lo faranno in fretta.»

«Possibilissimo!»

«L'imperatore, Dio gli conceda la vittoria!» ripeté Avieno e, con grande imbarazzo di Trigezio, si mise a piangere.

I tre giorni seguenti non furono adatti a sollevare lo spirito dei messi imperiali. La strada passava per il più bel paese del mondo, pieno di sole e di fiori; ma gli occhi degli abitanti delle città e dei villaggi rispecchiavano l'angoscia mortale che teneva sospesa tutta Italia, e la notte, nei letti ospitali dei più alti funzionari dello Stato, credevano di sentire in grande distanza un rumore di zoccoli, di migliaia e migliaia di zoccoli che si precipitassero verso di loro. Gli stessi funzionari erano presi dalla paura: uno di essi aveva già imballato tutta la sua roba, perfino i mobili, e Avieno dovette comandargli di sballare subito le robe, per dare alloggio alla deputazione di Sua Maestà.

Il papa, nonostante tutte le rimostranze, volle pernottare nelle più vicine canoniche: due dei sacerdoti che lo accolsero erano semplici curati di villaggio. Trigezio era convinto che facesse così unicamente per evitare un colloquio coi suoi compagni. «Ha qualche segreto, quel vecchio furbo...» Non ebbe il coraggio di dire «volpe»; Leone non aveva niente della volpe, e le aquile non sono furbe. O forse sì?

Sorprendente era vedere come venisse riconosciuto da tutti, quantunque quasi nessuno lo avesse mai visto. Si affollavano attorno alla sua carrozza; le madri sollevavano i bambini perché li benedicesse; in certi momenti la folla impediva di proseguire; la gente si gettava in ginocchio davanti alla carrozza, tendendo le braccia, cercando di toccargli i panni. Pareva che questo non lo disturbasse affatto; era instancabile nell'impartire la benedizione.

«Ognuno è vanitoso a modo suo» borbottava Avieno. Trigezio alzava le spalle. «Lascia che il vecchio si diverta. Probabilmente sono le ultime benedizioni che distribuisce.»

La notte successiva si videro i primi fuochi nel nord. Poi attraversarono un paese in panico. La popolazione di innumerevoli città e villaggi era in fuga, con migliaia di carri e carrette, che ostruivano le strade. Ci volevano ore per avanzare di un paio di miglia. A un certo momento incontrarono un enorme affollamento, e Trigezio, alzatosi in piedi nella vettura, tenne un bel discorso. La delegazione si recava da Attila. L'imperatore (Dio gli conceda la vittoria!) cercava con ogni sforzo di restituire la pace al suo amato paese, pronto a sopportare i più gravi sacrifiici per giungere allo scopo. Forse tra pochi giorni potevano ritornare alle loro case e vivere in pace, come avevano vissuto fino allora, sotto le giuste leggi di Sua Maestà.

Ma le parole si perdevano nelle grida della moltitudine che chiedeva incessantemente la benedizione del Santo Padre; e tutti s'inginocchiavano per riceverla.

Trigezio sedette, asciugandosi la fronte: «Plebe ingrata!».

Finalmente il flusso dei fuggiaschi rallentò. Fu difficile

trovare una guida che li conducesse intorno a una piccola città in fiamme.

Mezz'ora dopo si videro venire incontro al galoppo uno stormo di forse duecento cavalieri, piccoli, scuri, scaturiti improvvisamente dal nulla. In men che non si dica le quattro carrozze si trovarono circondate.

Trigezio gridava con tutta la forza dei polmoni: «Delegazione imperiale, che si reca da Attila, da Attila, da Attila...».

Gli unni si guardarono, prorompendo in una risata stridula. Nessuno di essi capiva una parola di latino, ma era chiaro che quei ridicoli vecchi volevano recarsi da Attila, la spada di Puru, il signore del mondo. Tutti fuggivano al solo sentirlo nominare e quei vecchi volevano andare da lui: fuggivano contro corrente. Che bello scherzo! Diedero di sprone alle loro bestie e frustarono i cavalli delle quattro carrozze. Uno di essi si mise a cantare, improvvisando, sull'aria di una canzonetta militare: "Chi ha mai sentito che i bovi vanno da soli al macello? Chi ma hai sentito che i vecchi non sanno aspettare la morte?". Gli altri si torcevano dalle risa e gli facevano coro, ognuno a modo proprio.

Un'ora più tardi arrivarono a un accampamento di unni. C'erano almeno quarantamila uomini in riposo, e il capo della piccola squadra fece rapporto a un unno, che portava in capo un berretto appuntito di preziosa pelliccia nera. Sul petto gli ricadevano dozzine di catene formate da monete d'oro, che servivano tanto da corazza quanto da ornamento. Costui ascoltò, serio, poi si diresse verso le carrozze per vedere quella strana gente.

«Delegazione dell'imperatore che si reca da Attila!» gridò Trigezio un'altra volta. L'unno gli lanciò un breve sguardo e continuò l'ispezione. Parve che quella strana figura nella seconda carrozza non gli piacesse: con le dita tormentava l'elsa della spada.

Leone non alzò gli occhi. Aveva passato quell'ultima ora

in silenziosa preghiera, e non vedeva ragione di cessar di conversare con Dio per intrattenersi con un unno.

Questi si grattò la pera, quindi abbaiò un comando. Gli fu portato un cavallo; egli salì in groppa e abbaiò qualche altra cosa. Subito la cavalleria, preceduta dal capo, si mise in moto.

Passarono davanti ad altri due accampamenti. «Pare gli secchi che vediamo le loro truppe» sussurrò Trigezio. Avieno rise amaro. «Possono permetterselo, amico mio.»

«Bene, se non ci ammazzano ora, lo faranno poi per ordine di Attila.»

«Bella consolazione» borbottò Avieno. «Concentra le sue truppe nei campi, non nelle città, dove gli eccessi potrebbero indebolirle. Vuol dire che si prepara all'attacco.»

In breve ebbero raggiunto il Mincio, nel punto in cui si getta nel Benaco. Una selva di tende copriva le due rive del fiume.

«Eccoci qui, amico» disse Trigezio. «Quella lì dev'essere la sua tenda, quella grande dinanzi alla quale è piantata una lancia con le code di cavallo nere.»

«Un mio antenato ha combattuto a Zama,» disse Avieno «un altro a Farsaglia... e ora...»

«Ci conducono subito da lui! Almeno ci dessero prima qualche cosa da mangiare. In fin dei conti, anche uno che va alla morte...»

Ma la cavalcata proseguì e si arrestò soltanto davanti alla grande tenda. Cinquanta o sessanta unni, tutti coi berretti di pelo nero e le catene d'oro stavano stesi sulla soglia, come un muro vivente. Un suono di corno, venuto non si sapeva da dove, li fece alzare.

Trigezio e Avieno scesero di carrozza stirando le membra irrigidite.

Un uomo, solo, uscì dalla tenda. Anch'egli portava un pesante berretto di pelliccia, ma la sua semplice veste rossobruna non aveva ornamenti d'oro, e una vecchia spada di ferro gli pendeva al fianco, appesa all'alta cintura di cuoio.

Trigezio tentò per la terza volta la sua formula, accompagnandola ora con un profondo inchino.

«Siamo una delegazione della sua Imperiale Maestà Valentiniano III al re degli unni. Questi è...»

«Non voglio saperne di ambasciatori» lo interruppe Attila.

Avieno s'inchinò a sua volta: «Ascoltaci per un solo momento, grande re. Sono convinto che comprenderai come il tuo vantaggio...».

«Chi è quello lì?» domandò Attila, accennando col pollice la seconda carrozza, dalla quale stava scendendo il papa, aiutato da due dei suoi sacerdoti.

«È il venerabile vescovo di Roma» dichiarò in fretta Trigezio.

Leone avanzava lentamente, con la mano rugosa appoggiata alla croce che portava sul petto. Il suo saluto espresse tutta la sua missione.

«La pace sia con te!»

Attila lo guardò fisso. Poi: «Ti conosco. Da molto tempo non ti ho visto, ma ti conosco. Entra nella tenda, vescovo. Pilzal, provvedi a che costoro abbiano da mangiare e da bere, e una tenda, dove resteranno. Non voglio vederli. Domani ritorneranno là donde sono venuti».

Rientrò nella sua tenda, seguito da Leone. Il re degli unni si sbagliava, o era vero che si erano già incontrati? Ma dove, quando? Quel corpo possente, tarchiato, vigoroso, quei movimenti rapidi... D'un tratto Leone si rammentò, e quando furono nella tenda, a faccia a faccia, fece un cenno di assenso: «Ora mi ricordo. Fu ad Aquileia, quasi venti anni fa».

Il cortile del palazzo... lui aveva fatto cessare una zuffa, molti contro uno che aveva gli occhi di bestia inseguita, feroci, sanguigni. Erano ostaggi, principi e sovrani nei loro paesi, e quello che se l'era presa con tutti era un unno. E quando, per suo comando, i giovani avevano lasciato libero l'unno, questi gli aveva lanciato una frase... una frase selvaggia, assurda.

«Sì, ad Aquileia» confermò Attila. «E io ti dissi: "Quando darò fuoco a questa città, rispetterò la tua vita". Ho dato fuoco ad Aquileia, e tu sei vivo.»

«Il vescovo Clemente di Aquileia fu ucciso sui gradini dell'altare» disse Leone tristemente.

«In guerra si uccide tanta gente. E io non avevo fatto promesse al vescovo Clemente. Hai fame? Hai sete? Chiedi quello che desideri.»

Leone scosse il capo. «Non sono venuto a chiedere nulla per me.»

Gli occhi obliqui si restrinsero: «Non chiedermi grazie per l'imperatore, non le merita. Non voglio sentir nulla di quanto viene da lui. Dimentica di essere l'uomo dell'imperatore».

«Non sono l'uomo dell'imperatore, Attila. Il vescovo di Roma non è soggetto a nessuno: è il padre di tutti i cristiani e soggetto soltanto a Dio. Perciò lo si chiama papa, il padre.»

«Così va bene. Mi sarebbe spiaciuto che tu fossi l'uomo dell'imperatore. Ti chiamano padre, e me pure; dunque siamo uguali. Fa piacere parlare con un nostro pari.»

Durante tutto il tempo avevano continuato a scrutarsi a vicenda, ognuno a modo proprio. "Non è facile da spezzare" pensava Attila. Leone osservava, con la tristezza nel cuore, ma non senza ammirazione, quella grandiosa, potente creazione di Dio, il prototipo dell'uomo dopo il peccato originale. "C'è una grande bellezza nella bruttezza di quest'uomo" pensava. I suoi pensieri correvano ai primi tempi della creazione, quando spiriti potenti si erano ribellati e avevano abbandonato la fonte di ogni bontà e di ogni bellezza. Ma come mai gli venivano di queste idee?...

Si sentì dire: «No, non siamo pari».

Attila sogghignò: «Le stesse parole disse una volta l'imperatore dei catai a un mio antenato, che si chiamava Munzuco, come mio padre. Credeva che la razza dei catai fosse superiore a tutte le altre; ma Munzuco gli strappò la barba e saccheggiò duecento delle sue città. La razza superiore vince le battaglie. Che battaglia hai vinto tu, vescovo di Roma?».

«Molte battaglie, di cui tu non sai, re degli unni. Contro l'errore e il tradimento; contro l'ignoranza e il pregiudizio, persino contro l'orgoglio. E anche le più difficili, contro l'indifferenza e la tiepidità. E anche quella che è sovente la più difficile di tutte: contro me stesso!»

Attila annuì col capo: «Un sacerdote deve parlare per enigmi. E un uomo che sia uomo deve considerare la propria razza come la migliore. Non sono in collera con te per questo».

«Non c'è che una sola razza, Attila: l'umanità.»

Attila si mise ridere. «Guardami, e guarda te. Sono io forse come te o come Ardarico il gepida, o come Canarangesh, il persiano? Ci sono tante razze e tanti popoli che non si arriva a contarli, tutti diversi uno dall'altro, benché in tutti ci siano i coraggiosi e i vigliacchi.»

«Eppure non c'è che una razza sola: lo trovi scritto nel nostro libro sacro.» Leone si passò la mano stanca sulla fronte. I suoi pensieri tornarono ancora ai primi tempi della creazione. «I nostri primi antenati ebbero due figli» disse piano «e un fratello uccise l'altro, per invidia. E Dio chiese all'uccisore: "Dov'è tuo fratello?". Non ha fatto anche a te la stessa domanda?»

Le dita di Attila si strinsero intorno all'impugnatura della spada di ferro. Leone fece mostra di non accorgersene. «Io sono il successore di San Pietro, legalmente eletto» continuò. «Tu hai conquistato il trono con un delitto, il delitto di Caino. Sei veramente il suo successore! Noi siamo della medesima razza, Attila, ma non siamo pari.»

Gli occhi di Attila mandavano scintille. «Sei molto audace, prete. Forse ti affidi troppo alla mia promessa di risparmiarti la vita.»

«Questo non me l'hai promesso» constatò Leone. «Mi dicesti che, *forse*, mi avresti risparmiato la vita.»

Attila fece un balzo di irata confusione: «Non avresti dovuto rammentarmelo. Ora è fatta. Questa spada ha ucciso Bleda».

«Non è il mio sangue che possa purificarla» disse Leone, segnandosi, tranquillo. In mezzo a quel silenzio di morte, soggiunse poi: «Te lo dissi fin da allora: ogni uomo, sia unno sia romano, deve saper sopportare la verità».

La spada tintinnò contro la tavola. Attila aveva riacquistato la padronanza di se stesso.

«Hai ancora altre verità per me, prete?»

«Sì, Attila! Tu uccidesti tuo fratello Bleda in tutti coloro che hai ucciso o fatto uccidere: in ogni morto l'hai ammazzato.»

«Non capisci, prete, e proprio tu dovresti capire. Vive nel nostro popolo una credenza antichissima: un principe avrebbe un giorno trovato la spada del dio della guerra, la spada che conquista il mondo. Eccola qui. Nessuno può precludere la strada all'eletto del dio, e l'eletto non può essere vinto.»

«Eppure tu stesso ne hai dubitato una volta, Attila, quando ti stendesti sul rogo, nel centro del tuo accampamento, sui Campi catalaunici. E lo metterai in dubbio ancora una volta!»

«Ho dimenticato tutti i dubbi» esclamò ruvidamente Attila. «E domani passerò all'attacco. Fra una settimana sarò a Roma, alla testa del mio esercito. Chi può trattenermi?»

Ora si alzò anche Leone, pesantemente, con grande sforzo.

«Non è molto che hai posto la stessa domanda. Un giovanissimo, quasi un ragazzo, ti ha dato la risposta, e ha profetato contro di te.»

Attila fece un breve riso. «Lo sai? Allora saprai anche dove si trova adesso il ragazzo.»

«Sì, Attila: è dove sono le tue speranze!»

«Che significa?»

«Non c'è bisogno che alcuno ti trattenga: ti sei arrestato da te quando hai fatto morire il ragazzo Alieno. Perché Alieno era tuo figlio, il figlio di Onoria.»

Parve trascorresse un'eternità. «Ritira codeste parole» disse Attila, piano, con dolcezza. «Non voglio che sia! Non'è vero! Ritira!»

Ma vide gli occhi del papa e incominciò ad ansimare: un dolore convulso gli attanagliava il cuore. Si strappò le vesti. Poi, con uno sforzo sovrumano, si costrinse alla calma.

«La principessa Onoria mi darà un altro figlio. Taci, prete! Lo farà, deve farlo! Anche se dovessi costringerla, metterla in catene, finché me lo avrà dato. Questa è la mia volontà. Deve farlo.»

«Non è la volontà di Dio, Attila. La principessa Onoria è morta; si è uccisa apprendendo la morte di suo figlio.»

Attila indietreggiò vacillando, coi pugni stretti sugli occhi. Il sangue gli cantava nelle tempie. Puru... dov'è Puru? Si chinò in avanti, per far dissolvere la nebbia sanguigna. Quando finalmente aprì gli occhi, evitò di guardare il terribile vecchio. Cercava di pensare: non c'era senso a ucciderlo: a vendicare tanto strazio occorreva distruggere un mondo. Non un sol uomo in Italia sarebbe rimasto in vita. Onoria avrebbe avuto l'omaggio di un sacrificio mai visto prima.

Ma il vecchio riprese a parlare. Ancora verità, altre verità?

«Non hai niente da vendicare, Attila. Ogni vendetta appartiene a Dio.»

Un ruggito come di belva: «E che mi rimane allora, se non la vendetta? Io sono la spada di Puru!».

«Brucia Roma, e risorgerà dalle ceneri. Non saresti il primo a tentarlo; e non sfuggiresti alla tua sorte.»

Sputò la sua risposta, tremante d'odio: «Ciò che io distruggo non rinasce più: stanne certo!».

Non aveva più guardato il prete, ma ne vedeva l'ombra sul telo della tenda dietro a lui, e l'ombra cresceva, cresceva, sembrava riempire tutto lo spazio.

«Non vedi che Dio ti ha tolto i frutti della vittoria prima che tu abbia vinto? È questa la Sua maniera di significarti che la vittoria è vana, senza senso e senza scopo.»

S'udì allora... un rumore sinistro, quasi il suono di un'arpa ciclopica suonata da dita giganti.

Attila guardò la parete da cui pendeva il suo arco di corno. Era saltata la corda! Il suo arco... l'arco di Bleda... il suo!

«Hai parole che combattono come gli uomini, prete. Distruggono le buone armi.»

«È giunta l'ora in cui l'uomo non ha che una scelta: servire Dio, con obbedienza... o con disobbedienza. Tu volevi dominare il mondo dalla groppa del tuo cavallo...»

Così aveva parlato kan Rua. Come lo sapeva il prete?

«... ma il Cielo è l'unico dominatore del mondo. E ora tu soffri, come soffrono tanti tuoi fratelli. Anche tu hai perduto tuo figlio e la madre di tuo figlio.»

«Pietà?! Di me?» Era il tono di uno che soffoca.

«Sì, fratello Attila, pietà! Poiché io soffro con te.»

Attila aveva lo sguardo irrigidito. «Non ho mai visto una cosa simile. Che vuoi tu da me?»

«Io? Niente: te l'ho già detto.» Ma la voce dolce si era rifatta dura e tagliente. «Dio ti ha già detto ciò che vuole da te. Ora basta, la misura è piena. Torna indietro, Attila.»

L'unno continuava a tenere lo sguardo fisso, e gli pareva che l'ombra dietro al prete si trasformasse in quella di un altro, di un vecchio gigantesco e barbuto. Era stata l'ombra a parlare?

Leone si diresse lentamente verso di lui e Attila vide che aveva gli occhi serrati.

«Torna indietro, Attila» sussurrò Leone. «Vinci te stesso e torna indietro, e non ritornare mai più. Poiché, se tu decidessi di ritornare, verseresti il tuo sangue.»

E passando davanti ad Attila uscì dalla tenda.

Di quello che seguì non serbò quasi più memoria. Due suoi sacerdoti gli corsero incontro, lo sorressero, lo condussero a una tenda preparata per lui. Cerezio e l'altro prete che stavano inginocchiati si alzarono in piedi. La prima gioia si trasformò di botto, prima in spavento, poi in tacita venerazione.

«Voglio celebrare la messa prima dell'alba» disse il papa. «Svegliatemi in tempo.»

«Ma, Santo Padre,» balbettò Cerezio «non vuoi raccontarci che cosa ha detto Attila, e che cosa gli hai detto tu?»

«Non lo so» rispose Leone in tutta semplicità. «San Pietro ha parlato per me.»

Trigezio balzò dal sonno, colpito dalla viva luce. Fregandosi gli occhi vide una mezza dozzina di unni che trascinavano via una tenda. Si trovò a sedere sull'erba nuda e, accanto a lui, Avieno, che pareva appena destato dal sonno. Comprese allora che la tenda che gli unni portavano via era la loro. Forse era costume degli unni di svegliare in quel modo gli ospiti. Lo disse ad Avieno.

«No, Trigezio. Portano via anche le altre tende. Guarda.»

Da ogni parte stavano levando le tende.

«Dio mio» gemette Trigezio. «Stanno accingendosi all'attacco. Saranno a Roma prima di noi!»

«Che avranno fatto del papa?»

«Come vuoi che lo sappia? Sono stato prigioniero al pari

di te. Guardie d'onore! Bastava mettere il naso fuori della loro sudicia tenda e già tendevano l'arco. Forse l'hanno ammazzato.»

«No! Eccolo qui che viene nella sua carrozza. Ed ecco anche le altre.»

I due uomini si levarono, aggiustandosi alla meglio le vesti, e si diressero alla carrozza del papa. Un paio di cavalieri unni indicarono con malgarbo la quarta vettura, vuota. Trigezio tentò inutilmente di avvicinare il papa; poi salì stringendosi nelle spalle, e Avieno seguì il suo esempio. Non avevano ben finito di accomodarsi, che il convoglio partì. La selva di tende era scomparsa quasi interamente.

I due non scambiarono quasi parola per quella prima mezza giornata. I cavalieri unni si tenevano vicinissimi, e non si poteva esser certi che uno e l'altro non comprendessero il latino.

Non era la strada che avevano preso nell'andata, altrimenti avrebbero dovuto incontrare da un pezzo il campo unno.

Il capo della scorta latrò un comando improvviso; gli unni voltarono di colpo i cavalli e galopparono via. Due minuti dopo non si sentiva più il calpestio degli zoccoli, e in capo a pochi istanti i cavalieri furono fuori di vista.

Trigezio si sporse. «Avvicinati alla seconda vettura.» Il guidatore obbedì. Arrivati accanto alla carrozza del papa, videro che il vecchio dormiva di un sonno profondo, col mento sul petto, gli occhi affondati nelle orbite, invecchiato di anni.

«Lascialo passare avanti» ordinò Trigezio. Avieno mandò un profondo sospiro.

In quella risuonò un rapido calpestio di zoccoli dietro di loro. Si volsero: era un cavaliere solo, che veniva di volata, la corazza luceva al sole.

«Un romano!» esclamò Trigezio. «Abbiamo dunque già superato la zona unna?»

Il cavaliere, un giovane ufficiale, si trovava alla loro altezza: Trigezio gli diede una voce ed egli fermò il cavallo.

«Ferma!» ordinò Trigezio al guidatore. Poi, all'ufficiale: «Di dove vieni?».

«Chi sei tu, per interrogare così?»

«Ti consiglio di essere gentile, giovinotto. Sono il senatore Trigezio, e questa è la delegazione imperiale.»

Il giovane ufficiale fece il saluto militare, ma non parve affatto intimidito. «Tribuno Marcello, della ventiduesima legione, diretto al Quartier generale. Hai certamente udito la grande notizia.»

«Che notizia?»

«Gli unni voltano strada, vanno verso nord. Hanno già levato tutti i campi.»

«Verso nord,» ripeté Trigezio «vuol dire...»

«Vuol dire che se ne vanno: abbiamo notizie da tutte le parti. Non lo sapevi?»

«Mio buon tribuno» disse Trigezio, respirando a fondo. «Ti ho già detto che siamo la delegazione imperiale. Ci siamo riusciti.»

Molto prima della delegazione imperiale era giunta a Roma la notizia del voltafaccia degli unni, e si era diffusa come una fiammata. Il popolo aveva compreso benissimo chi avesse provocato il cambiamento, la vittoria totale senza spargimento di sangue.

Dei preti sconcertati venivano issati sulle spalle e portati in trionfo. Da tutte le finestre pendevano drappi. Un reparto della guardia fu circondato per via e, a dispetto degli ufficiali, rimpinzato di leccornie e di vini portati dalle vicine trattorie. Migliaia di persone attendevano alle porte settentrionali della città l'arrivo del papa; altre migliaia gli correvano incontro per essere le prime a ricevere la sua benedizione. Roma aveva visto trionfi, ma mai uno simile. Non erano truppe vincitrici, che tornavano cantando rozze canzoni di guerra, non il cocchio portante il trionfatore vestito da Giove, coronato di lauro dorato, non prigionieri in catene.

Era un padre che faceva ritorno tra i suoi figli. La carrozza di Leone era tirata da giovani che cantavano, mentre i ca' valli, staccati, trotterellavano dietro.

L'imperatore ordinò sette giorni di festività, e si recò in persona nella basilica di San Pietro, dove il papa celebrò la messa. Grida assordanti accompagnarono la processione papale per tutta la strada dal Laterano alla chiesa del principe degli apostoli.

A Roma circolavano le storielle più svariate sul modo in cui il papa era riuscito a smuovere Attila. Trigezio e Avieno erano applauditi con simpatia dovunque si mostrassero.

Uno dei migliori commedianti di Roma raccontò sulla scena di aver saputo da alte personalità che non il papa, bensì Trigezio e Avieno avevano compiuto l'impresa, e precisamente dichiarando ad Attila che il paese era già spremuto fino alle midolla dagli esattori delle imposte, sicché l'unno comprese che per lui nulla sarebbe rimasto.

Si raccontava che l'imperatore avesse chiesto al papa che cosa poteva fare per lui: «Domanda qualunque cosa e l'avrai». E Leone avrebbe risposto: «Vivi da cristiano!». «Impossibile» avrebbe risposto l'imperatore. «Anche la conversione di Attila era impossibile» avrebbe osservato il papa.

Vero è per contro che Leone chiese la colossale statua di bronzo di Giove Capitolino per farne la statua dell'apostolo Pietro. Questa fu, per quanto ne sappiamo, l'origine della statua dell'apostolo nella chiesa di San Pietro.

Il papa salì i gradini che conducevano alla basilica tra gli applausi assordanti di centomila voci. Era serio in volto: sapeva, e già nel viaggio di ritorno ne aveva avuto la certezza, che quello non era l'ultimo dei pericoli che avevano minacciato Roma e la Chiesa; che molti altri sarebbero seguiti, forse ancora durante il corso della sua vita; e si sentiva stanco e sfinito.

Procedendo ricordò improvvisamente (se quello si poteva chiamare ricordo) la voce del suo primo maestro, un uomo delicato, dolce, dagli occhi di santo:

"Essere prete vuol dire essere mosso dalla Grazia. Non agire: esser fatto agire da Dio: è questo che il forte deve imparare".

Il volto gli si schiarì, sorrise, e una nuova serenità, una nuova gioia gli inondarono il cuore mentre entrava nella basilica.

Le trombe d'argento squillarono.

V

Attila aveva deciso di partecipare al banchetto che seguiva le cerimonie religiose per la festa della dea dei cavalli. Rinunciò anche alla sua abitudine di bere soltanto acqua «per non offendere la dea» altamente venerata specialmente fra le tribù più primitive.

In genere, poco gli importava di quei canti e strilli da ubriachi e dell'interminabile enumerazione delle sue vittorie sulle labbra dei poeti e dei cantanti vestiti di costumi fantastici.

Ma sapeva che tutto non era pienamente a posto. Dopo l'improvvisa ritirata dall'Italia c'erano state molte chiacchiere e mormorazioni. Da allora erano passati cinque mesi ed egli aveva fatto presto a far tacere quelle voci. Eppure...

Ancora peggio stavano le cose per quanto riguardava le truppe ausiliarie germaniche. Le teste germaniche non comprendevano nemmeno la necessità della ritirata strategica. ritirata equivaleva per esse a paura e vigliaccheria. Parlavano a voce alta; era perfino giunta notizia che qualche tribù aveva rifiutato di pagare i tributi. Bisognava mettere ordine alla svelta: ma prima occorreva rafforzare la fiducia del proprio popolo. Negli ultimi tempi si era fatto vedere troppo poco: era stato per mesi a caccia nelle immense foreste a nord del Danubio, aveva preso orsi, lupi, linci e qualche bisonte, specie che andava facendosi rara.

La sua forza non era diminuita, ma le donne non gli davano più il piacere di una volta. Principesse slavone, figlie di re germanici, ragazze circasse, famose per la loro bellezza, nessuna era Onoria. Nessuna poteva dargli l'erede al trono del mondo. Egli stesso aveva ucciso l'erede. Strano come ne rivedeva sempre il volto: capelli neri, occhi fondi come i suoi. E il coraggio di quel ragazzo! Come aveva fatto a non intuire che tra lui e il ragazzo...

Vuotò un calice di vino per scacciare i pensieri. Nemmeno i pensieri di un pazzo sono stravaganti come quelli di chi rimpiange il passato. L'erede era morto, e l'unica donna che avrebbe potuto dargli un erede era morta. Ellac, Genghis e gli altri, ebbene, se la sbrigassero tra loro.

Il vino era buono: forse era stata una stupidaggine bere acqua pura per tanto tempo.

Aveva spedito Onegesio nell'impero d'Oriente, a scopo di spionaggio. Se ne intendeva. E poi non voleva vederselo intorno. È vero che il greco non faceva mai domande; ma la stessa sua presenza era un'interrogazione: "Perché hai agito in tal modo? Chi ti ha indotto a ritirarti?". E la vera risposta... non l'avrebbe capita. La vera risposta! La verità! Era una cosa spaventevole. Onegesio non l'avrebbe capita: non aveva troppa dimestichezza con la verità; ma, come spia, valeva parecchio. Del resto, il vecchio non aveva parlato dell'impero d'Oriente. Aveva detto soltanto che, se fosse ritornato in Italia, avrebbe versato il suo sangue.

Rise tra sé e bevette. Ma, di colpo, depose il calice. Nella casa delle donne doveva trovarsi una ragazza che aveva conosciuto Onoria: era venuta come sua messaggera. La ricordava: una giovane sottile, bionda. L'aveva appena guardata mentre gli porgeva la lettera, e, dopo aver letto, aveva ordinato alla vecchia Pitubai di aver cura della ragazza; non sarebbe stato prudente rimandarla. Se non si era ammalata e non era morta, doveva trovarsi nella casa delle donne. Poteva farla venire e farsi raccontare di Onoria. E, se era bella, tanto meglio. Disse qualche parola all'orecchio di un servo.

Il vino rosso era migliore del bianco: era come fuoco liquido, come l'anima del monte di ferro, che si era fuso, sul Tetto del mondo.

Pilzal si avvicinò, facendo tintinnare le catene d'oro: «Attila, piccolo padre, posso farti una domanda?».

Attila fece un segno di assenso con la grossa testa: «Domanda, Pilzal, figliuolo mio».

«Quando ci rimettiamo in marcia, piccolo padre?»

Attila esitò. Vide con la coda dell'occhio che Pilzal non era il solo ad attendere la sua risposta. Volse il capo: da ogni parte c'erano occhi scintillanti.

«Presto» disse, e un urlo di gioia gli rispose, come di lupi che hanno avvistato la preda.

Si levò. "Dunque, anche Pilzal" pensava, avviandosi alla sua casa. Fece un grazioso cenno del capo ad alcuni dei molti principi presenti: onore grande e molto ricercato. Bramavano la lotta, i suoi figliuoli, la bramavano a segno che Pilzal aveva trovato il coraggio di interrogarlo direttamente. Poco importava loro che si andasse a oriente o a occidente; volevano cavalcare allegramente sulle terre altrui, distruggere città, saccheggiare, incendiare, ammazzare, riportare a casa oro e gemme, fare come le formiche che trascinano nel formicaio tutto quanto appare loro prezioso. La guerra era fine a se stessa. Taluni erano anche ambiziosi, ma dell'ambizione del cane, che vuole essere lodato e accarezzato per le sue fatiche. Perfino Ellac...

Era giunto alla sua casa, un grande edificio di legno, non un palazzo. La sua capitale, la capitale dell'immenso regno degli unni constava di capanne di legno e di tende. Meglio così: la vita nei palazzi guasta gli uomini.

Nessuno aveva conosciuto i suoi disegni, la conquista del mondo per opera di un popolo che doveva diventare la corrente sanguigna dell'umanità; popolo coraggioso, semplice, ciecamente obbediente al proprio sovrano che possedeva la spada di Puru: Attila, e, in seguito, i suoi eredi.

Nemmeno quel terribile vecchio prete l'aveva capito interamente. O forse sì?

Ora non c'erano più eredi. Lui, lui solo era l'impero mondiale degli unni: cavalcava l'impero come si fa di un cavallo, e cavallo e cavaliere formano un tutto.

Era buono il vino. Tutti quei pensieri gli avevano volteggiato per il capo come pugnali taglienti, come frecce: e ora le armi avevano perso il taglio e quei pensieri si potevano sopportare, e si poteva ridere. Forse il vino era il sangue degli dèi. I cristiani ne sapevano qualcosa, così pareva.

Una donna, una fanciulla nella sua camera? Ah, già, l'aveva fatta venire lui. Era la ragazza mandata da Onoria, aveva desiderato di parlare con lei di Onoria, ma ora non se la sentiva più di farlo.

Era carina, però: bianca, bionda, graziosa. Perché non alzava gli occhi? Aveva pur dovuto sentirlo entrare... Era rimasta ferma, inginocchiata sul pavimento, spaurita. Sicuro! Quasi tutte avevano paura, al primo momento.

Sogghignò, poi le si fece vicino: «Alzati, ragazza!».

Nessuna risposta: ma allora si accorse che il suo atteggiamento aveva qualche cosa di innaturale. Si chinò, la guardò in faccia, e arretrò! Si riprese subito e la guardò ancora una volta, più a lungo e più da vicino, il volto a pochi pollici da quello di lei.

Allora vide una cosa mai vista: una felicità radiosa, dimentica di tutto. Gli occhi erano come quelli di una cieca. O anzi no: era come se vedessero qualche cosa, ma non lui: qualcosa o qualcuno dietro a lui, e continuassero a vedere quantunque il volto di Attila fosse davanti al suo. Qualunque fosse la cosa che vedeva, la vedeva attraverso lui!

Attila volse istintivamente il capo. Nulla! Nessuno!

Si drizzò. Doveva chiamare Pitubai, che aveva la sorveglianza della casa delle donne? Inutile! Era una cosa che nessuno poteva spiegare, né Pitubai, né lui. La ragazza non era malata: non c'è malattia che apporti una gioia così illimitata.

Egli aveva la bocca arida, il respiro faticoso. Sentiva, per una ragione inesplicabile, che fra quella ragazza e il vecchio prete esisteva un legame, una singolare, inconcepibile comunanza dalla quale egli era completamente escluso, come non esistesse. Era un'umiliazione, più grave e più decisiva del quadro di Aquileia.

Si doveva spezzarla, costringerla a chieder grazia fra le sue braccia. Ma non osò toccarla: evitava persino di guardarla negli occhi, sembrava circondata da un cerchio entro il quale gli mancava il respiro.

Toccò l'impugnatura della spada di ferro e quel contatto gli fece pulsare più rapido il cuore.

Un prete e una fanciulla! Attila vinto da un prete e da una fanciulla! Si mise a ridere. Era tempo di destarsi da quel sogno, di spezzare quell'incanto. Uscì dalla stanza e ritornò nell'atrio.

Fuori sedevano e bevevano i suoi figlioli; la luce di mille fiaccole oscurava le stelle.

«Ehi, figli miei!»

Come conoscevano quella voce! Come tutti i rumori cessarono di colpo!

«Domani riprendiamo la marcia... per Roma!»

Urlavano, ruggivano, ballavano.

«Attila! Attila! Attila!»

Si volse lentamente e ritornò sui suoi passi. Domani! Pilzal doveva spedire messi veloci alle tribù lontane. Per via avrebbero preso con loro Ardarico e Valimiro. Quanto meno ne sapevano in precedenza, tanto meglio.

E ora, alla ragazza.

Chiuse la porta dietro di sé, si voltò: era tuttora inginocchiata nella stessa posizione di prima.

Egli rise. Un dolore cupo eppur lancinante gli trafisse il

capo; il sangue riprese a cantargli nelle tempie. Fece due passi... ancora uno: il canto divenne tuono; luci abbacinanti tagliarono lo spazio; una mostruosa oscurità rosso-scura lo avvolse... e tutto fu sommerso in un mare di sangue...

Il sole del giorno successivo era già alto prima che Zigur osasse bussare all'uscio. Nessuna risposta. Bussò ancora per un poco. Poi diede l'allarme.

L'uscio fu atterrato a colpi di scure e Zigur si precipitò nella stanza alla testa di un gruppo di guardie. Trovarono Attila disteso per traverso sul suo lettuccio, con la testa penzolante che quasi toccava il pavimento. Era morto.

Nella stanza c'era una ragazza. Uno degli uomini di Zigur, credendo che avesse ucciso Attila nel sonno, la trapassò con la spada. Ella morì subito.

In seguito si constatò che Attila era morto per un'emorragia interna.

L'immenso impero degli unni si sfasciò quasi immediatamente. Ellac, Genghis e Irnac caddero in combattimento contro nazioni tributarie che, dopo la morte del potente, vollero riavere la libertà. Le tribù unne si dileguarono.

Questa fu la fine del primo grande attacco dell'Asia contro l'Occidente.

Il mondo respirò di sollievo.

SOMMARIO

PARTE PRIMA

PARTE SECONDA

PARTE TERZA

Finito di stampare nel mese di giugno 2010 presso
il Nuovo Istituto Italiano d'Arti Grafiche - Bergamo
Printed in Italy

RCS Libri

ISBN 978-88-17-04128-7